Schön deutsch

D1922537

Bibliographische Information der Deutschen Bibliothek

Die Deutsche Bibliothek verzeichnet diese Publikation in der Deutschen Nationalbibliographie; detaillierte bibliographische Daten sind im Internet über
http://dnb.ddb.de abrufbar.

Im Buchhandel erhältlich oder direkt beim Verlag.
Bestelladresse:
TransMIT-Zentrum für Literaturvermittlung in den Medien
Kerkrader Straße 3
D-35394 Gießen
anz@transmit.de
http://www.literaturwissenschaft.de

© Verlag LiteraturWissenschaft.de, Marburg (in der TransMIT-GmbH, Gießen) 2021
Das Werk ist urheberrechtlich geschützt. Sämtliche, auch auszugsweise Verwertungen bleiben vorbehalten.

Druckvorlage: Verlag LiteraturWissenschaft.de

Umschlag: Y2design, Wolfenbüttel
Vorlage für Umschlagbild: © iStock

Druck und Bindung: Schaltungsdienst Lange, Berlin

ISBN 978-3-936134-79-7

Dirk Kaesler

Stefanie von Wietersheim

Schön deutsch

Eine Entdeckungsreise

Verlag LiteraturWissenschaft.de

Unseren Kindern, die in diese Welt voller Schönheit gehen

Für

Freda & Otto

und

Antonia & Leopold

Inhalt

EINLEITUNG

Ein Mann und eine Frau auf der Suche nach Schönheit in ihrem Land

Wie riecht Deutschland? Nach dem großmutterhaften Kölner Duftwasser 4711 aus dem heute so trendig türkisen Flakon? Nach neu-altem Filterkaffee? Oder gar dem deutschen Wald und Badedas? Warum – um Gottes Willen! – brauchen die Deutschen unbedingt ein spezielles Sägemesser, mit dem sie ihre heiligen Frühstücksbrötchen aufschneiden? Wo gibt es ihn noch, den berühmten Handkuss, bei dem die Hacken angedeutet militärisch zusammengeschlagen werden? Ist die Musik von Johann Sebastian Bach deutscher als die von Helene Fischer? Sylt oder Hiddensee?

Schließlich: Was sieht „typisch deutsch" aus, wenn kaum jemand weiß, was „typisch deutsch" eigentlich sein soll. Gibt es so etwas wie eine deutsche Alltagsästhetik, eine besondere Vorstellung von Schönheit, die es nur hier und nirgendwo sonst auf der Welt gibt? Manche sagen, dass schon die Worte „Schönheit" und „Heimat" ebenso verbraucht, abgenutzt seien wie das Wort „Liebe", so dass man sie gar nicht mehr in den Mund nehmen mag.

Noch viel grundsätzlicher: Was heißt es heute, „eine Deutsche", „ein Deutscher" zu sein? Mehr denn je sind das Fragen, die nicht leicht zu beantworten sind. Waren sie das je?

Deutschland scheint ein recht selbstbewusstes und zugleich nachdenkliches Land geworden zu sein. In einer Zeit, in der dieses heutige Deutschland in der Mitte Europas als erstrebenswertes Ziel zum Leben und Arbeiten für Millionen Menschen aus der ganzen Welt gilt und in dem leidenschaftlich über deutsche Identität und Integration diskutiert wird, haben wir uns über zwei Jahre immer wieder gemeinsam die Frage gestellt, ob sich „Deutschsein" – was auch immer das ist – in speziellen Objekten, Ritualen und Absonderlichkeiten manifestiert. Und worin deren Schönheit liegt.

Entstanden ist ein *Astonishment Report*: Essays zu unseren ganz persönlichen deutschen Fundstücken. Denn beim Sammeln unserer Beobachtungen erschien uns das Land zunehmend mehr als Wunderkammer voller Trouvaillen, die manchmal mehr als wunderlich sind. Wie muss es da erst Ausländern gehen, die das alles entdecken?

Wie wir darauf kamen, in Zeiten von Corona über Schönheit zu schreiben

Im März 2019 beschlossen wir, zusammen ein Buch darüber zu schreiben, was uns beiden als schön in und an Deutschland auffällt. Ein ganzes Jahr hatten wir schon daran gearbeitet, getrennt und gemeinsam, da rollte die Corona-Pandemie des Covid-19 über den Globus. Auch über Deutschland. Wir fragten uns: Sollen wir überhaupt noch weiterschreiben? Jetzt, über Schönheit? Über Brötchenmesser, eine Sexshop-Unternehmerin, Achselhaare und teures Porzellangeschirr? In Zeiten, in denen Menschen in Angst und Sorge sind?

Ja, natürlich! Jetzt erst recht! Wenn nicht jetzt, wann dann? Was uns auf den folgenden Seiten beschäftigt, gilt immer. In Zeiten von Mundschutz ebenso wie in Zeiten der weißen Blusen und nackten Arme in überfüllten Straßencafés. In guten wie in schlechten Tagen.

Wir – ein 76-jähriger Soziologe und eine 50-jährige Journalistin – sind zwei Menschen, die seit Schulzeiten ihr ganzes Leben lang geschrieben haben. Die gar nicht anders können, als zu schreiben. Über alles, was ihnen begegnet. Zwei Menschen, die Schreibfreude, Schreiblust und Schreibfrust gut kennen. Zwei Deutsche. Er versteht sich als Münchner Protestanten, der nach Jahrzehnten des Umherziehens seit 2014 in Potsdam lebt. Sie versteht sich als böhmisch-norddeutsch-französische Katholikin, die froh ist, nach Jahrzehnten des Umherziehens seit 2009 in Niedersachsen ihre flachen Wurzeln in den Boden gesenkt zu haben. Er träumt sich manchmal nach England und Schottland, sie sich ständig nach Frankreich.

Der Blick der kulturwissenschaftlichen Journalistin und sein soziologischer Blick sahen sehr oft das Gleiche, wenn auch nicht dasselbe. Und das Kriegskind und die Enkelin Heimatvertriebener fingen an, darüber zu reden, was ihnen an Deutschland auffällt. Gefällt und missfällt. Manchmal einander widersprechend. Oft die ähnliche Leidenschaft für Schönes sich gegenseitig zeigend. Wie staunende Kinder schleppten wir immer wieder Neues an: „Schauen Sie mal, was ich hier gefunden habe!" Und häufig passierte es, dass derjenige, dem schon wieder eine Trouvaille vor die Füße oder die Augen gelegt wurde, sagte: „Oh, das kenn ich, da muss ich Ihnen eine Geschichte dazu erzählen…"

Beim Schreiben standen wir bei manchen Themen vor großen Herausforderungen, denn wir mussten Essen beschreiben ohne den unmittelbaren Geschmack der Gerichte auf der Zunge, Fotos ohne Abbildungen, Musik ohne Hören.

Und nun können Sie unsere Erzählungen zu 18 Themen nachlesen, die wir getrennt voneinander geschrieben haben, jeder in seinem eigenen Ton. Die aber zusammengehören und indirekt miteinander kommunizieren. Und Sie können sich oder anderen Ihre eigenen Geschichten über Deutschland erzählen. Denn jeder Mensch hat eigene Erinnerungen, Gefühle und Geschichten, wenn es um Gerüche, Musik und Städte geht. Vielleicht ähnliche wie wir. Vielleicht ganz andere.

Was ist das überhaupt, Schönheit?

Google bietet an: Schönheitsoperationen, Schönheitsreparaturen, Schönheitspflege, Schönheitsmomente und so weiter. Bei unserem Buch half uns weder die Philosophie weiter – von Platon bis Hegel haben ihre Vertreter intensiv über Schönheit nachgedacht – noch jene wissenschaftliche Disziplin, die sich Ästhetik nennt. Klar, die Gegenkonstruktion ist immer schön gegen hässlich. Aber wer bestimmt, was das eine ist, was das andere?

Irgendwann fanden Abertausende Frauen auf der ganzen Welt das „Arschgeweih“ schön, jene längliche, meist symmetrische Tätowierung, und ließen sie sich auf die Partie knapp oberhalb des Steißbeins in die Haut stechen. Dieselben Studios, die es in den späten 1990er Jahren den Frauen für gutes Geld stachen, verdienen gegenwärtig erneut viel Geld, indem sie versuchen, das florale Kunstwerk mit Lasern zu entfernen. Das Schönheitsideal blätterte, je mehr Menschen meinten, es sei nicht wirklich schön, sondern eher ein „tramp stamp“, ein Schlampenstempel. Die deutsche Sängerin Ina Müller verabschiedete sich von dem ihren mit dem Lied „Bye Bye Arschgeweih“.

Weg vom Arsch, rauf ins Hirn: Etwas als schön zu empfinden, beinhaltet eine Wertung. Die wiederum ist abhängig von Wertvorstellungen. Die ihrerseits sind geprägt von Konventionen in Familie, Bekanntenkreis, Berufswirklichkeit, Region, Land, Generation und Zeit. Die einen finden den Schauspieler George Clooney schön, die anderen den Komiker Martin Schneider, den „Maddin“. Die einen lieben argentinischen Tango, die anderen das Raven in Wackersdorf. Die einen lieben Mozart, die anderen eben Ina Müller, Fußball oder Spitzentanz.

Und wechselseitig lauern dann die Verdammungsurteile „ganz nett“, „hübsch“ und „kitschig“. Gefährlich wird es erst, wenn „geschmacklos“ als Etikett verteilt wird. Die semantischen Killer sind dann „hässlich“ und „ekelhaft“. Aber auch da hängt es davon ab, wer das von wem oder wovon und zu wem sagt. Richtig verwirrend wird es, wenn einem Menschen begegnen, die Musik von Heinrich Schütz und Louis Couperin und Rebekka Bakken gleichzeitig lieben. Oder von den Amuse-Bouches im Pariser Sternelokal ebenso schwärmen wie von Currywurst auf die Hand. Es ist und bleibt tricky.

Der Kurven-Professor, die Genetik und der Fotograf

Um solchen Komplikationen vermeintlich zu entkommen, versuchen einige, der Schönheit mit mathematischer Strenge auf die Spur zu kommen.

Ich, Dirk Kaesler (DK), lernte im englischen Cambridge einen britischen Wissenschaftler kennen, der vor seiner universitären Karriere in Australien Brücken konstruierte. Zuerst faszinierte mich nur das Cover seines Buches im Fenster der Buchhandlung: Auf schwarzem Hintergrund erkannte man zwei sich überschneidende Linien in weiß-grauen Farbtönen. Die Struktur der Flächen gemahnte an Haut, der nur sehr vage zu erkennende Flaum von Härchen verstärkte den Verdacht: Es ist ein nackter menschlicher Körper. *The Seduction of Curves. The Lines of Beauty that connect Mathematics, Art, and the Nude*. Der Klappentext informierte mich, dass der Autor, Allan McRobie, ein Kollege aus dem Engineering Department meiner Gastuniversität war, an der er „stability theory" und „structural engineering" unterrichtet. Eine E-Mail und ein Telefonat führten zu einer Verabredung mit Büchertausch. Ein endlos lang erscheinender Lunch in Clare Hall, meinem eigenen College, war das Ergebnis.

Das opulent illustrierte Buch demonstriert, worum es McRobie geht: Es ist im Kern ein mathematisches Buch, das die Formel der Schönheit menschlicher Körper in der Geometrie und in Formeln zu finden sucht. Die Oberflächen, aber auch die vielfältigen Falten und Tiefen unserer Körper werden auf eine kleine Zahl von Grundformen zurückgeführt: die Falte, der Scheitelpunkt, der Schwalbenschwanz, der Schmetterling, das Zelt. McRobie dampft unsere ästhetische Begeisterung für eine schöne Nacken- und Halspartie, für perfekt geformte weibliche Brüste, für einen symmetrisch geformten Rücken und Arsch, ja auch für männliche und weibliche Genitalien auf dieses „Alphabet der Geometrie" ein. Das Buch ist vollgepackt mit Formeln, Diagrammen, Reproduktionen von Gemälden von Velázquez, Roy Lichtenstein, Matisse, David Hockney und Fotografien von Helmut Newton und Man Ray. McRobies Halbgötter und Zeugen für seine Überzeugungen sind der französische Mathematiker René Frédéric Thom und der katalanische Maler Salvador Dalí.

Am Ende eines aufregenden und atemlosen Lunchs, während dessen dieser Brückeningenieur seine Ideen vor mir ausbreitete, fragte ich ihn, was seine Frau von allen seinen Zusammenfügungen hält: „She thinks I am crazy." Erst nachdem wir uns voneinander verabschiedet hatten, stieß ich im Buch auf den letzten Satz: „It may be a slightly crazy idea, but if I am mad, then so was Salvador Dalí." Das alles mag tatsächlich verrückt klingen, aber immerhin nahm Princeton University Press, der ja kein Pamperlverlag ist, das Buch dieses Fanatikers in sein Programm auf.

Während Allan McRobie den mathematischen Versuch unternimmt, Schönheit in den analytischen Griff zu bekommen, suchen andere nach genetischen Zusammenhängen. Jüngere Forschungen gehen der Hypothese nach, dass menschliches Schönheitsempfinden in unseren Genen programmiert ist. Die evolutionsbiologische Erklärung für Schönheitsideale verfolgt die Vermutung, dass empfundene Schönheit mit evolutionär vorteilhaften Eigenschaften korreliert. So wurde ermittelt, dass in allen menschlichen Gesellschaften Frauen mit einem kulturspezifisch idealen Verhältnis von Taille und Hüfte von den Befragten als schön angesehen werden. Körperliche Symmetrie wird universal als schön empfunden und ist gleichzeitig ein Indiz für Gesundheit. Auch gibt es Hinweise, dass hinsichtlich der Schönheit von Gesichtern tatsächlich ein „Goldener Schnitt" existiert. So sei ein vertikaler Abstand zwischen Augen und Mund von 36 Prozent der Gesichtslänge und ein horizontaler Abstand zwischen den Augen von 46 Prozent der Gesichtsbreite ideal. Wissenschaftler, die solche Forschung betreiben, halten wenig von einem sozial- und kulturwissenschaftlichen Zugang, der Schönheit primär als gesellschaftliches und kulturelles Konstrukt einordnet.

Betrachtet man die Arbeiten des deutschen Fotografen Helmut Newton, so erkennt man einen dritten Weg der Suche nach Schönheit: einfach den eigenen Augen und Sinnen zu folgen. Nicht an mathematische Formeln glauben und nicht an die DNA-Programmierung, sondern einfach die Augen weit aufmachen und sich von einer eigenen Idee von Schönheit leiten zu lassen, auch wenn andere sie als extrem empfinden. Und dann das unerhörte Glück zu haben, dass sich – vor allem – weibliche Schönheiten für die Augen und die Kamera entblößen und nicht nur die Kleider ablegen wie Catherine Deneuve, Charlotte Rampling, Faye Dunaway, Sigourney Weaver, Hanna Schygulla. Es gibt eine Schönheit, die in Menschen und Objekten selbst liegt. Die es „nur" zu sehen gilt, um mit ihr zu spielen. Wobei natürlich ergänzt sei, dass Newton keinen naiven Blick besaß, sondern sehr viel wusste, bevor er auf den Auslöser seiner Kamera drückte.

Pinnwand, Streit und Wundern:
Wie wir versuchten, Schönheiten einzufangen

Für unser eigenes Unternehmen, der Schönheit von und in Deutschland nachzugehen, folgten wir weder der Mathematik noch der Genetik. Auch wir gingen den intuitiv-spielerischen-wissenden Weg. Wir fragten uns als schreibende Kollegen: „Was finden Sie denn schön? In Deutschland? An Deutschland?" Dann bastelten wir an einer Themenwand, auf der wir die Sujets unserer jeweiligen Essays skizzierten. Bei manchen waren wir uns sofort einig, bei anderen gar nicht. Und so manches flog schnell wieder raus: der deutsche Wald, das deutsche Bier, die deutsche Pünktlichkeit, die Matschhose, die Kirchensteuer, das Grundgesetz, die Hausschuhe. Manches erschien uns zu ausgelutscht, etwa Abendbrot, Gemütlichkeit, Ordnungsliebe.

Fünf Erfahrungen machten wir im Laufe des Schreibens, die sich in unseren Texten niederschlagen.

Erstens: Wenn man über Schönheit nachzudenken und zu schreiben beginnt, begegnet man sich selbst.

Immer wieder stießen wir auf autobiographische Spuren, die als zeittypische Abdrücke durch mehrere Generationen ein Bild der deutschen Gesellschaft im 20. und 21. Jahrhundert zeichnen. Ob es um die Badewanne mit dem grünlich schäumenden Badedas in den 1970er Jahren geht oder die gesammelten Ausschnitte aus der Zeitschrift *twen* der 1960er Jahre, um Tortensärge aus Plastik oder die neue Liebe der Deutschen zu Pseudo-Schlössern. Tief in unserem Suchen und Finden von Schönheit stecken eigene Erinnerungen, viele davon aus Zeiten unserer Kindheit und Jugend. Es sind wir selbst, denen wir begegnen, wenn wir nach unserer Vorstellung von Schönheit suchen. Wir haben uns ganz bewusst dafür entschieden, auch dieser Erzählwurzel in unserem Buch Raum zu geben.

Zweitens: Den Schatten der deutschen Vergangenheit entkommt niemand, der nach Schönheit in diesem Land sucht und dabei nicht vollkommen blind ist.

> Bei meiner Suche stieß ich (DK) ständig auf eine „braune Spur". Meine Liebe zu den Figurinen eines Franz Anton Bustelli aus Nymphenburger Porzellan führte mich unvermuteter Weise zu Vasen für die Reichskanzlei und zum Tafelgeschirr für die Münchner Nazibonzen. Die Bewunderung für Uta von Naum-

burg wurde eingetrübt durch das Wissen um die missbräuchliche Funktionalisierung dieser Ikone durch die Nazis. Und meine Wanderungen durch den „Mustergau Hamburg" und die „Hauptstadt der Bewegung" ließen mich nicht nur die Freude an den Schwänen auf der Außenalster und den Blick vom Monopteros auf die schöne Stadt München empfinden. Wohin man in Deutschland geht, überall kann man diese verdammten Stolpersteine sehen. Wenn man die Augen öffnet, öffnen will.

Ich, Stefanie von Wietersheim (SvW), erkannte mehr und fast überall die Risse zwischen der westdeutschen und der ostdeutschen Gesellschaft. Ich hörte wieder die kläffenden Schäferhunde beim Passieren der Zonengrenze zwischen Helmstedt und Marienborn in den 1980er Jahren. Staunte über die Verwandlung der Meissner Porzellanmanufaktur in einen Volkseigenen Betrieb, von dessen Produktion jedoch die Masse der Arbeiter, Bauern und Soldaten so gut wie nichts kaufen konnte. Und ich schüttelte ein wenig den Kopf über die FKK-Kultur der DDR und die Enteignungspolitik entlang der Bertinistraße in Potsdam.

Drittens: Wer Schönheit in Deutschland sucht, deckt keine Blümchendecke über die Grauen der deutschen Geschichte. Um sie nicht sehen zu müssen. Und er glorifiziert sie auch nicht.

Mit unserer Suche nach Schönem in Deutschland lassen wir uns darum auch nicht in die Truhe eines heimeligen Deutschtümelns packen. Und schon gar nicht in den Sarg mit einer Fahne in den Farben Schwarz-Weiß-Rot darauf. Mit Bedacht haben wir uns beim Umschlagbild für die schönen Schnäbel der afrikanischen Sattelstörche in den Farben Schwarz-Rot-Gold entschieden, nach Artikel 22 des deutschen Grundgesetzes die Flagge der Bundesrepublik Deutschland.

Hambacher Fest 1832, Märzrevolution und Frankfurter Nationalversammlung 1848, Weimarer Republik, BRD, DDR,

Deutschland nach dem Fall der Mauer: Bei diesen drei Farben ging es immer um Einheit und Freiheit, wenn auch mit sehr unterschiedlichen Akzenten, wie man gut an den zwei deutschen Staaten nach 1945 erkennt, die beide diese Farbkombination führten. Für die Gegenwart stimmen wir dem Bundespräsidenten Frank-Walter Steinmeier zu, der am 9. November 2018 sagte: „Wer heute Menschenrechte und Demokratie verächtlich macht, wer alten nationalistischen Hass wieder anfacht, der hat gewiss kein historisches Recht auf Schwarz-Rot-Gold. Den Verächtern der Freiheit dürfen wir diese Farben niemals überlassen! Sondern lassen Sie uns stolz sein auf die Traditionslinien, für die sie stehen: Schwarz-Rot-Gold, das sind Demokratie und Recht und Freiheit!"

Wir beide sehen in unserer Suche nach Schönheit in Deutschland eine Art von Gegenzauber zu patriotischem „Schland"-Gegröle in den Fußballstadien und erst recht zum Gebrülle der beiden ersten Strophen vom „Lied der Deutschen" des August Heinrich Hoffmann von Fallersleben auf deutschen Straßen und Plätzen. Wir lassen uns nicht gemein machen mit „Ehren"vorsitzenden einer im Deutschen Bundestag vertretenen politischen Partei, der einer deutsch-türkischen Staatsministerin im thüringischen Eichsfeld zeigen wollte, „was spezifisch deutsche Kultur ist", um sie dann in Anatolien „entsorgen" zu können.

Viertens: Wer Schönheit im heutigen Deutschland sucht, erkennt bald, dass es eigentlich einer Verschränkungs-Perspektive bedarf, die den Norden und den Süden, aber vor allem den Westen und den Osten gleichermaßen im Blick hat.

Gerade angesichts der Tatsache, dass wir beide Wessis sind – von denen die eine im rübenackerbestimmten Vorharz und der andere neben dem Heiligen See in Potsdam lebt – erkannten wir im Laufe unseres Redens und Schreibens immer stärker, dass wir unsere Suche nach Schönheit keineswegs nur auf westdeutsche Zusammenhänge beschränken dürfen. Und auch so kam es zum Dialog von Meissner und Nymphenburger Porzellan, zur Fotografie in der *Sibylle* und im *twen*, zu Johann Sebastian Bach und Helene Fischer, zu Hiddensee, Hamburg und München. Natürlich hat unser Buch als Ganzes einen leichten Wessi-Klang bekommen, aber wir wurden uns zumindest der Notwendigkeit einer West-Ost-Perspektive bewusst.

Fünftens: Wer nach schönen Dingen in und aus Deutschland sucht, findet diese nicht selten bei solchen, die teuer sind, wertvoll. Und das führt schnell zum Vorwurf von Luxus, von Abgehobenheit, ja von elitärer Überheblichkeit.

Ja, Porzellan aus Meissen und Nymphenburg ist teuer. Ja, Speick-Seife ist teurer als Kernseife. Ja, Bildbände guter Fotografen sind teuer. Ja, gute Männergewandung ist kostspieliger als das Zeug aus den großen Gitterbehältnissen bei Aldi. Und ja, in Zeiten von Corona und Klimawandel gibt es wichtigere Themen als das Sinnieren über die Bekleidung des männlichen und weiblichen Spitzenpersonals deutscher Politik. Bei solchen Debatten schimmert leicht das Vorurteil durch, dass „Gerechtigkeit“ erst dann herrscht, wenn auch die „Privilegierten“ ebenso rumlaufen wie die Menschen im Trainingsanzug mit der Bomberjacke. Kein Champagner mehr, keine Seide, keine Perlenketten, Pelz geht ja schon lange nicht mehr.

Diese Debatte ist keineswegs auf Deutschland beschränkt: Die US-amerikanische Abgeordnete im Repräsentantenhaus Alexandria Ocasio-Cortez erfuhr einen Shitstorm sondergleichen, als sie es wagte, auf dem Cover von *Vanity Fair* in einem weißen Hosenanzug fotografiert zu werden, bei dem rasend schnell kommentiert wurde, dass diese Verfechterin eines demokratischen Sozialismus ein Gewand für 14.000 Dollar trug. Auch Annalena Baerbock musste sich solche Vorwürfe machen lassen, als sie es wagte, auf dem virtuellen Parteitag von Bündnis 90/die Grünen in einem weißen Kleid aufzutreten, das sehr an das von Ocasio-Cortez und das der US-Vizepräsidentin Kamala Harris erinnerte.

Müssen schöne Dinge von vornherein mit Luxus gleichgesetzt und dann diffamiert werden? In Frankreich wird dann schnell über „la gauche caviar“ hergezogen, in England über den „champagne socialist“. Dabei steht ein Leben mit Genuss und der Freude an Sinnlichkeit allen Menschen zu.

Dem Soziologen-Autor (DK) dieses Buches fiel bei diesen Diskussionen mit seiner Co-Autorin eine wissenschaftliche Arbeit ein, die fast 100 Jahre alt ist.

Im Klassiker der Soziologie *Die Arbeitslosen von Marienthal. Ein soziographischer Versuch über die Wirkungen langandauernder Arbeitslosigkeit* aus dem Jahr 1933 ging ein Team von jungen Sozialwissenschaftlern aus Wien der Frage nach, was es mit Menschen macht, wenn sie durch langanhaltende Arbeitslosigkeit in bittere Armut fallen. Die Forscher um Paul Felix Lazarsfeld und Marie Jahoda beobachteten, wie die Menschen mit der plötzlich im Überfluss vorhandenen Zeit umgingen. Und was sie mit dem wenigen Geld, das ihnen zur Verfügung stand, unternahmen.

Zwei Beobachtungen verwunderten die akademischen Protokollanten: Da gab es diese seit einem Jahr „ausgesteuerte“ Familie – also eine, die keine staatlichen Zuwendungen mehr bekam –, die sich an der Stelle von Zucker nur mehr Saccharin leisten konnte und deren Kinder als „völlig verwahrlost“ beschrieben werden. Und bei dieser Familie sahen die Forscher, wie die Frau eines Tages bei einem Hausierer für 30 Groschen ein „Pappdeckelbild“ von Venedig kauft. In einem hungernden Dorf in Niederösterreich im Winter 1931/32. Es ist die Sehnsucht nach Schönheit.

Ebenso spürbar verwundert waren die Feldforscher über jene Menschen, die in bitterer Not und existenziell auf Gemüse und Kartoffeln angewiesen waren, Blumen auf ihren Beeten anpflanzten: „da gibt es Beete, die eine Ernte von 80 kg Kartoffeln liefern könnten, mit Nelken, Tulpen, Rosen, Glockenblumen, Stiefmütterchen und Dahlien. Auf die Frage, warum das geschieht, lautet die Antwort: ‚Man kann doch nicht nur vom Essen leben, etwas muß man doch auch fürs Gemüt haben. Es ist auch so schön, wenn man zu Hause eine Vase mit Blumen hat.'"

Auch ich (SvW) fand heraus, dass meine eigene Familie solche extremen Schönheitserfahrungen in existentiellen Grenzsituationen gemacht hat. Mir fiel die Geschichte meiner Großmutter ein, die in einem Flüchtlingslager nach dem Zweiten Weltkrieg auf dem kleinen Hocker, der der vierköpfigen Familie als Tisch diente, oft ihr fein umhäkeltes, besticktes weißes Spitzentaschentuch ausbreitete. Und darauf einen Miniaturtisch aus zart geschnitztem Elfenbein mit passenden Stühlen stellte. Die Möblierung eines Prinzessinnen-Puppenhauses. Kleine Kunstwerke, die sie auf der Flucht mitgenommen hatte und die an das gewaltsam verlorene Leben im wohlhabenden Zuhause und an heile Welt erinnerten. Sie zauberte mit diesen Miniaturobjekten – in einer Fluchtsituation praktisch vollkommen nutzlos – eine Gegenwelt zum Chaos des Massenlagers mit Ratten, Läusen und Hunger. Bis heute bewundert meine Mutter meine Großmutter dafür, dass sie mit diesen winzigen Elfenbeinobjekten in einem täglichen Ritual eine Bannmeile der Schönheit und der Ordnung schuf. Vielleicht haben diese Geschichten meinen Blick für Schönheit im Alltäglichen geschärft. Und vielleicht habe ich deshalb einen Blumentick, der manche Menschen verwundert. Denn ich kann ohne Blumen nicht leben. Ich habe immer verrückt viele Blumen um mich, seit ich denken kann. Egal ob ich Geld habe oder nicht. Lieber esse ich Kartoffeln, Butter und Salz, als ohne Blumen zu sein. Ich suche Felder zum Selberschneiden, scoute die besten Märkte und bin an jedem Wohnort schnell die beste Freundin der Blumenhändler. Immer wenn ich umzog, reiste eine Vase mit im Handgepäck. Lebe ich länger als zwei Tage im Hotel, bitte ich die Rezeption um eine Vase. Als ich meinem Co-Autor von dieser Blumenliebe erzählte, schaute er mich an und meinte: „So etwas habe ich ja noch nie gehört, das ist schon ein bisschen speziell." Aber dann dachte er nach und meinte: „Sie erinnern mich an jene Menschen, die sich in Lagern eine Wiesenblume hinstellten oder ein Bild mit einem Stück Kohle malten. Es ist die Sehnsucht nach Schönheit. Nur dass Sie das Glück haben, nicht in einem Lager leben zu müssen wie Ihre Eltern, als sie Kinder waren."

Und so legen wir Ihnen, liebe Leserin, lieber Leser, unsere Trouvaillen der Schönheit in und aus Deutschland vor Ihre Augen. Vielleicht finden Sie unsere Wunderkammer – unser Kabinett der Schönheiten – gar nicht schön. Oder hätten ganz andere Dinge ausgesucht und kommentiert. Das macht nichts. Wir freuen uns, wenn auch Sie suchen, nachdenken, schimpfen und lachen. Und von unserer Entdeckungsreise inspiriert werden.

Was also finden Sie schön deutsch? fragen

Stefanie von Wietersheim und Dirk Kaesler
Liebenburg und Potsdam im Januar 2021

DEUTSCHE MÄNNERMODE

Auf Tuchfühlung mit dem inneren Wandersmann

„Es ist ein Grauen. Wie deutsche Männer sich anziehen.
Sie können es einfach nicht."

*„Ja, ja, ist schon recht. Aber, woher kommt's denn, bitte schön?
Von den Frauen. Bei den Müttern von Söhnen fängt's an!"*

Reißverschlüsse über alles – Sinnlichkeit *à l'allemande*

SvW

Spielhosen in Beige. Die auf Wadenlänge enden und auf deren Außenseiten Taschen angebracht sind, in die ein Zollstock passt. Darüber ein weites, kariertes Hemd mit kurzen Ärmeln, unter dem der Kragen eines weißen T-Shirts hervorlugt. An den Füßen Trekkingschuhe oder Birkenstocks. Mit Bio-Socken. Dazu ein grauer Goretex-Rucksack mit baumelnden Schnüren auf dem Rücken, aus dem eine Wasserflasche ragt. So gewandet stapft der deutsche Mann durch sein Leben. Zufrieden, auf alles vorbereitet, warm genug angezogen. So geht er am Samstag mit seiner Freundin in die Stadt, tankt sein Auto, studiert die Aktienkurse, besucht das Kino und die Pizzeria. So geht er auch in seinen Job. Als Lehrer, Ingenieur, Verkäufer oder Zollangestellter. Zugegeben, im Beruf ersetzt er die Spielhose vielleicht durch eine Jeans oder blaue Stoffhose. Und über das Hemd kommt ein sauberer Pullover mit Reißverschluss. Oder ein Sakko, das an den Schulterblättern Falten wirft. Fertig. Diesen deutschen Look erkennt man im Ausland auf einen Kilometer gegen den Wind. Vor allem, wenn er dazu einen dankbaren Multifunktions-Anorak trägt.

Der deutsche Mann hat ein Modeproblem, und das mindestens seit dem Jahr 1968. Seit einem halben Jahrhundert hat sich nach dem Wegfall der Uniform von Anzug, Hemd und Krawatte theoretisch ein modemäßiges „Alles-ist-möglich“ etabliert, was eigentlich eine schöne Idee ist. In der Praxis heißt das im deutschen Alltag: Spielhose, Rucksack und Allroundjacke aus Astronautenstoff mit 27 ein- und ausknöpfbaren Innentaschen. Dass der deutsche Mann auch in fremden Häusern an der Tür gerne die Schuhe auszieht und den ganzen Abend dann entspannt auf seinen handgestrickten Schafwollsocken herumläuft, kommt hinzu. Von minimalistischem Pariser Schick oder gar lässiger „Ciao-Bella“-Eleganz, wie man sie in Italien auf den Straßen sieht, keine Spur. Der Sieg des Proletariats hat Hand in Hand mit deutscher Wanderlust, Öko-Tick und praktischem Ingenieursgeist auch modemäßig in der Mittelschicht zugeschlagen. Und das in Ost und West.

Der deutsche Mann hat aber noch ein viel größeres Problem: Er weiß im Zusammenspiel mit Kleidern nichts mit seinem Körper anzufangen. Da er mit Mode nicht freudvoll oder gar souverän umgehen kann, steht er hilflos da, wenn man ihm – *worst case* – ein Einstecktuch in die Hand drückt – während ein Südamerikaner das auch bei einem Stromausfall noch lässig in die Brusttasche des Anzugs stecken würde. Er findet tägliches Putzen von Lederschuhen lästig, deshalb liebt er Turnschuhe und Trekkingsandalen, die man nur ab und zu mit Nanotechnologie-Spray imprägnieren muss. Er kauft Sakkos zu groß und lässt seine Mutter die Ärmel an zu kleinen Hemden abschneiden, damit er sie noch im Sommer offen tragen kann, denn neue „tun ja nich' nötig", wie der Westfale sagt. Die modische Lässigkeit des deutschen Mannes besteht darin, nicht nur im Tennisclub unter der Dusche, sondern auch daheim ungeniert in blau-weiße Adiletten aus Plastik zu schlüpfen und T-Shirts zu Blazern zu tragen, unter denen sich der Burgerbauch abzeichnet – Sinnlichkeit *à l'allemande*. Dafür gibt er gerne viele Zehntausend Euro für ein Auto aus. Auf das ist er stolz. Auf seine Kleider stolz sein? Auf die Idee käme er erst gar nicht.

Klar gibt es männliche Teenager, die die weißen Sohlen ihrer Sneaker jeden Abend in der Dusche mit Backpulverschaum und Zahnbürste behandeln. Männer, die für Designerjeans 300 Euro ausgeben oder im Italienurlaub Leinenhemden kaufen. Aber wenn man – von den Arbeiten des Humanethologen Irenäus Eibl-Eibesfeld angeregt – die Spezies „Deutscher Mann" in der Fußgängerzone einer mittelgroßen Stadt beobachtet, sieht man in 95 Prozent der Fälle die Wanderkombo mit Biosocken. Die sieht man auch bei Chorproben, Vorträgen in politischen Vereinen, in der Kirche und in der Uni. Klar, auf der Münchner Theatinerstraße spazieren immer noch klassisch gewandete Herren nach britischem Gentleman-Ideal in roten Hosen und hellblauen Hemden mit Blazern herum, oder Männer in Trachtenjankern und Schuhen aus richtigem Leder, wenn sie am Sonntag aus der Messe kommen. Aber der Münchner Cocktail-Schick und seine Hamburger Kaufmann-Variante, die es in den Filialen des deutschen Unternehmens SØR in Reinform zu kaufen gibt, sind in der deutschen Männerpopulation die absolute Ausnahme. In Berlin sieht man von Design-Jumpsuits über Vintage-Lederhosen bis zu weißen Anzügen mit rosa Hemden allerhand Fantasievolles, aber auch dort dominiert in der S-Bahn die Parka-Fraktion. Dabei macht es deutschen Männern gar nicht immer Freude, in diesem modemäßigen No-Man's-Land zu schwimmen. Viele würden gerne schicker, männlicher – was immer das ist – oder anders aussehen. Sie wissen aber nicht genau wie, weil die Codes nicht mehr klar sind und Mode nicht als selbstverständlich wichtig für einen kultivierten Menschen gilt, so wie in Süd- und Westeuropa. Und weil tatsächlich eben fast alles geht.

Ich war einmal Zeugin, wie sich ein deutscher Mann im Outlet der Bielefelder Bekleidungsfirma Windsor neu erfinden wollte. Er war VW-Manager in Wolfsburg (wie er mir erzählte), hatte sein Phaeton-Gefährt auf dem Parkplatz des Industriegeländes geparkt und wollte „was Neues anzuziehen". Und natürlich bei der ganzen Aktion möglichst viel Geld sparen, deshalb das Outlet, VW-Leute sind ja als harte Kostenrechner bekannt und gefürchtet. All das erzählte er mir vor dem riesigen Tisch mit Herrenpullovern, der ihn sichtlich verwirrte und bei dem er mich – ich war auf der Suche nach einem Wintermantel – ansprach: „Meinen Sie, dass das die richtige Größe ist?" Und hielt mir einen weinroten Strickpulli mit Reißverschluss und Bommel hin. Ich erwiderte ihm, ich sei keine Verkäuferin, aber nein, falsche Größe. Und außerdem seien Pullover mit Reißverschlüssen nicht das Richtige für ihn, sondern Rundhals-Modelle. Nach diesem Rat hing er an mir wie ein Dreijähriger. Das Ende der Geschichte: Ich erbarmte mich dieses Mannes aus Wolfsburg und kleidete den mir bis dahin Unbekannten neu ein. „Da wäre ich ja nie draufgekommen", sagte er, als ich ihm eine unifarbene dunkelblaue Krawatte zu einem hellblauen Hemd legte. Ihm den Doppelreiher ausredete, weil er ihn aufblähte. Und eng geschnittene Hosen suchte, dazu einen Gürtel ohne auffallende Schnalle. Ich sagte ihm, dass es keine gute Idee sei, seinen Schlüsselring an der Hose zu tragen, und weiße Turnschuhe zu einem blauen Anzug in seinem Alter nicht die Botschaft sei, die er aussenden wolle. Ich kam mir vor wie eine Mischung aus Psychotherapeutin, Mode-Domina und Mama. Am Ende der Beratung bat er mich um meine Telefonnummer. Um in einem halben Jahr wieder mit mir einzukaufen. Und mich vorher in die Oper einzuladen. Ich lehnte dankend ab, überlegte aber ernsthaft einen Tag lang, ob ich meinen Beruf wechseln und Personal Shopperin für deutsche Männer werden sollte. Der Bedarf ist ja riesig.

Über die real existierende deutsche Männermode beziehungsweise die Abwesenheit guten Stils könnte man Vorlesungen über mehrere Semester halten. *In a nutshell* gepackt sind drei vielgeliebte Objekte das strukturelle Problem, denn sie scheinen dem deutschen Mann dieser Tage unauslöschlich in die DNA eincodiert: Die Wanderjacke. Der Rucksack. Das Fleece-Shirt aus Kunstfaser, das sowohl Hemd als auch Pullover ersetzt und den Schick einer Hundedecke aus dem Grabbelkorb hat. Fleece ist ein Flauschpelz aus Polyester, heute gerne aus recycelten Plastikflaschen, aber das macht es auch nicht besser. Das Zeug sieht wie gekochtes und gewalktes Plastik aus, egal ob es als sogenannte Polar-Shelljacke für Bergfreunde eng geschnitten ist oder als Sweat-Shirt weit abhängt wie ein Putzlappen. Männer lieben Fleece-Pullover, weil sie sich wie ein alter Pyjama anfühlen und dabei knitterfrei sind. Dass sie sich elektrisch aufladen und leicht entflammbar sind – egal.

Vor allem aber auf die deutsche Wanderjacke und den deutschen Rucksack wird man im Ausland von an Mode interessierten Menschen öfter verwundert angesprochen. Wie das nach Jahrhunderten anderer Kultur-Programmierung plötzlich passieren konnte, ist äußert erstaunlich. Denn: Am Anfang war auch in Deutschland der Mantel. Als erstes Kleidungsstück überhaupt. Und der ist fast gänzlich verschwunden. Dabei trugen schon unsere Vorfahren mit umgeworfenen Fellen eine Art Mantel, also gegürtete Capes aus Wolf und Co, und kamen damit mehr oder minder gut durchs Leben. Später wurden die gewebten und bestickten Mäntel über zwei Jahrtausende eine textile Außenhaut jedes Mannes. Und dafür musste er nicht einmal dem Patriziat angehören. Ein Mantel schützte vor Kälte und Grippetod, bot auf Reit- und Kutschreisen Schutz und zeigte, wer man war. Mäntel und Mantelstoffe wurden über Generationen weitergegeben, verschenkt und umgenäht. Soldaten trugen sie, Handwerker, Händler, Musiker, Geistliche. Und dann, nach 3000 Jahren: Multifunktionsjacke. Mit der Durchsetzung der Wanderjacke aus wasserabweisenden Materialien, sogenanntem atmungsaktivem Gewebe und Astronauten-Finish war die Idee des fallenden Tuches dahin. Schnür hier, schnür dort, klapp ein, klapp aus, mach auf, mach zu. Lodenmäntel, Cabanjacken, Trenchcoats, Kamelhaarmäntel, selbst Jagdjacken sahen neben Jack-Wolfskin-Jacken mit ihren allerhand Aufnähern, Klappen, Reißverschlüssen und Fluo-Streifen plötzlich wie Stücke aus dem Modemuseum aus. Auf dem Lusen, dem Brocken oder der Zugspitze mögen Outdoor-Jacken ja durchaus praktisch sein. Vor allem, wenn man die Berge mit den passenden Trekkingschuhen tatsächlich besteigt (früher tat man das in rot-weiß karierten Hemden und Kniebundhosen und sah damit aus wie im deutschen Heimatfilm). Aber warum gefühlt 35 Millionen deutsche Männer nur noch solche Jacken besitzen, sie überall tragen (sogar über dem Smoking!, aber der ist ein anderes Thema) und auf Anfrage in höchsten Tönen von ihren praktischen Qualitäten schwärmen, bleibt ein Rätsel. Denn selbst der schönste Mann sieht in ihnen etwas bemitleidenswert aus. Vielleicht ist es wie beim anderen Hobby des deutschen Mannes, dem Grillen: Es schwingt ein Hauch von Abenteuer mit, wenn Hermann Bauer mit der S-Bahn in seinen Sachbearbeiterjob bei der Versicherung fährt – aber theoretisch könnte er ja mit seiner Jacke auch in Richtung

Grönland aufbrechen, eine Angel in der einen und eine Spitzhacke in der anderen Hand. Aber vielleicht ist die deutsche Outdoor-Jacke auch nur pure Bequemlichkeit. So wie nackte Füße in podologisch geprüften Sandalen, in die Hermann schlüpft, wenn er im Flur seine schöne Mega-Jacke an den Haken gehängt hat. Echt gemütlich.

Zur Mehrzweckjacke des deutschen Mannes gehört der Rucksack. Natürlich: Viele Männer der westlichen Welt tragen heute auch in Städten Rucksäcke und das seit gut 30 Jahren. Und die Hipster in Berlin, Hamburg und München haben auffallend schlichte Design-Beutel auf dem Rücken, wenn sie auf ihren E-Bikes in den Coworking Space fahren. Die aus einer Stockholmer Manufaktur stammen oder einem Berliner Atelier-Projekt neben dem Alte-Gemüsesorten-Laden. Von diesen Modellen ist aber nicht die Rede, sondern von den Rucksäcken, die für jeden Mann über 18 verboten sein sollten, wenn er nicht gerade in einer Bergbahn fährt. In kaum einem Land gibt es durch alle Schichten so viele Männer, die mit raffiniert konstruierter Trekking-Ausrüstung romanische Kirchen, historische Kaffeehäuser und Kinos besuchen wie in Deutschland. Die ihre Wanderrucksäcke, am Ziel angekommen, sehr konzentriert möglichst auf sauberem Boden abstellen. Denn der deutsche Mann markiert, egal wo auf der Welt, seinen Bannkreis damit so wie beim Aus- und Einrichten eines Strandkorbs an der Nordsee. Ein deutscher Männerrucksack ist kein Spaß. Er ist etwas Ernsthaftes. So wie das Lesen der Stiftung-Warentest-Studien, die man nicht nur vor dem Kauf einer Spülmaschine oder eines Müslis durchgeht, sondern auch vor der Wahl des richtigen Rucksacks. Der deutsch-äthiopische Autor Asfa-Wossen Asserate postulierte in seinem Buch *Manieren*, dass ein Herr niemals mit einer Plastiktüte in der Hand auf der Straße gesehen werden sollte. Leider schrieb er nichts von deutschen Rucksäcken und dass diese auch großen Männern den Look von Kindergartenkindern geben. Und genau wie sich viele Männer die Frage stellen, was Frauen den ganzen

Tag in ihren Handtaschen mit sich herumschleppen, so fragen sich Frauen: „Was, um Himmels willen, hat Hermann in seinem Rucksack, wenn er in Gütersloh zu Karstadt geht? Er hat mir doch schon das Tablet in meine Handtasche gesteckt?" Ausführliche Feldstudien ergaben: Wasserflasche, Aufladekabel fürs Handy, Ersatzakku, geschmiertes Brötchen, Energieriegel, Teebaumöl, Boombox, Sonnenbrille und Multifunktionswerkzeug zum Ausklappen. Also eine Mischung aus Hobbyraum und Snackbar. Man fragt sich, wie unsere italienischen Nachbarn den Alltag überleben, denn die tragen ihre stromlinienförmig designten kleinen Kuriertaschen – so sie überhaupt welche mitnehmen – quer über dem Bauch. Aber der italienische Mann hat eben eine völlig andere Mode-DNA, in der es selbstverständlich auch noch einen Abschnitt für Erwachsenen-Mäntel, Krawatten und langärmlige Hemden gibt. Aber ihm fehlt die ganz große Freude des deutschen Mannes: wenn seine Frau den gleichen Trekking-Anorak anzieht. Wie er und sie im Partner-Look Beige in Beige durchs Leben wandern. Wahre deutsche Liebe.

Graues Kunstleder und fetter Hosenlatz

DK

Verehrte Co, da haben Sie sich wohl Ihre seit Jahren angestaute Wut von der Seele geschrieben! Und, ganz ehrlich, ich könnte es mir nun recht einfach machen und sagen: Sie haben ja so recht! Und dann setzen wir uns in das „Eis Café Tiziano" in den Schlossarkaden Ihres benachbarten Braunschweigs und lästern gemeinsam über meine Geschlechtsgenossen im Multifunktions-Anorak mit ihren Rucksäcken, wobei wir vielleicht noch die Birkenstock-Sandalen mit den weißen Tennissöckchen zählen sollten.

Oder wir setzen uns in das „Café Heider" in Potsdam und ich zeige Ihnen, was mir hier einen Geschmacksgrusel über den Rücken jagt, vor allem, wenn es kühl und nieslig wird: Männerjacken aus grauem Kunstleder mit Reißverschluss, vorne zwei zugeknöpfte Brusttaschen, ein umgelegter Kragen wie bei einem Oberhemd. Dazu eine Prinz-Heinrich-Mütze, etwas speckig, kann auch aus Baumwolle oder Kunstleder sein. Wenn so ein Mann dann auch noch einen zusammengerollten Knirps in der Hand trägt, auch in Grau wie seine Jacke, dann muss ich immer an die „Herren" von der Volkspolizei oder der Stasi denken. Und an die Tatsache, dass der vermeintliche Regenschirm ein Teleskop-Schlagstock war.

Gerade hier, auf dem Gebiet der ehemaligen DDR, sieht man noch sehr viel Kunstleder oder regenundurchlässigen Kunststoff. Und immer noch Schlaghosen, dazu Blümchenhemden mit oder ohne Fransenweste und Strickpullover oder oberschenkellange Westen. Zu festlichen Anlässen wie Jugendweihe oder Jubiläum in der Kleingarten-Sparte – das ist das, was Sie Schrebergarten nennen – trägt dann der hiesige männliche Einheimische immer noch Anzug in hellen, vermeintlich „freundlichen" Farben. Einreiher oder zweireihig geknöpfte Modelle werden dann mit Krawatte und einfarbigem Hemd getragen, manchmal auch eine farblich gleiche Weste dazu kombiniert. Diese Farbkombinationen sind zuweilen ebenso verblüffend wie die Muster der Krawatten. Jene, die sich für ganz mutig und unkonventionell halten, tragen statt einer Krawatte eine „Bolo Tie“, jenen Indianerschmuck aus Sterling Silber mit einer Schnur um den Hals, in Erinnerung an ihre Zeit als Hobby-Rothaut in der „Kulturgruppe für Indianistik“. Modische Bekleidung spielte auch in der DDR eine immer größere Rolle, sollte sie doch den Eindruck verstärken, dass es den Menschen im Sozialismus gut ging, es ihnen an nichts fehlte. So vermittelten es die Mode-Zeitschriften. Wie schwer es allerdings war, den Kleiderschrank tatsächlich mit schicker Garderobe zu füllen, stand darin nicht zu lesen. Aber nun, wo es doch alles „aus dem Westen“ auch bei Galeria Karstadt Kaufhof in der Brandenburger Straße zu kaufen gäbe, warum sieht man davon so wenig auf den Potsdamer Straßen? „Das ganze Zeug ist doch noch gut, oder? Ich bin doch kein Mode-Fatzke!“

Natürlich steckt hinter allen diesen ästhetischen Beleidigungen auf den Körpern deutscher Männer der erfolgreiche Sieg des Proletariats. Nicht nur im Osten, wo der Sieg ein vollkommener zu sein scheint. Aber auch im Westen ist er schwer zu leugnen. Jedoch, wo kommt denn das alles her? Wer, bitte schön, sagt denn dem Jungen, dem pubertierenden Jungmann, dem erwachsenen Mann, was er anziehen soll? Die Frauen! Bei der Mutter fängt's doch an, oder? Haben Sie selbst nicht Ihrem Sohn gesagt, was er anziehen soll, zum Geburtstag der Großmutter? Wie lange haben Sie ihm die Klamotten erst angezogen, dann hingelegt? Und gemeckert, wenn Sie meinten, dass dieses supercoole T-Shirt nun wirklich nicht zu diesen Jeans passt? Oder dass er mit diesem schicken weißen Oberhemd nicht zum Fußballspielen gehen kann. Und? Kommt Ihr Mann wirklich mit allem durch, was er so anziehen will? Oder hat er Ihre Vorstellungen schon so internalisiert, dass er sich erst gar nicht trauen würde, das *muscle-shirt* mit dem Leoparden-Muster zu kaufen? Weil er es nicht anziehen dürfte?

Im Alter von zehn Jahren kaufte ich mir – für 11,80 Mark – *Knaurs Kostümbuch.* Das war viel Geld für einen Schüler, der sein

Taschengeld durch das Aufsammeln von Bällen auf dem Tennisplatz aufbesserte. Der Wunsch nach diesem Buch hatte vor allem mit den sehr vielen wunderschönen Illustrationen zu tun. Wir überspringen Ägypten (Tutmosis I. trägt nur einen kurzen, gestärkten Lendenschurz), Vorderasien und Kreta und kommen direkt zu den Germanen. Durch die Technik der Sargbestattung wird in diesem Kapitel für die Zeit 1500 bis 1200 vor Christus detailliert berichtet, was der germanische Mann trug: Mütze, Mantel, Unterkleidung und Schuhe. Die Unterkleidung bestand, ebenso wie der Mantel, aus einem ungenähten Stück Stoff aus Schafwolle, das entweder als Lendenschurz diente oder bis über die Brust hinaufreichte. In diesem Fall hatte man die beiden obersten Ecken zu Zipfeln verlängert, die zusammen mit Lederriemen Schulterträger bildeten. Dieses „Wams" der alten Germanen ist ganz unstrittig der Ahnherr unserer Westen und Jacken, bei denen die Erfindung der Knöpfe bis heute von Vorteil ist. In der „Deutschen Renaissance" sehen wir uns kostümgeschichtlich konfrontiert mit zwei Abschnitten: Die erste Hälfte des sechzehnten Jahrhunderts wurde von der deutschen Mode beherrscht, nach der Jahrhundertmitte dagegen war Spanien führend.

Fesch schaute er aus, der „Edelmann in ganz geschlitzter Kleidung": Das Zusammenspiel zweier verschiedenfarbiger Stoffe war nun der modische Hit, dazu die Langstrümpfe und das Wams dort aufgeschnitten, wo sie am engsten anlagen, also an Beinen und Armen. Nach dem Stilgefühl der Renaissance musste die Kleidung breit machen, vor allem die Männer. Die Schaube, dieser weite, oft glockige, vorn offene, ungegürtete Überrock – Vorfahr aller Talare – sollte den Mann als stattlich präsentieren. Der immer größer werdende Hosenlatz, die Braguette, unterstrich seine Mannhaftigkeit, unabhängig von der tatsächlichen Größe des dahinter Baumelnden. Andreas Musculus, Professor für Theologie an der Universität Frankfurt an der Oder, wetterte vergebens in seiner Brandschrift *Vom zerluderten Zucht- und Ehrverwegenen pludrichten Hosenteufel*:

„Unsere jungen Kumpanen lassen den Latz vorn mit dem Höllenfeuer und dem Lappen über die Maßen groß machen, so daß der Teufel darin sitzt und zu allen Seiten hinausschaut, allein zum Ärgernis und bösen Beispiel, ja zur Verlockung und zur Verführung armer, wahnsinniger und unschuldiger Mädchen."

Lassen Sie uns einen Sprung zum letzten Kapitel im *Kostümbuch* machen: „Funktionalismus und Gegenwart 1910 bis heute". Und da steht er, der Mann: Dunkelbrauner Anzug, gelbliches Hemd, grüne, gepunktete Krawatte. Heller Hut, schwarze Schuhe. Genau so sieht der deutsche Mann heute doch auch aus, wenn er „gut" angezogen sein will, wobei er sich heute wahrscheinlich nicht trauen würde, in der Öffentlichkeit eine Zigarette zu rauchen. Der Mann von 1954 sieht aus wie Humphrey Bogart in „Casablanca" oder die Gangster, Polizisten und Reporter in „Public Enemies". Über Jahrhunderte hat sich nichts Wesentliches geändert; der Mann in unseren Breiten trägt eine Unterhose (hoffentlich), vielleicht ein Unterhemd, ein Hemd, eine Hose, eine Jacke. Auch wenn das in Schottland und Bayern bei festlichen Anlässen anders aussieht, an diesem Kanon hat sich nichts geändert.

Falls der deutsche Mann diesen Kanon zwar nicht in Frage stellt, dafür jedoch danach strebt, in den Materialien und beim Schnitt aus der C&A-Uniform auszusteigen, kann es sehr schnell richtig Ärger geben. Denken wir an das Brioni-Desaster, als ein asoziales Arbeiterkind aus Niedersachsen, das es 1998 gerade zum Bundeskanzler gebracht hatte, es wagte, einen Kaschmir-Mantel von Brioni für 4.000 Mark, einen Kiton-Anzug für 3.000 Mark und Alden-Schuhe für 900 Mark zu tragen. Wer dazu auch noch Cohiba-Zigarren raucht und sich 1999 so von Peter Lindbergh fotografieren lässt, hört den wütenden Aufschrei: „Sozi trägt Brioni". Der vermeintlich endgültige Beweis, dass es sich allein um einen „Genossen der Bosse" handele, war erbracht. Dabei bezahlte Gerhard Schröder seine Anzüge und Zigarren vom eigenen Geld.

Ganz anders sah es dann 2002 aus, als ein Genosse aus derselben Partei beim „Zweithosen"-Kauf auf Kosten Dritter ertappt wurde. Die Medien tobten, als bekannt wurde, dass der damalige Verteidigungsminister Rudolf Scharping vom PR-Influencer Moritz Hunzinger den Betrag von insgesamt 140.000 Mark überwiesen bekam, angeblich für Vorträge und die geplante Veröffentlichung seiner Lebenserinnerungen. Berichtet wurde damals von einem gemeinsamen Einkaufsbesuch der beiden Männer beim noblen Frankfurter Herrenausstatter Möller & Schaar im März 1999. Bei dieser Gelegenheit soll Scharping ausweislich der auf seinen Namen ausgestellten Rechnung Mantel, Anzüge, Hemden und Krawatten im Wert von über 54.000 Mark erworben haben – unter anderem vier Hemden zum Stückpreis von 548 Mark sowie vier Anzüge mit Zweithose zu Preisen von deutlich oberhalb 5.000 Mark pro Set.

Noch heftiger reagierten die Medien und das politische System der Partei Bündnis 90/Die Grünen, als publik wurde, dass das Kind eines türkischen Gastarbeiters sich Geld desselben Lobbyisten Hunzinger in fünfstelliger Höhe als Darlehen geben ließ und sich von diesem Geld teure Maßanzüge kaufte. Diese Geschichte, zusammen mit der privaten Verwendung dienstlich erworbener Bonus-Meilen, führte mit dazu, dass Cem Özdemir politisch bis heute kein Amt mehr erringen konnte, das seinem Ehrgeiz entspricht.

Um zu überprüfen, ob unsere derzeitigen Spitzenpolitiker aus solchen selbstgestellten Fallen gelernt haben, machen wir mal eine kleine Modeschau unseres derzeitigen Berliner Kabinetts. Zum Zeitpunkt meines Schreibens stehen auf der Gehaltsliste 15 Personen, davon acht Männer: Olaf Scholz, Horst Seehofer, Heiko Maas, Peter Altmaier, Hubertus Heil, Jens Spahn, Andreas Scheuer, Gerd Müller. Machen Sie sich die zweifelhafte Freude, diese Menschen auf der Homepage „Die Bundesregierung" nur in Bezug auf die Kleidung, die sie tragen, anzusehen. Wir konzentrieren uns dabei auf die Männer, auch wenn mir persönlich zu Christine Lambrecht, Annegret Kramp-Karrenbauer und Franziska Giffey ganz besonders viel in Sachen Mode einfallen würde. Über die meisten der Männer gibt es nicht viel zu sagen, alle einfallslos und „anständig" angezogen, Horst Seehofer sehe ich lieber im Trachtenanzug und Olaf Scholz sollte mal jemand sagen, dass man entweder alle Anzugknöpfe zumacht, damit man den unteren Zipfel der Krawatte nicht sieht, oder dass man alle Knöpfe auflässt. Über Peter Altmaier breiten wir den höflichen Mantel des Schweigens, ab Konfektionsgröße XXL sagt man besser nichts mehr, zudem ist er Junggeselle und hat vielleicht niemanden, der ihm sagt, was er anziehen soll.

Picken wir uns zwei schicke Herren Bundesminister raus: Den Heiko aus Saarlouis, der jetzt in Potsdam lebt, und den Andi aus und in Passau. Bei beiden Männern habe ich eine Vermutung: beide kommen aus deutschen Randgebieten, der eine sehr nahe an Frankreich, der andere einigermaßen nahe an Italien. Und beide hatten bzw. haben Frauen an ihrer Seite, die ihnen möglicherweise am Morgen sagen: „So gehst Du aber nicht aus dem Haus!" Oder ihm vielleicht sogar die Sachen rauslegen, bevor der Chauffeur kommt?

Die frühere Ehe von Andreas Scheuer mit einer TV-Journalistin und die aktuelle Liaison mit einer sehr attraktiven Politologin haben möglicherweise dazu beigetragen, dass ich ihm den ersten Preis für seine Bekleidung gebe, sowohl mit als auch ohne Krawatte. Er ist einfach ein Fescher, wenn auch immer knapp am Hallodri. Und ich glaube nicht, dass der so einen Multifunktions-Anorak trägt, vielleicht nicht einmal besitzt.

Mein zweiter Preis geht an Heiko Maas, auch wenn ich immer noch drauf hoffe, dass ihm seine aktuelle Partnerin, die Schauspielerin Natalia Wörner, endlich mal sagt, dass diese superengen Hosen und die knappen Anzüglein auch nicht über die Tatsache täuschen können, dass er schon über 50 Jahre alt ist, ungeachtet seiner Konfektionsgröße 46. Bei einem Katholiken kann man wohl nicht sagen, dass er über die Zeit der Konfirmationsanzüge hinaus ist. Aber gerade ein ehemaliger katholischer Messdiener sollte doch ein Gespür für amtsadäquate Gewandung haben. Wer denkt da nicht an die TV-Serie „Fleabag“ und die gemeinsame Anprobe der Soutane, des Messgewands für ihren Priester?

Was lernen wir als deutscher Mann aus alledem? Wenn man sich schon die Mutter nicht aussuchen konnte, die einem mit stilsicherem Geschmack sagt, was einem Jungen und späteren Mann gut steht und was er zu welchen Gelegenheiten anziehen soll, dann sollte man als Mann wenigstens anschließend eine Partnerin oder einen Partner finden, die bzw. der einen guten Geschmack hat.

Nachdem nun die Ritterrüstungen weggepackt worden sind, die Zeiten der strengen Vorschriften, wer was wozu zu tragen hat, vorbei sind – außer Mann bekommt den Nobelpreis verliehen – und die Uniformen immer seltener in der Öffentlichkeit getragen werden – selbst Drei-Sterne-Generale sehe ich im beigen Freizeitdress auf der Straße –, braucht Mann einen Menschen, der ihm sagt: „Wir fahren jetzt zum Outlet von Windsor oder wir gehen zu Hirmer in der Münchner Kaufingerstraße. Und dort schauen wir mal nach einem schicken Sommermantel für Dich.“ Und was daran dann deutsch sein soll, kann uns vollkommen egal sein. Solange es uns selbst und unserer Begleitung gefällt. Und wenn es der so gar nicht gefällt, lassen wir halt das Leoparden-Muscle-Shirt liegen. Vielleicht gefällt's der nächsten Begleitung.

SIEZEN – DUZEN

Gesprächsbotox in virtuellen Zeiten

„Viele Menschen finden die deutsche Sprache hart und zackig. Das stimmt aber nicht. Schon die subtilen Färbungen um das „Du" und „Sie" eröffnen ein semantisches Feld, von dem andere Sprachen nur träumen können!"

Wer sagt denn noch „Sie" zueinander? Außer wir beide?

Darf ich Dir das Sie anbieten?

DK

„Fick mich“: geht, unter bestimmten Umständen.
„Ficken Sie mich“: geht unter keinen Umständen.
„Küss mich“: geht, unter bestimmten Umständen.
„Küssen Sie mich“; geht, unter bestimmten Umständen.

Es ist etwas recht Eigenartiges, im Deutschen, mit dem Siezen und dem Duzen. Die Regeln sind nicht leicht zu erklären. Gibt's überhaupt Regeln? Ich möchte jedenfalls nicht Deutschlehrer am Goethe-Institut sein, um eventuelle Regeln erklären zu müssen: „Siezen oder Duzen die Deutschen ihre Hunde?“ Da ich leider nie selbst einen hatte, müsste ich länger drüber nachdenken: „Waldi, komm her?“ oder „Hasso, kommen Sie bitte her?“ Gibt es Menschen, die ihren Hund siezen?

Das Spiel mit dem Siezen und dem Duzen ist schön. Und schön deutsch. Es ist ein Spiel, das große Freude bereiten kann, indem man eigene Regeln aufstellt.

Beginnen wir mit einem etwas abgenutzten Kalauer: „You can say you to me“ soll Helmut Kohl zu Ronald Reagan gesagt haben. Oder sagte er es zu Michael Gorbatschow oder zu George Bush? Egal! Diese Geschichte geistert jedenfalls seit Jahrzehnten herum und wird immer noch gern erzählt, um die angebliche Tollpatschigkeit des Pfälzers mit dem Saumagen zu markieren. Ergänzt kann sie noch werden durch die Anschluss-Saga, der zufolge der französische Präsident Mitterrand Kohl gefragt haben soll, wie seine persönliche Beziehung zu Margaret Thatcher, der britischen Premierministerin, sei: „Nous sommes per Du.“

Sollte Helmut Kohl einem US-amerikanischen Präsidenten tatsächlich das You angeboten haben, dann hätte er sprachhistorisch nicht einmal vollkommen daneben gelegen, denn das historische „Thou“ signalisierte in der Vormoderne eine höhere soziale Distanz als das vertraulichere „You". In Shakespeares Texten wimmelt es von nur so von Thou, Thee, Thy, Thine und Ye. Im 17. Jahrhundert also hätte das Angebot Kohls funktioniert, wenn er es denn tatsächlich gesagt hat: Er wollte ein persönlicheres Verhältnis aufbauen, im Deidesheimer Hof.

Im heutigen Englisch gibt es kein „Thou" mehr, im Amerikanischen schon gleich gar nicht. Als Deutscher muss man jedoch sehr genau hinhören, wie formell oder informell das heute flächendeckende „You" gemeint ist. Nur der ahnungslose Deutsche glaubt, dass „Call me Donald" heißen würde, „Du kannst gern Donald zu mir sagen". Selbst zur Queen können Sie sagen: „Would you like to see my garden?" Wobei ein „Your Majesty" zu Beginn oder am Ende des Satzes nicht schädlich wäre. Das „Thou" würde ihr allenfalls ein feines Schmunzeln abringen, ohne dass sie sich anmerken lassen würde, dass sie über diese Anrede amüsiert ist: „These Germans, always making such an effort."

Schwer tun sich Übersetzer und Synchronsprecher, wenn sie das englische „You" ins Deutsche übertragen müssen. Die Faustregel gilt: Nach dem ersten Kuss geht's vom Sie zum Du über. Auf jeden Fall sind die Akteure nach dem ersten Beischlaf beim „Du". Zurück geht's eigentlich nie vom Du zum Sie. Wenn Du, dann Du. Für immer. Die Rücknahme des Du ist eine grobe Beleidigung. Stellen Sie sich vor, Ihr/e Frau/Mann/Freundin/Freund würde Sie am Abend siezen, nachdem Sie sich noch heute früh geduzt haben! Nicht mal nach einer Scheidung ist der Weg zurück zum Sie die Regel.

Das deutsche beziehungsweise österreichische Original des Romans *Gut gegen Nordwind* von Daniel Glattauer ließ die Helden Emmi Rothner und Leo Leike bis Seite 278 einander siezen. Erst auf den allerletzten Seiten des Buches duzen die beiden sich, und das auch nur schriftlich in ihren E-Mails, über die sie sich über Wochen kennenlernten. Bewusst gesehen haben sie sich ja bis dahin immer noch nicht. In der niederländischen Übersetzung duzen sich Emmi und Leo von Anfang an. In der englischen Fassung, *Love Virtually*, sagen sich die beiden „You“. Was sonst?

Wer nun glaubt, Sie ist Sie und Du ist Du, hat immer noch keine Ahnung. Denn auch da kennen wir erhebliche regionale und soziale Unterschiede.

Das Hamburger Sie geht so: „Helmut, haben Sie den Artikel für die ZEIT schon fertig?“ „Nein, Theo, ich sitze noch dran.“

Das Münchner Du geht so: „Du, Kaesler, kannst mir bitte den Senf rüberschieben?“ „Nein, Seidl, einem Franken aus Würzburg geb’ ich meinen Senf nicht.“

Der Niedersachse kennt kein Du, außer nach dem fünften Lüttje Lage, danach kennt er kein Sie mehr. Mit dem Kieler geht’s ebenso, bei dem ist es dann das zehnte Flens. Der Kölner kennt kein Sie, zumindest nicht im Karneval. Der Oberammergauer auch nicht, zumindest nicht beim Skifahren. Die Menschen mit den langen Namen, also der Adel, kennen untereinander meist kein Sie, dafür dann wunderliche Kosenamen wie Butzi, Puppi, Maus und Krümel. Prinz Philip soll zu seiner Frau „Cabbage“ oder „Sausage“ gesagt haben. Aber dann doch hoffentlich: „Sausage, you are my great love, Your Majesty.“ Dann gab es in der DDR das erzwungene Genossen-Du, das sich in manchen SPD-Unterbezirken bis heute zu halten scheint. Als ich noch Mitglied im Bayerischen Alpenverein war, galt die eiserne Regel: „Über 3.000 Meter sind wir alle per Du.“

Es ist und bleibt kompliziert. Aber schön und deutsch. Denn gerade die deutsche Sprache bietet mehr Möglichkeiten, Nähe und Distanz, Respekt und Verehrung zu signalisieren, als das schlichte englische „You“. Aber Vorsicht: Auch in Zeiten, in denen Dieter Zetsche von Daimler und Oliver Bäte von Allianz in Jeans und Sneakers rumlaufen und ihre Mitarbeiter mit Du und Vornamen – hat ihnen ihr *personal assistant* zugeflüstert, oder steht auf dem Namensschild – ansprechen, gilt es, größte Vorsicht walten zu lassen. „Der Dieter“ ist noch lange nicht der Kumpel vom Ali am Band, schon gar nicht sein Freund. Denn der Dieter kann den Ali feuern, der Ali den Dieter nicht.

Ganz besonders raffinierte Varianten des sprachlichen Spiels wurden am Hof des österreichisch-ungarischen Kaisers in der „Burg“ und im Schloss Schönbrunn entwickelt, die sich bis heute an manchen Stätten in Wien erhalten haben. Die k. u. k. Hoflieferanten bedienten dereinst ein Heer von Exzellenzen und Hochwürden, von Hofräten und Pensionären. Die obligate, die Klassenschranken eher betonende indirekte Anrede in der dritten Person – „Haben schon gewählt?“ oder „Wurden schon bedient?“ – dient bis heute in der k. u. k. Hofzuckerbäckerei Demel oder beim k. u. k. Hof- und Kammerjuwelier A. E. Köchert nicht der Unterhaltung amüsierter Touristen, sondern der Umgehung ernsthafter Verstimmtheiten bei der verehrten Kundschaft bei einer möglicherweise irrtümlichen Anrede. Am Ende war es doch ein echter Vortragender Hofrat der höchsten Rangklasse IX oder gar ein Primarius aus dem AKH! Das endlose Ringen und Abtasten von Nähe und Distanz, das sich beim Gebrauch der deutschen Sprache im virtuosen Menuett von Sie und Du artikuliert, spielt auf dem semantischen Feld von herablassender Pseudo-Nähe – dem Kellnerinnen-Du – und zärtlicher, respektvoller Distanz eines durchaus sehr freundlich getönten Sie.

Fangen wir vermeintlich einfach an: Wer sagt wem was im Deutschen? Eine ranghöhere Person kann einer anderen Person die vertraulichere Anrede des Du anbieten, also ältere Menschen jüngeren Menschen, Damen einem Herrn, Vorgesetzte einem Mitarbeiter. In der Familie wird heute wie selbstverständlich geduzt, aber schon da kann es kompliziert werden: Wie spricht man die Schwiegereltern der eigenen Kinder an? Da eröffnet sich eine dritte Station, das „Plural-Du“, das „Ihr“ und „Euch“: Nicht einmal Blutsbande sagen von sich aus darüber aus, wie Menschen zueinanderstehen und wie sie das sprachlich markieren. Die Mutter der habsburgischen Königin Maria-Theresia, die Erzherzogin Elisabeth Christine, fragte ihre Tochter: „Wie wollt Ihr es eigentlich schaffen, Euer Land zu halten, wenn Ihr nicht einmal Euren Mann halten könnt?" Was ist das? Ein Du, ein Sie? Es ist, bis heute, ein Weg dazwischen, ein wenig vertraut – wenn auch verallgemeinernd – und ein wenig distanziert. So kann man dann die Schwiegereltern fragen: „Und? Wie war Eure Herfahrt? Wollt Ihr nachher lieber Kaffee oder Tee?" Wenn man diese Menschen eigentlich nicht duzen will.

Historisch scheint es im Deutschen so zu sein, dass es bis zum 9. Jahrhundert nur das „Du" gab, erst danach kam das „Ihr" dazu, jeweils in der dritten Person Singular: „Will er das, Graf?" „Wusste Sie davon, Gräfin?" Das „Sie" in der dritten Person Plural als Anredeform ist erst seit dem 17. Jahrhundert in Gebrauch. Es musste nicht nur „Euer Hochwohlgeboren" und „Euer Gnaden" sein, auch die Kinder des Großbauern sprachen ihre Eltern mit „Sie" an. Selbst Eheleute siezten sich, manche sogar bis ins 20. Jahrhundert. Nie werde ich vergessen, wie ungläubig ich im Herbst 1970 einem deutschen Ehepaar im kanadischen Winnipeg zuhörte, das sich siezte. Ich weiß noch, dass ich das sehr schön fand, signalisierte es doch in diesem Fall ein hohes Maß an gegenseitigem Respekt, zusätzlich zu aller zärtlichen Zuneigung, die nicht zu übersehen war.

Wer sich Respekt und zugleich Zuneigung, ja Verehrung erhalten möchte, kann auch heute und jederzeit beschließen, sich nicht zu duzen. Und einigermaßen verstört darauf reagieren, wenn ihm von jemandem das Du angeboten, ja geradezu aufgedrängt wird, dem man eigentlich ehrfurchtsvoll begegnen möchte. Ich erstarrte geradezu, als der 82-jährige René König, Haupt der „Kölner Schule" der Soziologie, zum 44-jährigen Vertreter seines Lehrstuhls unvermittelt sagte: „Dirk, sag einfach René zu mir." Den ganzen Abend lang habe ich es kein einziges Mal gesagt, und auch danach nie. Bei IKEA ist man das gewohnt – obwohl ich gelesen habe, dass IKEA-Schweiz seine Kundschaft bis vor Kurzem siezte –, aber doch nicht so steil nach unten. Oder war es vielleicht gar nur das Dienstboten-Du, das er mir anbot? Also ein beleidigendes Du, wie es immer noch viele Menschen mit Migrationshintergrund erleben müssen.

Beim Nachdenken über You und Sie und Du und Ihr stellte sich mir die Frage, wieso wir im Deutschen eigentlich Gott duzen? Zumindest diejenigen unter uns, die als Christen beten, beginnen mit „Vater UNSER“. Das könnte noch Respekt signalisieren, den wir als Christen, als Gemeinde für Gott, unseren Vater, empfinden. Aber dann wird's doch arg vertraulich mit dem Papa. Als ob wir mit Gott auf einer Parkbank sitzen oder neben ihm keuchend der Alm über 3.000 Meter zustreben: DEIN Name, Reich, Wille, Kraft, Herrlichkeit. Es geht zu wie bei IKEA. Derjenige, der uns Christen so vertraulich zu beten gelehrt hat, war der Herr Doktor Martin Luther in seiner Übersetzung. Hat Bruder Luther hier vielleicht ein wenig zu sehr fraternisiert mit seinem Gott?

Nein, er hat sich wohl eher am Lateinischen orientiert, wo es dann heißt:

Pater noster, qui es in caelis,
sanctificetur nomen tuum.
Adveniat regnum tuum.
Fiat voluntas tua, sicut in caelo, et in terra.

Mein Aramäisch ist nicht gut genug, um abzuschätzen, was es in der Originalsprache aussagte, wenn Jesus mit seinem „Abba“, seinem Vater, seinem lieben Vater redete. Sprachen die Menschen jener Zeit ihren Vater mit Du oder mit Sie an? Wenn sie sagten:

Abwun d'bwaschmaja
Nethkadasch schmach
Tete malkuthach
Nehwe tzevjanach aikana d'bwaschmaja af b'arha

Was hingegen hatte William Tyndale, der Verfasser der King James Fassung der englischen Übersetzung der Bibel von 1611, im Sinn? Als er schrieb:

> Our Father, who art in heaven,
> Hallowed be thy Name, Thy kingdom come,
> Thy will be done.
> …
> For thine is the kingdom, and the power, and the glory,
> for ever and ever.

Sogar heute noch wird in manchen anglikanischen Kirchen so gebetet. Erst in der New King James Version von 1979 wurden die thee, thou, ye ersetzt durch das schlichte you. Eine schriftliche Eigenart hält sich im Englischen jedoch bis heute: das You, Your, Yours für Gott wird in kapitalen Lettern geschrieben: „However, reverence for God is preserved by capitalising pronouns, including You, Your, and Yours, which refer to Him."

Je flächendeckender auch in Deutschland geduzt wird, desto wertvoller wird das „Sie". Der Titel einer Sammlung von „Minutenessays" der mit dem Deutschen Buchpreis ausgezeichneten Schriftstellerin Katharina Hacker bringt es sehr schön auf den Punkt: *Darf ich dir das Sie anbieten?*

Das Botox der Sprache: Über die Verduzung eines Landes

SvW

Meine französische Freundin Louise siezt ihren Vater. Seitdem sie Windeln trägt. Heute ist sie 50 Jahre alt, sie siezt ihn immer noch. Er duzt sie. Meine deutsche Freundin Petra duzt ihren Bankberater. Sie sind gleich alt. Meine koreanische Freundin Serena redet ihre große Schwester mit dem Titel „Große Schwester" an und duzt sie. Mein Sohn duzt seine Mathelehrerin, siezt aber die Deutschlehrerin. Meine Tochter wird vom Chemielehrer gesiezt und mit dem Familiennamen angesprochen, vom Politiklehrer geduzt und mit Vornamen angeredet. Der liebe Gott wird im französischen Vaterunser-Gebet geduzt, die Gottesmutter Maria im „Je vous salue, Marie"-Gebet gesiezt. Auf Deutsch werden Gott und Maria beide geduzt. Alles ganz einfach und ganz kompliziert zugleich.

Sprache hat die wunderbare Möglichkeit, unsere emotionale Nähe oder soziale Distanz zu Mitmenschen subtil abzubilden. Fast immer hat dieser verbale Abstandsmesser etwas damit zu tun, worum es im Leben zwischen zwei Menschen letztendlich geht, wie auch in allen Filmen und Büchern: um Macht und/oder Liebe. Sprache verpackt diese bis in die Unendlichkeit ausspielbaren Themen in das Gewand von Respekt und Höflichkeit. Im Deutschen sind das zwei kurze Wörter: Sie und Du.

In der deutschen Sprache haben sich die Regeln dafür, ob man das eine oder andere Wort einsetzt, in den vergangenen Jahren so extrem geändert, dass das Spielen mit der Anrede eine äußerst komplizierte Chose geworden ist. Versuchen Sie einem Neuseeländer einmal zu erklären, warum ihn in Hannover die 60-jährige Verkäuferin bei IKEA duzt, die junge Fleischereiverkäuferin aber siezt. Warum der protestantische Pastor „der Dirk" ist, der Schwiegervater aber mit dem formellen „Vater" angeredet wird, wenn alle anderen „Papa" sagen. Streifenpolizisten in Uniform duzen sich mit Vornamen, in den immer noch existierenden konventionellen Studentenverbindungen redet man sich mit „Du" und Nachnamen an. Es ist das Bobo-Du der Bourgeois-Bohemiens zu unterscheiden vom proletarischen Du, dem Fitnessclub-Du und dem Kitaeltern-Du, bei dem alle in Kleinkinder-Erschöpfung solidarisch den Inhalt ihrer Brotdosen teilen, egal ob Cynthias Papa Gabelstaplerfahrer und Emils Mama Professorin ist. Sitzen diese in einer anderen sozialen Situation nebeneinander, würden sie sich vermutlich siezen. Das deutsche „Sie" und „Du" unserer Tage scheint noch schwieriger als das strikte, aber klare Protokoll am Hofe von Versailles des 18. Jahrhunderts, wo es nicht nur eine Sesseletikette gab (wer darf in Anwesenheit des Königs überhaupt sitzen und auf welchem Stuhl?), sondern eine feine soziale Binnendifferenzierung durch Anreden, die man auf Leben und Tod zu befolgen hatte. Darin galt es als höchstes Privileg für Nicht-Blutsverwandte wie bestimmte Kardinäle, den König mit dem Titel „mon cousin" anreden zu dürfen. „Mein Cousin" war quasi das royale Du. In der bürgerlichen Welt drückten sich zu Mozarts Zeiten die Liebe und Achtung gegenüber dem Vater mit dem „Sie" aus.

Natürlich ist es heute didaktisch hilfreich, die Du-Sie-Regeln in beruflichen Soziotopen oder gesellschaftlichen Schichten auseinanderzudröseln und daraus eine Gebrauchsanleitung einzukochen: das skandinavische Du, das Bergsteiger-Du, das adelige Standes-Du. Aber selbst in Berufen, in denen scheinbar alles klar ist, gibt es nicht die einzig wahre Rundumschlag-Regel. So sind etwa in Medienjobs alle schnell beim Du, eine Ablehnung des Duzens käme einem Sich-Selbst-Ausstoßen gleich. Aber auch in dieser Branche, die so virtuos mit Sprache, dem *Hire and Fire* von Themen und Teammitgliedern arbeitet, gibt es Ausnahmen. So lernte der legendäre Cheflektor des Suhrkamp-Verlags Raimund Fellinger, der deutschsprachige Schriftsteller wie Uwe Johnson, Thomas Bernhard, Martin Walser, Peter Handke und Peter Sloterdijk über Jahrzehnte betreute, die Eitelkeiten des Siezens und Duzen so gut kennen wie wohl kein anderer in der Szene. „Natürlich" war Fellinger nach eigener Aussage bei den 105 Suhrkamp-Mitarbeitern nur mit zweien per Du, da er das zunehmende berufliche Duzen grässlich fand. Nachdem einer der zwei Duz-Kollegen ihm das Du aufgekündigt hatte (eine blöde Nebenwirkung des Duzens), blieb von den 104 Kollegen nur die Verlegerswitwe Ulla Berkéwicz übrig, die er gerne duzte. Mit derem Ehemann Siegfried Unseld, der ihn nach jahrzehntelanger Zusammenarbeit an sein Totenbett zitierte, siezte er sich auch noch bei diesem letzten Treffen. Bei anderen Menschen jedoch hatte der Verleger Unseld das Duzen im Beruf sehr bewusst eingesetzt. „Bei Unseld konnte man beobachten, dass er eine Strategie der Freundschaft betrieb, um Konflikte mit seinen Autoren einzudämmen. Deshalb lag ihm daran, möglichst früh per Du zu sein. Selbst mit Max Frisch, der im Innersten nur Peter Suhrkamp vertraute, war er per Du. Nur mit einem hat er es nicht geschafft. Das war Thomas Bernhard", erzählte Fellinger in einem Interview im Magazin der *Süddeutschen Zeitung*. Im Umgang mit Autoren sah Fellinger aber Nähe und Freundschaft generell als kritisch, da in diesem Fall dann schnell Biss und Widerstand fehlen könnten.

Wenn man Fellingers Gedanken folgt, dann ist Deutschland eine total weichgespülte Wellness-Welt geworden, auch im Beruf. Ein scheinbar verständnisvolles, sozialpädagogisch angehauchtes „Du-Paradies". Denn nicht nur in den Medien, sondern auch in konservativen Bastionen wie der Bankbranche und in Anwaltskanzleien wird heute schnell geduzt, zumindest unter gleichrangigen Frauen und Männern. Nur die Bundeswehr mit ihren streng formellen Befehls- und Gehorsamsketten – zumindest für die 180.000 uniformierten Mitarbeiter, die dem Soldatengesetz unterliegen – scheint die allerletzte Bastion das „Sie" zu sein. Auch wenn es dort de facto eine Aufweichung hin zum Du gibt. „Nach unten ‚Sie', nach oben ‚Sie' – so lautet heute die Regel. Angeredet wird mit „Herr Meier". Bis ins Jahr 1945 war im deutschen Offizierskorps die Anrede mit „Sie" und Nachnamen ohne „Herr" Usus. Ein Überbleibsel aus dieser Zeit ist die Tatsache, dass sehr alte höhere Militärs private Briefe gerne immer noch wie vor 100 Jahren mit „beste Grüße, Ihr

Stülpnagel“ unterschreiben. Im Gegensatz dazu war es im österreichischen Offizierskorps Sitte, sich ungeachtet des Dienstgrades zu duzen, da das ständische Gleichsein überwog. Wenn es im heutigen Alltag der Bundeswehrtruppen im Extremfall – sagen wir im Panzer – um Leib und Leben geht, kommandiert der Vorgesetzte mit „Sie, Schütze 1!“ oder „Panzerfaust-Schütze, machen Sie...!“ In der Panzereinheit dient diese doppelte Förmlichkeit der Schnelligkeit eher als ein unverbindliches „Du, Andreas“ – denn hinter der Funktion verschwindet das Individuum wie mit der Uniform. „Die sprachliche Distanz macht das Befehlen zunächst einmal einfacher, denn beim ‚Du‘ ist der Hang zum Diskutieren größer, und in einem großen Spannungsfeld ist das nicht machbar“, sagt ein hoher deutscher General. In deutschen Ministerien, in denen nur auf dem Papier gekämpft wird, sieht man bei längeren Geschäftsbeziehungen oft die typische deutsche Aufweichung des Siezens. In ihren Mails antworten Ministerialräte nach ein paar Runden heute nach der ersten Vorstellung mit Vollname und Funktion, bald mit ihren Kürzeln, dann nur mit Vornamen, oft flutscht irgendwann das Du raus. In einem fortgehend offiziellen Dialog hat sich dazu eine Sie-Zwischenlösung etabliert, das „Sie“ und dazu der volle Namen als Anrede: „Lieber Thomas Müller“. Der „Herr Müller“ scheint nur noch verwendet zu werden, wenn man Post vom Amt bekommt, das einen leider beim zu schnellen Autofahren erwischt hat.

Ein Grund für das zunehmenden Sterben des „Sie“ ist, dass das meist auf Englisch geführte internationale Geschäftsleben mit seinen angelsächsischen Sitten auf die deutsche Sprache abgefärbt hat. In diesem sind Vorname und das „You“ Standard. Das wichtigste Argument der deutschen Berufs-Duzer ist, dass man im Business leichter miteinander verhandeln kann, wenn man auf das „Sie“ verzichtet, ein You-You-Team bildet, zusammen anpackt. Dass es keine verbale Front gibt. Im blödesten Fall hat das den Nachteil, dass man von Idioten geduzt wird und es still ertragen muss, falls man nicht seinen Auftrag verlieren will. Es gibt wirklich genug Arschgeigen, von denen man nicht geduzt werden will, wie ausrastende Verschwörungstheoretiker, ausfallende Prolls oder mobbende Chefs. Vor denen steht man bei Konflikten mit einem „Du" nackter da als mit einem „Sie", das wie ein Mantel wirken kann, ein Trenchcoat, der ja für das Überleben in den Schützengräben erfunden wurde. Das „Du" hat nicht das Zeug zum verbalen Panzer, zur Wahrung unsichtbarer Grenzen. Es ist ein falscher Freund. Denn es kann zwar angenehm nah, unkompliziert und praktisch wirken, aber auch übergriffig, da es traditionell nahestehenden Personen vorbehalten war, ja ein emotionales Privileg darstellte.

Die deutsche Begeisterung für das „Du" hat aber noch einen weiteren Grund: die Angst, irgendwann für immer auf der anderen Seite der Silberhaar-Mauer zu hocken. Das Duzen ist in diesem Fall das verbale Haarefärben in der Konversation. Eine Form von Gesprächs-Botox, das Falten wegspritzt. Für den, der es benutzt, und für den oder die, die so angeredet werden. Mit „Du" angeredet zu werden oder andere zu duzen, gibt vielen dasselbe Gefühl wie beim Tragen der neuesten Sneaker zur Anzughose: irgendwie immer noch jung zu sein, auch wenn die Knie vom vielen Joggen schmerzen. Das Duzen verwischt Generationengrenzen in einer Zeit, in der 50 das neue 30 ist und 70 das neue 50. Wer ist dann wie alt – und wer ist Du und wer Sie? Weiß keiner so recht. Aber dazuzugehören, das ist es. Schnell und wendig zu sein. „Siezen ist irgendwie aus der Mode gekommen, das ist etwas für eine andere Generation, es ist uncool", sagt eine meiner Freundinnen, auch sie 50 Jahre alt und international agierende Managerin. „Wenn mich Gleichaltrige siezen, fühle ich mich uralt." Denn wenn es eine Regel gibt außerhalb der Familie, dann gilt, dass Senioren eigentlich immer gesiezt werden. Selbst bei IKEA habe ich noch nicht erlebt, dass eine deutsche Beraterin den 84-jährigen Käufer duzt. Dafür werden alle Kunden in den Filialen des Supermarktes Rewe von den Lautsprechdurchsagen geduzt und können sich nicht dagegen wehren.

Eigentlich ist es schade, dass in Deutschland heute fast jede längere menschliche Beziehung auf das gleichmacherische Du hinausläuft. Fantasielos ist es. Und langweilig. Vor dem Zweiten Weltkrieg war die Variation der Anreden sehr viel größer, auch wenn man sich die damit einhergehende steife Vatermörderkragen-Haltung nicht zurückwünscht. Heute wird nur noch in Österreich die „Frau Diplom-Ingenieur" (die Frau des Architekten) an der Hotelrezeption begrüßt, vom Portier aus dem Baron ein Graf gemacht und sogar noch das „sehr geschätzte Fräulein" begrüßt, meist mit einem Augenzwinkern. Exzellenzen, Eminenzen, schönste Fräulein, werte Herren, verehrte und gnädige Damen – diese Anreden scheinen in Tagen, in denen man in schicken Yogapants im Coworking-Space erscheint und Teenager sich mit „Alter" anreden, wie aus einem Kostümfilm. Wie ehrlich wäre es, wirkliche Freunde mit einer Couture-Alternative zum „Du" zu betiteln – wenn man sie als echtes „Du" fühlt? Leider gibt es im Deutschen keine dritte Form, ein superlativisches Mega-Du. Aber was sagt man dann? Keine Ahnung. Ein argentinischer Cousin von mir hat das in Deutsch auf seine Weise gelöst. Er nennt mich „Du" – und „Zauberin".

HAMBURG

Was ist heute noch Ehre?

„Sie wollen Hamburg verstehen? Gehen Sie ins Rathaus und schauen sich die große Treppe an. Auf der lassen Erste Bürgermeister selbst Königinnen zu sich hochgehen! Untertanengeist – nicht mit den Hanseaten!"

„Ach ne! Alles Mythos des Stadt-Marketings, oder? Ist der Geist des Ehrbaren Kaufmanns in Zeiten von Internethandel und Container-Schifffahrt nicht mausetot? Wird der Ehrbegriff nicht nur an anderen Orten Deutschlands gebraucht, um jemanden umzubringen?"

Die stolze Bürgerstadt: Weiße Burg in rotem Schild, leicht bräunlich

DK

Für mich gibt es nur drei Städte in Deutschland, von denen ich sage, dass sie schön sind: München, Hamburg, Potsdam. In allen drei habe ich so lange gelebt, dass ich sagen kann, ich kenne sie. Alle drei haben ein unverwechselbares Gesicht. Was man nicht von allen deutschen Städten sagen kann angesichts der H&M-Douglas-Fielmann-Tschibo-und-Konsorten-Einkaufsmonokultur. In Hamburg lebte ich elf Jahre. Genug, um mich in diese so ganz andere Stadt als das heimatliche München zu verlieben. Bei aller Fremdheit eines Quiddje.

Es gibt eine allgemein geteilte Zuneigung zu dieser Stadt, die gar nicht am Meer liegt, auch wenn viele Deutsche das glauben, schon weil die Hamburger immer so tun. Alle, die nur für ein paar Tage nach Hamburg kommen, freuen sich über die weißen Gartenstühle im Grün um die Außenalster, das Geschrei am Fischmarkt am Sonntag, über die Galionsfigur im Altonaer Museum mit ihren einladenden Brüsten als Symbol für den Hafen, die Architektur der Speicherstadt, über den Durchhaltewillen der Heilsarmee auf der Reeperbahn, die Ruhe im Jenischpark und den Bummel über den Isemarkt.

Doch der hamburgischste Ort in der Stadt ist für mich das Rathaus. Jenes Gebäude also, in dem sowohl die Hamburger Bürgerschaft, das Parlament dieses nördlichen Bundeslandes, als auch der Hamburger Senat, die Landesregierung, sitzen. Und an dessen Rückseite praktischerweise die Hamburger Börse ihren Geschäften nachgeht, Rücken an Rücken mit der Stadtherrschaft. Es geht mir nicht um dieses prachtvolle Gebäude, das Ende des 19. Jahrhunderts im historistischen Stil der Neorenaissance errichtet wurde. Es geht um zweierlei: die Treppe und die Leerstelle.

Geht man durch den großen Haupteingang des Rathauses, steht man in der „Diele“ mit ihren mächtigen Säulen. Wenn man nach rechts hochschaut, sieht man eine lange, sehr lange Treppe. Eigentlich sind es sogar zwei Treppen, die weit nach oben gehen, sie führen zum Senat. Das Tor beim ersten Absatz umrahmt ein goldenes Gitter. Dahinter kommen erneut viele Treppenstufen. Und ganz oben würde er stehen, wenn er Sie begrüßen würde. Er? Ja, der Präsident des Hamburgischen Senats und zugleich Erster Bürgermeister der Freien und Hansestadt Hamburg. Wir müssen es nicht betonen: Es waren immer Männer, von Rudolf Petersen 1946 bis zu Peter Tschentscher beim Schreiben dieser Zeilen. Aber es geht nicht um diese austauschbaren Männer, sondern um das Selbstverständnis eines Gemeinwesens und seiner Bürgerinnen und Bürger. Der Hamburgische Spitzenrepräsentant empfängt Staatsgäste da oben.

Es ist der Gast, der die vielen Treppenstufen nach oben nehmen muss, um begrüßt zu werden. Nicht unbedingt ein Bittehund, aber jemand, der sich zuerst in Marsch setzen muss. Seit dem Jahr 1538 schreibt das Hamburgische Protokoll es so vor: Niemals darf ein Hamburger Bürgermeister einem zu Pferde angereisten Ehrengast die Steigbügel halten. Selbst wenn es die Königin des Vereinigten Königreichs Großbritanniens und Nordirlands ist. Und so mussten auch Queen Elizabeth II. und Seine Königliche Hoheit Prinz Philip diese vielen, vielen Stufen im Mai 1965 emporsteigen, um erst dort oben Herrn Paul Nevermann die Hand reichen zu können. Von dem selbstverständlich nicht einmal eine angedeutete Verbeugung zu erwarten war. Mir geht es nicht um Herrn Nevermann, der ja auch bald nach diesem königlichen Besuch sein Bürgermeisteramt verlor, nicht zuletzt wegen seines – vor allem von der BILD-Zeitung – skandalierten Ehelebens. Es geht um das Selbstverständnis eines städtischen Bürgertums. Ein Bürger dieser stolzen Stadt steht oben und lässt gekrönte Häupter zu sich hochsteigen. Und dort schüttelt der Repräsentant dieses Stadtstaats die Hand seiner Gäste. Hofknicks gab's nicht, die Noch-Ehefrau von Herrn Nevermann war ohnehin nicht dabei, die Frau des Zweiten

Bürgermeisters musste einspringen. Sie machte keinen Knicks vor der Königin.

Dieses bürgerliche Selbstverständnis war es gewesen, was mich, den aus München kommenden Soziologen, der an die Universität Hamburg berufen worden war, zutiefst beeindruckte. Seine Heimatstadt war und blieb immer die königliche Haupt- und Residenzstadt. Kein guter Ort für bürgerliches Selbstverständnis. Etablierte Münchner Bürger gierten nach Orden und Titeln, am besten war die Ernennung in den Adelsstand. Am allerbesten in den erblichen Adelsstand. Dann hieß die Familie wenigstens „von Miller“ oder „von Müller“. *Not so in Hamburg*, wie man im Übersee-Club an der Binnenalster auf Englisch sagen würde – wo übrigens das Zustecken von Visitenkarten verpönt ist, da es als Anbiederei empfunden wird. Ein Bürger dieser Stadt nimmt keine Orden an, schon gar nicht, wenn ein Aristokrat sie verleiht. Ein solcher Bürger heißt dann Versmann, Lehmann, Petersen oder Mönckeberg, wie vier Erste Bürgermeister aus dem 19. Jahrhundert. In lateinischer Sprache steht das Motto dieses bürgerlichen Selbstverständnisses an der Front des Hamburger Rathauses: „Die Freiheit, die die Väter erwarben, möge die Nachwelt würdig zu erhalten trachten.“

Dass diese Bürgerschaft sehr viel mit Börse und Handelskammer zu tun hat, kapiert schnell, wer sich jenseits des Tourismus auf diese Stadt einlässt. Dass sie es mit Wissenschaft nicht so sehr hat, wurde dem Münchner Soziologen in Hamburg bald klar gemacht. Und so lernte er während seiner Zeit an der dortigen Universität von1984 bis 1995 zwar diese Stadt zu lieben. Nicht jedoch die Universität Hamburg, die seit ihrer späten Gründung im Jahr 1919 nie als geschätzter Bestandteil der kollektiven Wahrnehmung der Freien und Hansestadt ernst genommen wurde. Bis heute sind Hafen und Reeperbahn wichtiger. Viele Hamburger wissen gar nicht so ganz genau, wo „ihre“ Uni ist, „irgendwo in der Nähe des Dammtorbahnhofs.“

Ein einziges Mal erlebte ich ein geradezu intimes Zusammenfinden von Stadt und Universität. Es war in der Amtszeit des Ersten Bürgermeisters, Klaus von Dohnanyi, der von 1981 bis 1988 dieses Amt innehatte. Während seines Sommerurlaubs hatte Dohnanyi, wie er selbst berichtete, das Buch *Über den Prozeß der Zivilisation* von Norbert Elias begeistert gelesen. Seine Mitarbeiter informierten ihn, dass der Autor noch am Leben sei und in Amsterdam wohne. Der Erste Bürgermeister lud den bald 90-jährigen Wissenschaftler ins Rathaus ein, und dazu einige der Hamburger Soziologen. Es war ein denkwürdiges Erlebnis: hier der greise, aber intellektuell quicklebendige aus Deutschland vertriebene Gelehrte, dort der erkennbar wirklich wissbegierige Berufspolitiker. Dieses eine Mal hatte ich die leise Hoffnung, dass Stadt und Universität sich harmonisch und zur wechselweisen Freude verbinden würden. Als ich diese Hoffnung endgültig aufgab, folgte ich dem Ruf an die Philipps-Universität, gegründet 1527. Und zog von Hamburg in die Universitätsstadt Marburg, die keine Universität „hat", sondern eine Universität „ist".

Es gibt im Hamburger Rathaus noch einen zweiten Ort, der die Hamburger Mentalität so gut kennzeichnet wie kaum etwas anderes: In dem fast 50 Meter langen „Großen Festsaal" in der ersten Etage sieht man über dem imposanten dunklen Portal in der Mitte dieses riesigen Raums ein Monumentalgemälde. Der Anfang des 20. Jahrhunderts einigermaßen prominente Maler Hugo Vogel erzählt damit eine Geschichte: Von links kommt eine Reiterschar mit einem gekrönten König an der Spitze auf einem Schimmel. Vor ihm sieht man weiß gekleidete Mönche, die einen Schrein aus Gold tragen, vermutlich mit einem Reliquiar. Vor den Mönchen gehen vier Bischöfe. Am rechten Rand steht eine Schar halbnackter Menschen, teilweise im Wasser.

Betrachten wir den vordersten Bischof, der vermutlich den Heiligen Ansgar darstellt, diesen Apostel des Nordens, den ehemaligen Erzbischof Hammaburgs, 800 vor Christus. Da steht er also, mit seinem weißen Untergewand und der goldenen Stola darüber. Er breitet seine beiden Arme mit den weiß behandschuhten Händen weit aus, es ist eine segnende Haltung, er schaut nach unten. Und da ist: Nichts! Der Maler Vogel hatte dort einen Heiden gemalt, der vor dem Bischof, der ihn taufen will, kniet. Der Hamburger Senat ließ die Szene neu malen. Ein Hanseat kniet vor niemandem. Vor niemandem! Zumindest vor keinem Menschen!

Das war mein Traum von Hamburg, dieser Bürgerstadt. Ich habe es nie geschafft in die feinen Hamburger Kreise. Zur alljährlichen „Versammlung Eines Ehrbaren Kaufmanns zu Hamburg" wurde ich nie eingeladen. Aber ich bin ja auch kein Kaufmann. Nicht einmal im Übersee-Club war ich. Von einer Einladung zum „Mahl des Heiligen Matthias", das jedes Jahr am 24. Februar, dem Auftakt des Geschäftsjahres, in eben diesem Großen Festsaal des Rathauses begangen wird, ganz zu schweigen. Die Bürgerrepublik der feinen Herren in den Kontoren um die Binnenalster oder unten am Hafen und die Villen der Damen in Blankenese blieben mir verschlossen. Mit einer Ausnahme.

Da gab es einen, einen ganz besonders feinen Vertreter dieser Welt: Jan Philipp Reemtsma, der mir zeigte, dass Geld und Geist sich vertragen können. Gerade auch in Hamburg mit seiner mäzenatischen Tradition. Zwar nicht in seinem Haus in Blankenese, so doch im von ihm begründeten Hamburger Institut für Sozialforschung in Rotherbaum sagte er mir zu, mein Vorhaben einer Biographie Max Webers finanziell zu unterstützen. Er übernahm mein Marburger Gehalt für ein ganzes Jahr, so dass eine Vertretung aus meinen ruhenden Bezügen für zwei Semester besoldet werden konnte. Entlastet von Lehre und akademischer Selbstverwaltung verdanke ich diesem Hamburger Bildungsbürger, dass ich mein Vorhaben tatsächlich rechtzeitig zu Webers 150. Geburtstag abschließen konnte.

So gehören drei Elemente zu meinem Hamburg: Stolze Bürger, die Könige eine Treppe hochsteigen lassen. Menschen, die vor keinem Menschen niederknien. Menschen, die Gutes mit ihrem Vermögen unterstützen.

Und doch hat auch diese deutsche Stadt mit ihren selbstbewussten Bürgern der Versuchung des Nationalsozialismus alles andere als Widerstand geleistet. Der von den Briten eingesetzte Erste Bürgermeister Rudolf Petersen ließ die Militärregierung selbstbewusst wissen, der Nationalsozialismus sei „in Hamburg zum übrigen Reich relativ wenig eingedrungen“, was sehr lange die Grundlage der Selbststilisierung Hamburgs lieferte. Selbst sein Amtsvorgänger, der NSDAP-Gauleiter und SS-Obergruppenführer Karl Kaufmann habe wahren hanseatischen Pragmatismus bewiesen, als er dafür gesorgt habe, dass sich die Stadt den einmarschierenden Alliierten kampflos ergab.

Diese Selbstlüge hielt nur so lange, bis Historiker in seriösen Arbeiten zeigten, wie sehr es gerade die herrschenden Kaufmannseliten dieser Stadt vermocht hatten, die neue Ordnung zu ihrem großen wirtschaftlichen Nutzen zu wenden. Und wie sehr der „Mustergau Hamburg“ in vorauseilendem Gehorsam an der systematischen Vernichtung von geistig und körperlich Behinderten mitwirkte. Wer sich über die grauenhaften Details der Medizinverbrechen im Nationalsozialismus informieren möchte, sollte in das Medizinhistorische Museum auf dem Gelände des Universitätsklinikums Hamburg-Eppendorf gehen. Der damalige Leiter der „Alsterdorfer Anstalten“, der evangelische Pastor und SA-Oberscharführer Friedrich Lensch, der damalige Leiter der Allgemeinen Verwaltung der Hamburger Gesundheitsbehörde Kurt Struve und zahlreiche Ärzte arbeiteten Hand in Hand, um die „Verlegung“ psychisch kranker und körperlich behinderter Menschen im Rahmen der „Aktion T 4“ in die Tötungsanstalten zu organisieren. Die Tatsache, dass das Hamburger KZ Neuengamme erst seit dem Jahr 2005 eine tatsächliche Gedenkstätte geworden ist, in der man jener 80.000 Männer und 13.000 Frauen gedenken kann, die im SS-Unternehmen „Deutsche Erd- und Steinwerke GmbH“ ab 1938 gequält wurden, sollte dann doch auch die weißen Villen in Blankenese, Winterhude, Eppendorf und Uhlenhorst in ein leicht bräunliches Licht tauchen. Es vermengt sich halt doch alles: auch Hamburger sind nur Menschen. Stolze und eitle, gemeine und tapfere, geschäftstüchtige und generöse, nüchterne und verführbare. Und Hamburg ist eine schöne Stadt. Man muss nur den Glorienschein wegziehen.

Der Ehrbare Kaufmann und sein Hafen – Mythos, Märchen oder doch was dran?

SvW

Platsch. Reingefallen auf den Mythos wie so viele. Oder stimmt er etwa doch? Der Ruf der Stadt Hamburg fußt immer noch auf dem Hafen, so wie das antike Petra in Jordanien auf seinen Felsen. Handel und das „Tor zur Welt", frische Brise und stattliche Häuser, Stolz und Eigensinn der Kaufleute. Dazu gehört heute – nach langem Streit um die Kosten – die Elbphilharmonie, die majestätisch als spiegelnder Wellenbau auf rotem Klinkerfuß im Hafen thront. An manchen Tagen wirkt das in Wolken und Wasser gewandete Bauwerk wie ein Stein gewordenes Märchen. Da macht es auch nichts, dass manche Star-Solisten die kapriziöse Akustik fürchten.

Steht Berlin für Wende und Brüche, Frankfurt für den internationalen Bankenplatz als Durchgangsstation von Singapur nach Luxemburg – so ist Hamburg eher Sinnbild für Kontinuität unter grauem Himmel. Dabei wurde das Herz der Stadt in den letzten Jahrzehnten komplett umoperiert: Aus dem weltberühmten Arbeitshafen wurde ein denkmalgeschütztes Museum der Arbeit, in dem bei Wind und Wetter Touristenhorden herumlaufen. Dazu kommen elegante Wohnungen, schicke Büros und coole Cafés. Die Speicherstadt und die angrenzenden Kontorhäuser, in denen früher körperlich hart gearbeitet wurde, sind heute UNESCO-Weltkulturerbe, beeindruckendes Fotomotiv gerade in der Nacht. Das gigantische Containerbusiness mit der neuen Schifffahrt findet weiter draußen statt, vollautomatisiert und digitalisiert, fast ohne Menschen auf den Kais. Das Hafen-Gefühl erlebt man nur, wenn eines der riesigen Kreuzfahrtschiffe ablegt und man etwa im Restaurant „Au Quai" sitzt und den Riesenpott beim Auslaufen bestaunen kann. Cheers.

Doch anders als der Mythos von Wien – das immer noch vom Ruf seiner Caféhaus-Idylle lebt und trotz Businesszentren den Charme seiner Sisi-Nostalgie bewahren konnte – hat die Kaufmannstadt an der Elbe für Erinnerungen an das schöne Gestern keine Zeit. Ja, seit dem Mittelalter war Hamburg Mitglied der Hanse. Ja, ihre Kaufleute hatten Außenposten in Brügge, London, Bergen und Nowgorod. Ja, die Chinesen sahen Schiffe mit der Flagge der Freien und Hansestadt Hamburg, lange bevor Schiffe unter der Fahne des Deutschen Kaiserreichs anlegten. Mit dem Getreide aus Mecklenburg brauten die Hamburger Bier, das nach Flandern, England und im Ostseegebiet verschifft wurde. Zurück brachten sie Salzheringe aus Schweden und Trockenfisch aus Norwegen, sie kauften Pelze, Wachs und Honig in Russland. In der Tat, die Speicher Hamburgs müssen immer eine Wunderhöhle Alibabas gewesen sein, so wie heute der gleichnamige chinesische Mega-Händler.

Aber hinter all den Wunderhöhlen-Visionen von Gewürzen und Schätzen in Hafenspeichern gilt auch in der Zeit der Containerschifffahrt mit ihrer „Fuzzy-Logic"-Logistik: Geld ist im Handel hart zu verdienen, egal ob analog oder digital. Der Hamburger Tidehafen muss seine Nachteile gegenüber Rotterdam, Bremerhaven oder Wilhelmshaven ausgleichen. Die 100 Kilometer lange Fahrt von der Elbmündung bis zum Anleger, der limitierte Tiefgang, der nur mit Lotsenpflicht bewältigt werden kann, und die Lage in einer Agglomeration, durch die die Container nach Skandinavien oder Osteuropa gebracht werden müssen, machen den Hamburger Hafen teuer für die Reeder. Ein Drittel der Frachten bleibt in Hamburg, ein Drittel bleibt in Deutschland und ein Drittel geht woanders hin. Die Betriebskosten eines Schiffes mit über 20.000 Containern betragen pro Tag gerne eine sechsstellige Summe, da zählt jede Stunde.

Das Geschäft um den größten Seehafen Deutschlands verträgt keine Sentimentalitäten. Die sind nur etwas für Kaminrunden der Reeder und Händler in ihren Villen entlang der Elbchaussee. Zeiten, in denen Reeder-Familien die Ansichten ihrer Schiffe auf hauchdünne Sekt- und Sherrygläser gravieren ließen, erscheinen wie die längst verblichene bürgerlich-deutsche Version von „The

Crown". Auch wenn ein Traditionsunternehmen wie die Reederei „Leonhardt und Blumberg" noch existiert und sich junge Menschen zu Schifffahrtskaufleuten ausbilden lassen – der wachsenden Konkurrenz durch Containerreedereien sind die kleinen Hamburger Firmen schon lange nicht mehr gewachsen. Die großen Namen der Schifffahrt kommen von Konzernen aus Asien und Dänemark. Früher landeten im Hamburger Hafen mitten in der Stadt einzelne Kisten, Kästen und Packstücke, die mit Kränen in die Speicher hochgezogen wurden. Die abfahrenden Schiffe musste ein Spezialist so bepacken wie Papa den Kofferraum des Autos in den Großen Ferien, eine Kunst für sich. Alles verschwunden. Freie Linienagenten, die vor Ort im Hafen verschiedene Reedereien vertraten, existieren kaum noch, die Szene der Schiffsmakler ist ausgetrocknet. Die Linienreeder, die nach einem Fahrplan bestimmte Häfen in Ostafrika, Australien oder Fernost bedienten, gibt es nicht mehr. Und die gut bezahlten Tallymänner, die Staupläne und Werte der Seefracht prüften und auf Schäden untersuchten, haben nur noch in Liedern überlebt.

Dennoch: Die Hamburger sind stolz, einen der schnellsten Häfen mit moderner Technik für Stückgut zu haben. Die größte Kaffeehandelsfirma der Welt – die Neumann Gruppe – hat hier ihr Kontor und setzt 2,4 Milliarden Dollar pro Jahr um, ihre besten Kunden sind Discounter. Auch für persische Teppiche ist Hamburg immer noch der weltweit größte Umschlagplatz, die alteingesessenen iranischen Handelsfamilien sprechen selbstverständlich Hamburger Dialekt. Hamburg kann sich bis heute gegen die heftige internationale Konkurrenz in Rotterdam und Antwerpen behaupten, da hier das über Jahrhunderte gewachsene Zusammenspiel von Banken, Versicherungen, Handel und Logistik einen starken Umschlagplatz entstehen ließ.

Mit den Veränderungen in der Hafenwirtschaft der vergangenen Jahrzehnte hat sich auch der Stil der Hamburger Kaufleute verändert. In den ganz alten Familien wird bedauert, dass die soziale Szene mehr und mehr von *Nouveaux Riches* verändert wurde, die mit der neuen Art der Investment-Schifffahrt zu Geld gekommen sind und „sich mit dem Mäntelchen des Hanseaten antun“, wie ein Cousin es beschreibt. „Als richtiger Hamburger darfst Du Dich erst bezeichnen, wenn Du wenigstens in der 7. Generation hier geboren bist“, sagt er. Das ist eine fast so brachiale soziale Selektion wie am österreichischen Kaiserhof, an dem man nur Ämter bekleiden durfte, wenn man die sogenannte Ahnenprobe bestand: alle Ururgroßeltern mussten in der 16-Ahnen-Probe adelig sein. Auch wenn solche absolutistischen Praktiken auf dem Papier einem bürgerlichen Selbstverständnis widersprechen, gilt dafür bis heute ein anderes, hehres Ideal: das Bild des sogenannten Ehrbaren Kaufmanns – der das Gegenteil des ehemaligen US-Präsidenten Donald Trump ist. Diese sehr protestantisch-hanseatische Ehre ist nicht zu verwechseln mit der „Ehre“, auf die an anderen Orten zurückgegriffen wird, wenn es um einen Mord in Familienclans geht.

So wurde noch in den 1970er Jahren die Bestellung von Schiffen zwischen Reeder und Werft bei einem Essen auf einer weißen Stoffserviette unterschrieben und besiegelt. Ehre war es, diesen Vertrag zu halten. Ehrbar war man auch, wenn man sich intern gut um seine Leute kümmerte und von seinem Äußeren nicht zu viel Aufhebens machte. In den 1980er kleideten sich solche Reeder gerne in bordeauxfarbenen Pullundern über einem Hemd mit Brandfleck, fuhren einen steinalten Saab, gaben sich anglophil angehaucht. Aber auch in Hamburg ist vieles seit den 1990ern eher *shiny* statt brandbefleckt. Wie überall in Deutschland sind es hier nicht mehr die einzelnen Kaufleute, die den Ton setzen, sondern die Konzerne und großen Firmen. Wirtschaftsprüfer und Manager im Internet-Business haben die Handschlag-Praktik und die Hanseverbindungen abgelöst – und scharfe Zungen sagen: „Diejenigen, die vermitteln wollen, dass sie Hamburger Kaufleute sind, sind oft die größten Gauner.“

Der klassische Hamburger, der nicht von sich sagt, einer zu sein, liebt das Understatement, lebt zurückgezogen, prahlt nicht mit seinem Geld, wohnt nett, aber macht wenig Redens und Aufhebens davon und verkehrt in seinen Kreisen. Nicht umsonst wird immer noch gerne die Geschichte der zwei Ehrbaren Kaufleute erzählt, die sich in der Handelskammer treffen. Sagt der eine: „Moin, Moin! Wie geht's?" – Antwortet der andere: „Danke, auch schlecht." – „Na dann ist ja gut." Die Klage ist das Lied des Kaufmanns, und ein offen zur Schau getragenes Gutgehen gilt als verdächtig. Darüber hinaus gibt es zwei seelische Zustände eines hanseatischen Kaufmanns, der stets die Contenance zu wahren hat: Wenn etwas wirklich ganz Außerordentliches passiert ist, ist er „ers-t-aunt". Wenn es noch schlimmer kommt – wenn etwa die Warburg-Bank in Cum Ex-Geschäfte verwickelt ist – ist man „bes-t-ürzt". Bestürzt: der ultimative Gefühlsausbruch.

„Die Idee vom Ehrbaren Kaufmann ist tatsächlich ein Mindset, eine Geisteshaltung und die gibt es durchaus immer noch", erzählt ein Hamburger Importeur in seiner klaren hanseatischen Zunge, in die sich manchmal ein bewusst betontes spitzes s-t mischt. Der eloquente Herr muss es wissen, denn er führt das seit 150 Jahren bestehende Handelshaus seiner Familie, mit generationenalten Verbindungen nach Fernost. „Wir riechen uns und erkennen uns an ganz kleinen Gesten, und da muss man nicht ein geborener Amsinck sein, das lernt man wie Tischsitten zuhause." Sein gegebenes Wort zu halten, auch langfristig zu seinen Verträgen zu stehen, wenn sich Koordinaten im Geschäft ändern, mit Handschlag einen Vertrag zu schließen – das zählt viel. „Das fällt einem Selbständigen leichter als etwa einem Speditions-Prokuristen", gibt er zu. Er fuhr in seiner Jugend noch früh morgens in die Speicherstadt, wo sein Vater ein Lager hatte, in das Kisten und Säcke per Dachkran gezogen wurden. Er zog eigenhändig Muster, um zu sehen, ob etwa Pinsel aus Fernost in Ordnung waren. „Die Ware war irgendwie wie ein Baby, um das man sich kümmert", erinnert er sich. „Man hat zuvor lange darüber nachgedacht und sich an ihr gefreut." Der Importeur hält es nach wie vor für entscheidend, den Mitarbeitern die guten Sitten des Ehrbaren Kaufmanns vorzuleben. „Die verstehen dann auch, dass man damit besser fährt als mit der neuen, schlangenhaften flexiblen Art, für die man wegen eines kleinen Vorteils den Vertrag bricht." Natürlich gibt er zu, dass auch die Hamburger Kaufleute völlig flexibel im Vorfeld seien, ja natürlich auch mit allen Wassern gewaschen. „Aber wenn man einmal Ja gesagt hat, dann ist es das." Diese Hamburger Ehrbarkeit kann es theoretisch auch in München oder Düsseldorf geben. „Aber all diese sehr beweglichen Menschen, die den vereinbarten Preis auf einmal nicht zahlen wollen, weil der Dollar gefallen ist, trifft man doch weniger oft in Hamburg", sagt er.

Wie stark die Anziehungskraft des Bildes vom Ehrbaren Kaufmann immer noch ist, zeigt „Die Versammlung Eines Ehrbaren Kaufmanns zu Hamburg". Diese Gesellschaft gibt es seit dem Jahr 1517, sie hat circa 1.200 Mitglieder, war Vorläuferin der Handelskammer und ist mit ihr bis heute eng verbunden. Sie richtet Empfänge aus, zu denen die *Mover and Shaker* aus dem Wirtschaftsleben gerne eingeladen werden möchten. Mitglied kann man jedoch nur auf Vorschlag werden, Bürgen sind notwendig. Nur Selbständige werden berufen und aufgenommen, keine noch so hohen angestellten Manager, eine Insolvenz darf man nicht hingelegt haben. Die Versammlung klingt sehr schick und alt, ist aber eher ein großes Honoratioren-Netzwerk, in dem man sich zu Vorträgen und Diskussionsrunden trifft, bei denen Probleme von selbständigen Kaufleuten besprochen werden. Obwohl es kein kleiner elitärer Zirkel von Herren mehr ist, die die Wirtschaft unter sich auskaspern und der politisch keinen großen Einfluss hat, besitzt er gegenüber der Handelskammer Gewicht, vor allem bei Themen zum Wirtschaftsstandort. In Workshops stellen sich seine Mitglieder immer wieder die Identitätsfrage: Was sind wir heute? Sind unsere Werte noch aktuell? Wie gestalten wir die Zukunft? Dafür dient auch ein Patenprogramm mit Studierenden der Hamburg School of Business Administration.

Und am Ende des Tages – was unterscheidet einen Ehrbaren Hamburger Kaufmann von einem ehrbaren Bremer Kaufmann? Das weiß in Hamburg jedes Kind: „Beide würden die eigene Großmutter verkaufen – aber der Hamburger liefert sie auch."

DAS DEUTSCHE ESSEN

Plunderteilchen im Tortensarg

„Ich bin katholisch! Böhmisch-katholisch! Vor der Wandlung in die Kirche, nach der Kommunion raus und danach ins Wirtshaus."

„Die Protestanten können nicht genießen."

Jeden Morgen ein Biss ins Weltkulturerbe: Der geheime Charme der deutschen Bäckereien

SvW

Entzückensschreie? Elegische Schilderungen des letzten Menüs in Oberammergau, Langeoog oder Trier? Der vertraulich ins Ohr geflüsterte Preis eines Abendessens in diesem kleinen Restaurant, das man nach einer Reifenpanne entdeckte und dessen Käseplatte eine überirdische Erfahrung war? Redet man mit Franzosen, Italienern oder Spaniern über deutsches Essen, erlebt man nichts dergleichen. Sie verziehen entweder ungeniert das Gesicht, blähen die Nasenflügel auf oder bleiben seltsam stumm – denn bei der Vision von „deutscher Küche" erscheinen vor ihrem geistigen Auge Käsebrot mit Gurken am Morgen, Würstchen mit Kartoffelsalat zu Mittag und Käsebrot mit Radieschen am Abend, dazu ein Bier. Oder so ähnlich. Jedenfalls nichts, was sie unter einem anständigen Essen verstehen und nicht unter einem Picknick. Die deutsche Küche hat ein schweres Imageproblem, viel schlimmer noch als die deutsche Automobilbranche mit ihren Dieselkrisen, denn wenigstens gelten BMW, Mercedes oder Audi trotz Monstergas-Manipulationen als sexy, was man von Schmalzbroten, Grünkohl mit Pinkel, Pfälzer Saumagen oder Roter Grütze nicht gerade sagen kann.

Doch wie immer gibt es im Leben auf der Welt nicht nur eine einzige Schönheit mit Modell-Maßen im Goldenen Schnitt. Neben der hoch elaborierten französischen Menüküche oder der krachend-aromatischen Cucina der Italiener lebt im Herzen Europas die pralle, bodenständige, manchmal derbe – bei Wagemut auch einmal etwas daneben gehende – Alltagsküche der Deutschen. Mit Sülzkotelett, Rollmops, Fleischsalat, Leberkäse und Schälrippe. Denn auch wenn die hiesigen Sterneköche eine neue deutsche Gourmet-Kultur auf internationaler Basis geschaffen haben, Food Halls in den Städten boomen, Bauernmärkte der ultimative Treffpunkt der Hipster sind, die ohne historische Karottensorten und Bio-Dinkel-Porridge nicht überlebensfähig sind – die wahren Stars der deutschen Küche sind immer noch die Bäcker. Die es mit rund 3.200 eingetragenen Brotsorten im Jahr 2014 geschafft haben, dass die „Deutsche Brotkultur“ durch die internationale UNESCO-Kommission in das Verzeichnis des immateriellen Weltkulturerbes aufgenommen wurde. So wie die Franzosen mit ihrer Nationalküche.

Dabei hat die UNESCO leider vergessen, auch die Sprache der deutschen Bäcker zu würdigen. Denn die Wortschöpfungen, mit denen diese weiß gewandeten Frühaufsteher ihre Produkte zärtlichst ummänteln, gehören ebenfalls zum Weltkulturerbe, Abteilung Poesie. Somit ist das Imageproblem der deutschen Küche im Ausland auch auf ein eklatantes Verständigungsproblem zurückzuführen, denn die wenigsten Nicht-Muttersprachler vermögen die Wortkunst der fein verästelten deutschen Bäckersprache zu begreifen. Kurz: Wer die deutsche Sprache nicht sehr gut beherrscht, kann die Schönheit der deutschen Brote, die die Bewohner des Landes morgens, mittags und abends in fast religiösem Ritual verzehren, nicht vollends erfassen. Die Franzosen mögen sautierte Jacobsmuscheln in Vanilleöl oder Täubchen mit unter die Haut geschobenen Trüffeln kreieren – im Wagemut der Bäcker zeigt sich, dass die Deutschen kulinarische Genies sein können. Auch wenn aus vielen Familienbäckereien sogenannte Backshops einer Kette geworden sind, die hunderte von Filialen hat oder sich – wie die Straßenmeisterei an der Autobahn – aus unerfindlichen Gründen „Brotmeisterei“ nennt: Die spezifisch deutsche Kleinstaaterei erscheint morgens um 7 Uhr an der Theke wie auf einer Brotlandkarte vor dem Kunden. Denn an den Namen der Brote kann man die deutschen Landschaften ablesen. Die verglaste Brotbühne – die jeden Abend mit speziellen Krümelbesen gefegt wird – gleicht einem geographischen Puzzle, das aus unterschiedlichen Brotelementen in weiß, hellbraun und dunkelbraun zusammensetzt ist.

Da gibt es den Schwabenlaib, den Frankenlaib oder den bayerischen Kümmellaib. Die Sylter Kruste, die Harzer Kruste, das

Schwarzwälder oder den Westfalenklopper. Da spielen die Brotnamen mit der urtümlichen Kraft der deutschen Erde, aus der die Körner für das Mehl sprießen: Kraftkornmalzbrot, Kernbeißer oder Roggensaft heißen sie, immer öfter erweitert um saisonale Spezialitäten wie den Brotlaib „Karotti", mit frischen Möhrenstücken. Gleichzeitig lieben es die so großzügig mit Kümmel, Emmerlein-Saat und Bärlauch hantierenden deutschen Bäcker, die Grenzen des Geschmacks zu sprengen. Dabei sind sie als Fusions-Pioniere erstaunlich wagemutig, denn sie haben keine Angst davor, dass es auch schief gehen könnte – was es tatsächlich öfter tut. Besonders besessen sind sie davon, die französischen Croissants aufzupeppen. Der Blick in die Vitrine des Bäckers Steinecke in Braunschweig an einem Morgen um 7.30 Uhr genügt: Da gibt es Schinken-Käse-Croissants, Würstchencroissants (wie gut, dass die französischen Freunde nicht daneben stehen und einen fragen, wer das denn bitte morgens in den Café tunkt – „ja, Menschen, die morgens auch Mettbrötchen mit Zwiebeln essen"), dazu Nuss-Nougat-Croissants und Laugencroissants. Das, was der Österreicher in diesem Fall als kulinarische Sauerei bezeichnen würde, ist ein großer Erfolg, genauso wie die im Jahr 2017 von Dr. Oetker eingeführte Schokoladenpizza. Wer solche getunten Franzosen oder Italiener nicht mag, der greift zu einem ehrlichen deutschen Brötchen. Und beim Brötchen geht der Beweis weiter, dass die deutschen Bäcker unerkannte große Liebeslyriker sind. Denn die Koseworte, die sie diesen kleinen Rundstücken geben, sind voller Zärtlichkeit, die dazu die Eigenheiten ihrer Kreationen sehr genau unterscheiden: Ein Kornrusti ist etwas anderes als ein Rusti, Schrotkerndl oder Kornkönig, gar ein Körnerherz. Ein Laugenzöpfle sieht anders aus als ein Laugenspitz. Es gibt den Libero, den Goldi, den Frischling und den Schoggi. Bei den großen Broten wird die Sprache meist technischer und regionaler, auch wenn es feine Unterschiede zwischen Ährengold, Almkruste oder Wurzelbrot gibt. Kein Wunder, dass es Nachschlagewerke für deutsches Brot gibt, damit man den Schweinehund nicht mit dem Bergmann und den Kraftknacker nicht mit dem Riesenschrot verwechselt.

Selbst Deutsche können sich all die Namen nicht immer merken, vor allem, wenn sie im Laufe der Woche zu unterschiedlichen Bäckereien gehen. Dazu scheint ein Sprachwissenschaftsstudium nicht schlecht, um frühmorgens die Schöpfungen der deutschen Bäcker ohne Versprecher oder mehrfachen Blick auf die Namensschilder zu bestellen. Aber nein. In dem Land, in dem das „Guten Morgen!" durch „Hi" und die Schlussformel „mit freundlichen Grüßen" durch „MfG" ersetzt wurde, sagt der Deutsche gerne noch halb verschlafen: „Ich hätte gerne ein Dinkelquark-Vollkornbrot, mitteldick geschnitten bitte, dazu zwei Normale, drei Käse-Schinken-Croissants und ein Espresso-Käse-Sahne-Plunder-Teilchen." Danach die unvermeidliche Rückfrage der Verkäuferin: „Darf denn alles in eine Tüte?" Gott bewahre, dass die buttrigen braunen Schokotropfen des Schoggi-Milchbrötchens auf die Schinken-Käse-Croissants abfärben! Oder den Plunder eindetschen. Überhaupt, Plunder. Bei diesem Wort entfaltet sich die Tonalität der deutschen Bäckersprache am allerschönsten. Allein nach dem Plosivlaut P zergeht der Name wie das Wort „Wunder" auf der Zunge. Als Kind stellte ich mir unter „Plunder" immer den bauschigen weißen Unterrock einer Bäuerin vor, mit vielen gestärkten Rüschen, die beim Anfassen knistern und in die man reinbeißen konnte. Oder die Pluderhose an den Beinen eines schneidigen Helden aus einem historischen Film, der sein Schwert an der Hüfte trug. Als „Pudding-Plunder" war das mit fetter gelber Chemiecreme gefüllte Hefegebäck der Himmel auf Erden, denn man sackte mit all den Teigrüschen im Bauch und der altmodischen Zuckersoße danach wohlig auf dem Sofa zusammen.

Das zweite Schlüsselwort der süßen Bäckerabteilung ist: das Teilchen. Das an der Kuchentheke natürlich nichts mit rätselhaft umherfliegenden Elementen aus der Physik zu tun hat, sondern der abstrakte Überbegriff für verschiedene süße Gebäckstücke ist. „Wie viele Teilchen hätten Sie denn gern?“, fragen die Bäckereifachverkäuferinnen mit offizieller Ausbildung geschäftig, wenn man angibt, man wolle doch gerne mal den Rosinenplunder oder die Zitronenrolle probieren. Denn sie suchen nach der zu erwartenden Anzahl die Größe der Papptabletts aus, auf die die Zuckerstücke gelegt und dann mit Papier eingehüllt werden. Das Teilchen-Tablett eben. Viele dieser „Teilchen“ haben lange Namen, die Deutschschülern ein Graus sind und nur noch von der französischen Art, Zahlen zu schreiben, übertroffen werden. So wie die linksrheinischen Nachbarn etwa die Zahl 98 4-20-10-8 nennen, erfinden die Bäcker Worte wie Quarkteighasen, Bio-Opa-Rudie-Brot oder Dinkel-Grünkern-Vollkorn-Brot. Abgesehen von der Eigenheit, dass die deutsche Sprache den Bäckern die Möglichkeit gibt, schier unendlich lange Nominalzusammensetzungen zu kreieren, lieben sie zunehmend esoterisch klingende Namen wie Lichtkorn, Wilde Kruste, Bio-Vital oder Traumbrot, und das nicht nur in der Münchner Hofpfisterei, die es seit 1331 gibt und die nur ökologische Zutaten und Natursauerteig verwendet.

Das wohl deutscheste Brot, das westfälische Pumpernickel aus Vollkorn-Roggenschrot, muss traditionell mindestens 16 Stunden backen und wird in seiner Heimatregion gerne als Vanille-Pumpernickeleis mit Rumrosinen zubereitet. Bis in die 1990er Jahre galt dieses Broteis selbst in westfälischen Fabrikantenvillen als herrlichste Delikatesse, bei der allerdings französische Austauschschüler des renommierten Bielefelder Ratsgymnasiums regelmäßig in Tränen ausbrachen, da sie wie weiland Napoleon eher der Meinung waren, dieses Westfalenbrot, gar in einem Eis, sei nur gut für ein Pferd, „bon pour Nickel“. Dabei führt das so emblematisch deutsche Pumpernickel eher ein Schattendasein, denn nach Angaben des Zentralverbandes des Deutschen Bäckerhandwerks ist das liebste Brot der Deutschen das Mischbrot, gefolgt von Toastbrot und Broten mit Körnern und Saaten. Danach folgen Vollkorn, Weizenbrot, Roggenbrot, am Ende steht Dinkel. Nach zwischenzeitlicher Flaute hat der Brotkonsum in Deutschland seit 2017 wieder zugenommen: Im Schnitt aß jeder Haushalt im Jahr 44 Kilo Brot. Vielleicht liegt das Comeback des Brotes am wiederentdeckten Charme der guten alten Butterstullen, die fix und fertig geschmiert, mit Salat, Ei, Remoulade, Lachs oder Schinken bepackt und mit braunem Papier fest eingehüllt eine idealisierte Retro-Version für Coworking Space-Arbeiter schaffen, die an der Theke schnell ein zweites Frühstück oder Mittagessen kaufen. Und dazu einen Muckefuck to go, den Getreidecafé aus Kriegszeiten, der heute – mit Sojamilch gemischt – eine teure Renaissance erlebt.

Neben der schönen deutschen Retrowelt des Brotes liegt das unbekümmert ungesunde Universum der fetten deutschen Torten und der dazugehörigen Tortensärge. Sie sind die natürlichen Kinder der deutschen Göttin Spießigkeit und dem amerikanischen Großonkel Tupperware. Dabei ist der Tortensarg natürlich keine Kiste, in der man Kuchen bestattet. Das raumschiffartige Gebilde aus milchigem Plastik und bunten Henkeln heißt offiziell „Tortenglocke“ und ist das ultimative germanische Transportmittel für selbst gemachte Torten, die mit unbeschädigten Sahnewirbeln, laserscharf geschnittenen Seiten und hygienisch einwandfrei aus der heimischen Einbauküche zum Buffet von Vereinsheim/Schwiegermutter/Kindergarten getragen werden müssen. Diese Tortenglocke ist unverzichtbarer Bestandteil eines guten deutschen Haushaltes und besteht aus einer Abdeckhaube aus Plastik, dazu einem Teller, auf dem auch die mehrschichtigen Torten ihren Platz finden. Haube und Teller werden passgenau zusammen geklipst und – hop! – schon geht die in stundenlanger Arbeit zubereitete Torte am Henkelgriff auf Wanderschaft. In der Hoffnung, dass sie auf dem Büffet neben all den anderen Zupfkuchen, Schichttorten oder Käse-Sahne-Gebilden eine richtig gute Figur macht. Je größer und aufgeplusterter, angeberischer und buttercremiger, umso besser. Denn in diesem Universum der semi-professionellen Kuchenspenderinnen wird sie lautstark kommentiert werden. Das ist so sicher wie das Amen in der Kirche. In dieser Tortenfraktion ist nur davon abzuraten, in sich zusammen gesunkene französische Schokoladentartes mitzubringen oder schnell gekauften Bahlsen-Kuchen aus dem Supermarkt – kunstvoll angedetscht und mit Smarties gepimpt – unter einer dieser breitschultrig daherkommenden Tortenglocken hineinzuschmuggeln.

Der neue kleine Bruder der deutschen Tortenglocke übrigens, der etwa von der Firma Riva in Stockach am Bodensee hergestellt wird und das schwarz-rot-goldene Siegel „Made in Germany" trägt, ist der „Party-Butler": eine rechteckige Plastikplatte, die mit einer passenden Haube als Reisekutsche für kleine Butterbrote oder Salzgebäck dient. Die Firma Dr. Oetker bietet sie nicht nur extrahoch an, sondern sogar mit Platz für Kühl-Akkus darunter. Mitgedacht!

Ob Tortensärge für Süßes oder deutsche Party-Butler für Schinken-Käse-Croissants und Radieschen: Da stehen sie dann alle, stolz aufgereiht, die Schicht-Sahnetorten und Käsekuchen auf Plastikplatten. In Magenta, Türkis und Weiß. Es sieht aus wie auf dem Campingplatz, und alle freuen sich. Aber zugegeben: diese deutschen Torten schmecken köstlich. Auch wenn einem nach dem zweiten Stück latent schlecht wird.

Von Miracoli zu den Sternen: Die Deutschen können doch ein wenig kochen

DK

Meine Mutter kochte weder gerne noch gut. Einkaufen, Essenszubereitung und Essen waren für sie notwendige Übel. Man aß, um (leidlich) satt zu werden, nicht um zu genießen. Selbst das Essen außerhalb war keine besondere Freude, allenfalls das Zusammensitzen und Bedientwerden. Der „Wienerwald" in München-Obermenzing war das Ziel an manchen Sonntagen; selbst als Jugendlicher hasste ich den Geruch der Feuchttücher mit Zitronenduft, die neben dem Hähnchen lagen. Wenn es sehr festlich zugehen sollte, suchte die Familie den „Weichandhof" in Obermenzing auf. Erst sehr viel später erfuhr ich, dass es eines der Lieblingslokale Adolf Hitlers gewesen war.

Im Gegensatz zu meiner Mutter und Großmutter lernte ich von meinem Großvater, dass Essen und vor allem Essengehen große Freude bereiten kann. Im „Spöckmeier" am Münchner Marienplatz brachte er seinem Enkel bei, wie man Weißwürste richtig isst, nämlich mit Messer und Gabel. Wer glaubt, dass die echten Bayern die Wurst im unteren Drittel zwischen zwei Fingern festhalten, hineinbeißen und dann kräftig saugen („Zuzeln"), hat keine Ahnung von jenem Bayern, das jenseits des Komödienstadels liegt.

Bereits als 17-jähriger kochte ich für meine Mutter und mich „Miracoli", jene legendäre Zusammenstellung von Spaghetti, abgepacktem Tomatenmark, einer Gewürzmischung und einem Tütchen geriebenen Hartkäse. Die Sauce aus Tomatenmark, Würzmischung und Wasser wurde über die fertig gekochten Nudeln gegossen, der Käse drüber: Essen fertig! Es war allemal besser als das, was meine Mutter kochte. Und über den kochenden Sohn freute sie sich zudem.

Wie es dazu kam, dass ich als 22-jähriger Student den Roman des österreichischen Schriftstellers Johannes Mario Simmel *Es muß nicht immer Kaviar sein* kaufte und las, weiß ich nicht mehr. Die zerlesenen Seiten belegen, dass ich das dicke Taschenbuch gründlich durchgearbeitet habe. Im Verzeichnis der Rezepte finde ich angestrichen bei den Vorspeisen Eier „Josephine" und Wurst-Nester, bei den Hauptgerichten sind markiert Ente chinesisch mit gekochtem Reis, Filet de Boeuf Stroganoff, Kalbsmedaillon in Madeira-Sauce, Kalbsschnitzel Cordon bleu mit kleinen Erbsen, Leber auf portugiesische Art, Paprika-Huhn, Reis, Kopfsalat „Clara" und Sauerkraut mit Fasan und Austern. Ab nun freuten sich über die Ergebnisse meines Kochens nicht mehr nur meine Mutter, sondern auch meine späteren Frauen.

Markierte der Roman von Simmel offensichtlich den Beginn meiner Kochkarriere nach „Miracoli", so erinnert mich die *Kochschule für Anspruchsvolle* des legendären Journalisten und ZEIT-Gastrokritikers Wolfram Siebeck an deren Fortsetzung. Das Siebeck-Buch ist auch heute noch ein Juwel meiner Sammlung von Kochbüchern: gestaltet von Willy Fleckhaus, dem berühmten Designer, dem wir das Design der Buchreihen des Suhrkamp Verlags aus den 1960er Jahren verdanken und der das Magazin der *Frankfurter Allgemeinen Zeitung* und die Zeitschrift *twen* gestaltete. Allein die Fotos von Jirina Reiser sind schon ein optischer Genuss, von den Beschreibungen der Rezepte ganz zu schweigen.

Wo bleibt nun die deutsche Küche in meiner eigenen Karriere als Amateurkoch und leidenschaftlicher Restaurant-Besucher? Auch wenn das *Bayerische Kochbuch* von Maria Hofmann – „Oberregierungs-Landwirtschaftsrätin a.D." – in der 54. Auflage der grundlegende Kompass für mein Kochen geworden ist – neben der App „Eat Smarter" –, so stelle ich doch fest, dass Wolfram Siebeck mich nachhaltig verdorben hat mit seiner Liebe zum französischen Essen. In seinem Buch findet sich kein Wort über Schweinefleisch, kein Rezept für Gänsebraten, Kalbfleisch wird stiefmütterlich behandelt, Gemüse in Nebensätzen und von vielen hundert möglichen Desserts werden nur fünf genannt. Dafür finden Crème double für Saucen Erwähnung sowie Schalotten anstelle von Zwiebeln, Brot- und Käsesorten, nach denen man in den 1970er Jahren noch mühsam suchen musste, selbst auf dem Münchner Viktualienmarkt.

In den seitdem vergangenen vierzig Jahren hat sich auf dem Gebiet des Kochens und Essens in Deutschland viel getan. Das muss, bei aller Miesmacherei durch einige selbsternannte Gastro-Päpste, festgehalten werden. Natürlich gibt es immer noch die „Kartoffelkloßkreuzzügler" (so Jakob Strobel y Serra in der FAZ), die mit Curry-Wurst, Döner, frittierten Fettbomben, industriellen Fertigprodukten und Convenience-Fraß ihre Essbedürfnisse stillen. Hauptsache billig, viel, fett und süß ist immer noch der Wegweiser vieler Hungriger in Deutschland. Und keineswegs nur dort: Beobachten Sie mal durchschnittliche Esser in den USA und Großbritannien!

Wer jedoch den *Guide Michelin 2020* heranzieht, kann nicht umhin, sich zu fragen, wer bitteschön jene 308 Restaurants besucht, die beim letzten Sterneregen über Deutschland bedacht worden sind? Es können ja nicht alles japanische, chinesische und französische Touristen sein. Sogar Jakob Strobel y Serra musste einräumen: „Seht her, das kulinarische Deutschland besteht aus mehr als Rostbratwurst."

A propos Rostbratwurst. Noch immer herrscht bei vielen Menschen, die sich an gutem und gesundem Essen erfreuen – sei es in der häuslichen Küche, sei es im Restaurant – das blasierte Vorurteil, dass Bratwurst, Roulade, Schnitzel, Schweinshaxe, Sülze und Kartoffelpuffer etwas seien, was „man" nicht essen könne. Das ist gleichermaßen dämlich wie das spiegelbildliche Vorurteil, dass es sich beim Kochen und Essen von klassisch französischer Haute Cuisine um elitäre Dekadenz und Verschwendungssucht handele.

Eines jedoch fällt sehr eindeutig auf: Die regionale Verteilung der Spitzengastronomie ist erstaunlich ungleich verteilt. Insofern verbietet es sich, von „der" deutschen Küche zu sprechen. Von den mehr als 300 Restaurants, die wenigstens mit einem Stern für ihre aktuelle Qualität ausgezeichnet wurden, liegen 77 allein in Baden-Württemberg, 52 in Bayern, 47 in Nordrhein-Westfalen und 27 in Rheinland-Pfalz. Im Bundesland Bremen gibt es kein einziges Sternerestaurant, in ganz Ostdeutschland sind die Sterne sehr dünn gesät. Die deutsche Hauptstadt hat nun endlich auch ein Drei-Sterne-Restaurant und insgesamt zwei Dutzend Sternehäuser.

Als ich diese Verteilung ansah, fiel mir der dänische Film „Babettes Fest“ ein. Nach der Novelle *Babettes Gastmahl* von Karen Blixen hat der Regisseur Gabriel Axel die Geschichte einer pietistischen Sekte in einem winzigen jütländischen Fischerdorf zu Beginn des 19. Jahrhunderts in hinreißende Bilder übersetzt. Die beiden Schwestern Martina – nach Martin Luther – und Philippa – nach Philipp Melanchthon – nehmen Babette, eine französische Köchin, in Obhut. Auch wenn es weiterhin nur getrockneten Stockfisch und Brotsuppe gibt, veredelt Babette selbst diese kargen Gerichte derart, dass aus der braunen Pampe erfreuliche Gerichte werden. Aus Anlass des 100. Geburtstags des inzwischen verstorbenen Pastors und Vaters der beiden Schwestern – und finanziert durch Babettes Lottogewinn von 10.000 Francs – bereitet die Pariserin ein grandioses Festmahl für die kleine Gemeinschaft der dänischen Sekte vor: „un vrai diner français“. Es gibt Schildkrötensuppe, Blini Demidoff mit schwarzem Kaviar, Wachteln im Blätterteig („Sarcophag“) mit Foie gras und Sauce Perigourdine und frischglasierten Fruchtsalat. Als Getränke werden dazu Amontillado, ein Clos Vougeot, eine Veuve Clicquot und zum Kaffee Cognac serviert.

Man muss es gesehen haben, wie die Gesichter jener kleinen Ansammlung schwarzgekleideter Menschen, die sich gegenseitig geschworen hatten, kein einziges lobendes Wort über Essen und Trinken zu verlieren – „Wir werden kein Wort sagen. Als hätten unsere Zungen nie einen Geschmack gekannt“ –, im Laufe der Abfolge der Speisen und Getränke sich nicht nur röten, sondern zu leuchten anfangen. Die ehemalige Küchenchefin des „Café Anglais" in Paris verzaubert diese hartherzigen Genussfeinde zumindest bis zu jenem Punkt, an dem selbst sie sinnlichen Genuss durch Essen und Trinken wahrnehmen.

Warum ich an diesen Film bei der Verteilung der Michelin-Sterne auf Deutschland denken musste, liegt auf der Hand. Es sind bis heute die katholisch geprägten Landstriche, in denen die Freude am leiblichen Wohl nicht durch Miesmacherei und asketischen Geiz „verteufelt" worden sind, wie das in den eher protestantisch – und später sozialistisch – imprägnierten deutschen Landen der Fall ist.

Wäre es überhaupt vorstellbar, dass irgendeine Ratsvorsitzende der Evangelischen Kirche in Deutschland ein „Lehrschreiben" veröffentlichen würde, das im Gleichklang mit jenem Lehrschreiben von Papst Franziskus vom 19. März 2016 stünde?

Dort stand zu lesen: „Die intensivsten Freuden des Lebens kommen auf, wenn man die anderen beglücken kann, in einer Vorausnahme des Himmels. Man erinnere sich an die geglückte Szene in dem Film ‚Babettes Fest', wo die großherzige Köchin eine dankerfüllte Umarmung und ein Lob empfängt [...]. Süß und belebend ist die Freude, anderen Vergnügen zu bereiten und zu sehen, wie sie genießen."

Selbst wenn jemand diese Freude am Genuss partout nicht teilen kann: Hier – wie bei allen Themen aus unserer Wunderkammer der Schönheit in Deutschland – möchte ich für wechselseitige Toleranz und gegenseitige Offenheit plädieren. Dann kann auch für Thüringer Rostbratwurst, „Miracoli" und „Kalter Hund" gelegentlich Platz auf dem schön gedeckten Esstisch sein. Selbst bei denen, die es nicht unter Wachteln à la Babette als Hauptgericht tun. Vom minimalistischen Essens-Ikebana oder der Molekularküche ganz zu schweigen. Chacun à son goût. Oder auf gut Deutsch: Schmecken und schmecken lassen.

ACHSELHAARE BEI FRAUEN

Die letzten Reservate eines bedrohten Schmucks

„Ich liebe Achselhaare bei Frauen. Und die Chance, nicht radikal entfernte Körperhaare bei Frauen zu sehen, ist in Deutschland immer noch einigermaßen groß."

„Ich finde nicht, dass Achselhaare bei Frauen etwas spezifisch Deutsches sind. Nix als blanker Babypopo, überall. Und die Erinnerung an Goethes Bettschatz Christiane Vulpius macht es auch nicht besser. Aber überzeugen Sie mich vom Gegenteil, Professeur!"

Wo Kunst, Politik und Kommerz sich mit Scham mischen

DK

Ein Geständnis vorab: Ich liebe Körperhaare bei Frauen. Ich bedauere jede rasierte Achselhöhle. Mir gefallen behaarte Unterarme und Beine. Mir gefallen Haare, wo auch immer sie wachsen. Ich stehe dazu. Woher diese Vorliebe kommt, kann ich mir selbst nicht erklären. Mit meiner Mutter jedenfalls hat es nichts zu tun, die war rotblond, blasshäutig und sommersprossig. Dr. Sigmund Freud wird sich da was anderes einfallen lassen müssen. Wobei die Psychos ja immer auch das Gegenteil diagnostizieren können: Entweder sucht der Mann die Mutter. Oder er flieht vor ihr. Ödipus-Komplex wohin man auch schaut.

Also, Achselhaare sind für mich Schönheit. Und für viele deutsche Künstler waren oder sind sie das auch. Das berühmte Bild „Halbakt" von Christian Schad, das heute im Von der Heydt-Museum in Wuppertal hängt, bringt es für mich zum vollendeten Ausdruck. Es entstand während eines Paris-Aufenthalts des Malers in einem Hotel am Boulevard Raspail, während einer sommerlichen Hitzewelle. Seine damalige Freundin Maika lag ihm Modell. Die anatomische Präzision, mit der dieser Künstler Haut und Haare seiner Begleiterin erkundet und abbildet, legt Zeugnis von seiner Anbetung weiblicher Schönheit ab. Wären die Achseln ohne ihren dunklen Schmuck schöner?

Wer den Katalog *Die andere Seite der Schönheit* gesehen hat, der eine Ausstellung dokumentiert, die 1995 im Rheinischen Landesmuseum gezeigt wurde, weiß, dass es eine große Sammlung von Fotografien gibt, die dieser Obsession und Bewunderung von behaarten schönen Frauen folgt. Klassiker sind Arbeiten von Helmut Newton, Man Ray, Lee Friedländer. Der ebenfalls klassisch zu nennende Bildband *Thomas – mach ein Bild von uns!* des ostdeutschen Fotografen Thomas Karsten dokumentiert eine natürliche und fröhliche Schönheit von Frauen und Mädchen aus dem Jahr 1988. Herlinde Koelbl hat 2007 einen ganzen Fotoband ihrer Arbeiten zum Thema „Haare“ publiziert; der erste Satz ihres Vorworts lautet: „Haare, das Thema war schon immer da. Ein Lebensbegleiter.“

Schön also. Für manche. Aber was hat das alles mit Deutschland zu tun? Ganz einfach: Die Chance, nicht radikal entfernte Körperhaare bei Frauen zu sehen, ist in Deutschland immer noch einigermaßen groß. Ich mache keine Strichlisten, ich bin kein empirisch forschender Sozialwissenschaftler, kein „Quanti“. Meine Behauptung ist allein das Ergebnis vollkommen zufälliger, unausgewerteter Beobachtungen auf der Straße, im Café, in der Bahn, beim Baden, in der Sauna. Und der Vergleich mit dem, was ich außerhalb Deutschlands sehe.

Kommen Sie mit mir an den Heiligen See in Potsdam. Es gibt zwei Zonen, ohne Beschilderung: Wenn Sie vom Grünen Haus kommen, stoßen Sie auf zwei Nacktbadebereiche, erst danach kommt der Textilbereich. Auf den beiden vorderen Plätzen sehen Sie dann alles: Vollkommen kahle Körper. Viele Männer glauben, dass ihre baumelnde Männlichkeit größer und länger aussieht, wenn ihr Glied auf kahlem Gelände steht. Kommen wir zu den Frauen: auch da die ganze Bandbreite, von ungeschützter Kerbe bis zu struppigem Wildwuchs. Und dazwischen alles, was es so gibt auf dem Gebiet der Schamhaarfrisuren. In ihrer Ausgabe vom April 2019 bot die deutsche *Cosmopolitan* – rechtzeitig vor der Badesaison – einen Überblick über alle aktuellen „Haar-Trends für die Bikini-Zone“: Das Blümchen, der Brazilian Cut, die Briefmarke, Charlie Chaplin (Hitler-Bärtchen wollten sie wohl nicht schreiben), der Irokese, das Martini-Glas, das Peace-Zeichen, das Herz, der Buchstabe, der Wildwuchs. Kommen Sie zum Heiligen See und wundern Sie sich nicht allzu sehr über die spitzen Schreie der asiatischen Touristen, wenn Sie vom Schloß Cecilienhof zur Glienicker Brücke gehen. Die FKK-Kultur der sich selbst aufgelösten DDR ist ihnen unvertraut.

Im April 2011 publizierte ich einen kleinen Text zum Thema Körperbehaarung mit dem Untertitel: „Über die Anstrengungen der Menschen, ihre Verwandtschaft mit den Affen zu verbergen". Ein Buch darüber hätte sich vermutlich gelohnt. Als ich meinen Internet-Artikel für diesen Beitrag aufrief, verzeichnete der Zugriffszähler fast 17.000 Lesungen. Das wäre schon ein passabler Seller auf dem Buchmarkt.

Die Debatten rund um das Thema Körperbehaarung bestätigen, dass es sich bei der Enthaarung der Achseln, der Beine und des Schambereichs um eine Norm in westlich dominierten Gesellschaften handelt, der sich zumindest Frauen – und immer mehr Männer – unterwerfen, wenn sie nicht wünschen, von der Gesellschaft ins Abseits gestoßen zu werden. Die Strafe für Abweichlerinnen und Abweichler besteht darin, dass der menschliche Körper diskursiv mit Ekel aufgeladen wird, sofern er Behaarung aufweist. Es kommt zu einer Stigmatisierung der Behaarten als Hygiene vernachlässigende, Ästhetik mit Füßen tretende Erscheinung. Aber wie wurde diese Norm wider den natürlichen Körper durchgesetzt? Welche sozialen Mechanismen sind an der Produktion und Reproduktion der Enthaarungsnorm beteiligt? Und nicht zuletzt: Lässt sich ihre Wirksamkeit in einen größeren, gesamtgesellschaftlichen Zusammenhang einbetten?

Allein die Tatsache, dass Körperbehaarung Gegenstand heftiger Diskussionen ist, weist darauf hin, dass es sich um kein triviales Thema handelt. Eine kurze Durchsicht der Debatten im Internet genügt, um festzustellen, dass Körperbehaarung ein vielschichtiger Diskursgegenstand ist, der nicht bei einer „Geschmacksfrage" stehen bleibt. Dass Körperbehaarung keine Geschmacksfrage ist, sondern zu einer moralischen Angelegenheit wird, zeigt sich in der Länge der Beiträge. Denn mit dem Bekenntnis zu Körperhaaren ist der Zwang zur Rechtfertigung verbunden. Und entsprechend ausführlich wird dieses Bekenntnis mit Aversionsbekundungen anderer kommentiert.

Meine Überlegungen orientieren sich am Ansatz eines Klassikers der deutschen Soziologie, Norbert Elias (1897-1990). Elias hat in seinem bekanntesten Werk *Über den Prozeß der Zivilisation* nachzuweisen versucht, dass das, was wir heute als Anstand schätzen und einander abfordern, sich seit dem Mittelalter fortschreitend konstituiert. Der Prozess, der hinter diesen Entwicklungen steht, ist maßgeblich dadurch gekennzeichnet, dass Menschen aus Gründen des persönlichen Vorteils gezwungen waren, ihr Verhalten und ihre körperlichen Bedürfnisse zu zügeln. Elias hat, um diese Entwicklung zu illustrieren, hauptsächlich die Etappen, die sich in Benimmbüchern spiegelten, untersucht und konnte anhand ausgewählter Beispiele zeigen, dass Gefühle wie Scham und Peinlichkeit gegenüber den natürlichen Vorgängen des Körpers beständig zunehmen. Diese Stärkung selbstregulierender Mechanismen geht mit einer Zunahme des Ekelempfindens einher.

Will man in der Enthaarung des menschlichen Körpers einen Indikator für zivilisatorischen Fortschritt sehen, so stünden nicht die US-Amerikaner an der Spitze der Evolution, sondern beispielsweise sehr viel eher Gesellschaften, in denen der Islam durch den Koran die Enthaarung aller Menschen ab Kopf abwärts vorschreibt, also alle Haare bis auf die Kopfhaare und Augenbrauen. Könnte es also sein, dass die islamische Welt dem gottlosen Okzident vorauseilt? Den Haaren nach zu urteilen, könnte das der Fall sein, auch wenn wir Westler dies in den wenigsten Fällen empirisch überprüfen können. Wer von uns weiß schon, wie es unter bodenlangen Gewändern bei Männern und Frauen aussieht?

Der menschliche Körper, vor allem der weibliche, wird immer mehr zum Objekt allgemeiner Besorgnis. Mit Klingen, Epiliergeräten und Enthaarungscremes wird der Körper „gereinigt". Inzwischen sehen sich auch zunehmend mehr Männer dieser Anforderung ausgesetzt. Dies geschieht nicht aus hygienischen Gründen, sondern vor allem auf symbolischer Ebene, wo Hygiene und ein allgemeines Ästhetikdiktat dem Zivilisationsprozess als Scheinargumente übergestülpt werden. Ekel wird gemacht. Er ist das Bewusstsein über Dinge, die in einer Gesellschaft als ekelhaft gelten.

Fremdzwänge werden zu Selbstzwängen, aber weil das Konzept des Fremdzwanges gegen das Freiheits- und Selbstbestimmungsideal des zivilisierten westlichen Menschen verstößt, werden die äußeren, als unangenehm repressiv empfundenen Zwänge ummodelliert in andere, mit dem Selbstverständnis der Zivilisierten kompatiblere Empfindungen: Erst ohne Haare sind wir zivilisierte Menschen, die den Primaten in uns vergessen machen.

Worum also geht es bei Körperhaaren? Nach Überlieferung in manchen indigenenen Gesellschaften stellen Haare die Verlängerung der Seele dar. Mit dieser Begründung erstritten erst vor Kurzem indianische Häftlinge das Recht, im Gefängnis lange Haare tragen zu dürfen. Nur in Zeiten der Trauer dürften Haare gekürzt werden. Denken wir an die Sikhs, jene ursprünglich aus Indien stammende Religion, der immerhin rund 27 Millionen Menschen auf unserem Planeten angehören. Der kunstvoll geschlungene Turban der Männer verbirgt deren ungeschnittenes Kopfhaar. Damit grenzen sich die Anhänger dieser Religion von allen asketischen Traditionen ab und wollen ihren Respekt für die Schöpfung bekunden. Ein Sikh lehnt sich nicht gegen die Naturgesetze auf, die Gott erschuf. Und der wollte nun mal, dass Haare auf unserem Körper wachsen.

Wenn auch in der säkularen Schrumpffassung, begegnet uns dieses Motiv in westlichen Gesellschaften seit einigen Jahren regelmäßig im Januar. Sich damit als emanzipiert darstellende Frauen verkünden dann die Zeit des „Januhairy“, eines ganzen Monats, in dem alle Körperhaare wachsen dürfen. Gewissermaßen wie Gott die Frau geschaffen hat. Jedoch ohne Gottesbezug. Und ab Februar kommt dann die ganze Palette der Epiliertechniken wieder zum Zug. Viel Zeit und Geld werden geopfert. Um einem Schönheitsideal zu huldigen, das die universale Beautyindustrie mit milliardenschwerem Einsatz propagiert.

Anlässlich der Frankfurter Ausstellung „Contemporary Muslim Fashion“, die die deutschen Feuilletons heftig rauschen ließ, wurde die ganze Bandbreite der einschlägigen Kulturkämpfe erneut aufgerollt. Vor allem dem Islam wird nachgesagt, dass dessen religiöse Vorschriften über das Verhüllen der Kopfhaare von Frauen damit zu tun haben, dass das sexuelle Begehren der Männer nicht gereizt werden darf. Männer, so die Begründung, würden von weiblicher Haut, Haaren und allein ihren Körperumrissen derart erregt, dass sie sich nicht mehr kontrollieren können. Die Vergewaltigung als quasi natürliche Reaktion des Mannes. Die Frau, die ihre Haare nicht verbirgt, darf sich nicht beklagen, wenn der lüsterne Mann über sie herfällt. Offene, unverhüllte Haare zu zeigen, gilt in weiten Teilen des heutigen Indonesiens mittlerweile als schandhaft. Um ihnen zu zeigen, wohin die Nichtverhüllung führt, ergriffen junge Männer in jüngster Zeit mehrfach Frauen und rasierten ihnen den Kopf, um sie zu demütigen.

Auch die Fotografie hat mitgezogen: Auf der Homepage des oben genannten Eisenacher Fotografen Thomas Karsten stehen an der Stelle der einst fröhlichen nackten behaarten Frauen – und einiger Männer – inzwischen total rasierte junge Mädchen. Wahrscheinlich würde ein Bildband wie *Thomas – mach ein Bild von uns!* aus dem Jahr 1988 heute als Pornographie gehandelt. Wohingegen Bildbände mit Fotos vollkommen rasierter junger Frauen, die sich vor seiner Linse räkeln, heute als Kunst gehandelt werden. Besonders dann, wenn Karsten einen Band aus dem Jahr 2018 *Auf der Suche nach Schönheit* nennt.

Bemerkenswerterweise hat Thomas Karsten im Jahr 2017 einen Band publiziert, in dem er einige der alten Fotos aus seiner Leipziger Zeit erneut versammelt hat. Aus *Thomas – mach ein Bild von uns!* wurde nun … *und schön bin ich doch!* Sowohl diese Titelei als auch der englische (!) Werbetext sagen alles:

“This may be Thomas Karsten‘s most important and long-remembered book. And that‘s saying a lot, given that he‘s published over a dozen of them. His new title ‘...und schön bin ich doch!’ translates to ‘I am beautiful!’ and is comprised of black & white photographs Karsten took from 1980 to 1990, mainly in what was then East Germany. As he recounts, 'It started, about 36 years ago in Leipzig. After reviewing these photos ... I found [them] still current and somehow timeless, apart from the pubic hair'".

Das schönste Zitat fand ich im Bildband *Haare* der deutschen Fotografin Herlinde Koelbl. Indem sie auf die sechs Jahre ihrer Arbeit an diesem Buch zurückblickt, schreibt sie: „Ich erlebte Haare als ein Zeichen der Zugehörigkeit oder des Andersseins, als Mittel der Verführung, als Ausdruck des Animalischen oder des Intimen, der Unterscheidung oder der Ambivalenz zwischen Männlich und Weiblich, Schönheit und Hässlichkeit, und sie verbergen unsere Verletzlichkeit und sind unser Schutz."

Refugien für Pelze aller Art

SvW

Die Achselhaare der deutschen Frauen sind in die Gesichter der deutschen Männer gewandert. In Berlin, München, Göttingen, in Emden und Saarbrücken, überall sprießen und wuchern sie stolz hervor, berechnend zottelig, scharf getrimmt, lässig übergekämmt, potent abstehend, unsichtbar gegelt, sorgfältig gebürstet: Hipster-bärte, die an Kaiser Wilhelm II. in Jeans erinnern. Dreitagebärte im George-Clooney-Look. Oder graue lässige Stoppeln bei Männern, gerne mit testoterongetriebener Halbglatze. Dafür herrscht unter den Achseln der deutschen Frauen – dort, wo über Jahrhunderte üppige Haarbüschel in Blond, Rot, Braun, Schwarz und Graumischmasch sprossen – gähnende Leere. Nix. Nada. Rien. Kahlschlag. Höchstens ein paar rote Pickel oder ein, zwei, eingewachsene Haare wohnen dort, schamhaft versteckt. Sonst mehr oder weniger glatte Haut, über die zuvor ein rosa Venus Gillette-Rasierer gefahren ist, schnell schnell, unter der Dusche. Geplagte Haut, deren natürlichen Bewuchs in der sanften Kurve unter den Armen eine stinkende Enthaarungscreme abgebrannt hat. Oder in der eine Epilations-Schwester des Waxing-Studios alles ausgerissen hat, was unter der Lupe zu finden war. Ich habe kein Röntgengerät, um allen Passantinnen in den deutschen Fußgängerzonen unter ihre Kleider zu sehen, doch die Erfahrung aus Yogakursen und auf Tennisplätzen lehrt: bei Frauen von 16 bis 50 Jahren sehe ich fast nur glatte Haut am Körper. Und je jünger die Frau, umso radikal glatter die Haut.

Was ist nur mit den deutschen Achselhaaren los, und ihren südlichen Freunden, den Schamhaaren, auf Millionen Venushügeln, zwischen Schenkeln, die den ganzen Tag in Büros auf ergonomischen Stühlen sitzen und zum Wertstoffhof fahren? In den 1970ern und 1980ern galt den deutschen Emanzen in ihren lila Latzhosen und Häkelpullovern üppige Körperbehaarung, stolz an Achseln und Beinen präsentiert, als politisches Statement. Als Anti-Barbiepuppen-Look, bei dem auch der Busen unter dem Stoff ohne BH schaukeln durfte und Schminke etwas für Geschlechtsgenossinnen war, die den emanzipatorischen Kampf nicht verstehen und weiter in Knechtschaft leben wollten. Diese idyllischen Zeiten für Körperhaare sind lange vorbei, es herrscht nun die #metoo-Debatte und die Diskussion, wie mehr Frauen in die Aufsichtsräte zu bekommen sind. Und die meisten Frauen sind dabei unter ihren Kleidern kahl. Der große Massenmord an den weiblichen Körperhaaren, das millionenfache Umbringen des von der Natur sorgsam angelegten Körperschmucks, eine Mode, die seit den 1990ern vor allem aus den USA kam, wird in diesen Tagen selbst in deutschen Kleinstädten perfektioniert.

In der so scheinbar egalitären deutschen Gesellschaft sind Körperhaare ein Zeichen von gewollter oder unbewusst erlittener Diskriminierung: Die Frauen reißen ihre Haare aus oder minimieren sie. Die Männer zeigen sie stolz hervor. Denn neben den vielen Waxing-Studios und Laser-Centren, die Achsel- und Venushaare entweder ganz eliminieren oder – mindestens genauso schmerzvoll – zu kleinen Barockgärten mit Arabesken, Landing Strips oder Mandala-Kreisen gestalten –, gibt es überall nun Barber Shops für Männer. Und im Gegensatz zu den äußerst diskret und abgeschottet eingerichteten Haarausreiß-Studios, in denen fast nur Frauen arbeiten, präsentiert sich die Barbershop-Szene hinter Glas stolz als umfassend potenter Männerklub. Als halböffentliche Bühne mit Scheren, Messern, Rasierern, Schaumschüsseln und Rasierpinseln. Dazu gibt es an den meist anthrazit oder schwarz gestrichenen Wänden Baseballschläger, Motorräder, Gin-Bars und Jagdtrophäen. Die Einrichtung dieser maskulinen Haartempel ist eine krachende Selbstfeier des Retro-Mannseins, weit entfernt von den Duftkerzen, Klangschalen und flauschigen Schaffellen, mit denen Freundinnen und Frauen die heimische Höhle einrichten.

Haare sind in der deutschen Wohlstandsgesellschaft das große Thema in drei Varianten. Entweder sind sie zu wenig: auf dem Kopf von Männern und Frauen. Dann müssen Haarwässer, Hormontabletten oder teure Haartransplantationen her. Oder sie sind zu viel: am Körper von Frauen und zunehmend mehr auch am Körper von Männern. Oder sie müssen im Gesicht gesellschaftlichen Status, Hipster-Grad oder politische Einstellung zeigen: bei Männern. In Zeiten der *Gender Equality*, über die so erbittert gestritten wird, herrscht auch auf dem Gebiet der Körperhaare zunehmend mehr Gleichklang: Frauen und Männer glatt. Dabei ist diese ästhetische Diktatur, verstärkt durch die hormonell gesteuerte Ungerechtigkeit zwischen Männern und Frauen bei der Behaarung, eine kreative Katastrophe. Wie hübsch würde doch ein nach oben gezwirbelter kleiner brauner Schnauzer zu einer Audrey-Tautou-Studentin passen, unter einem kirschrot angemalten Mund! Oder ein rötlich changierender Dreitagebart zu einer Berliner Barkeeperin in Berlin mit drei kleinen Kindern? Eine Dax-Vorständin im Chanel-Kostüm aus Tweed, dessen Muster sich an den behaarten Beinen wiederholt? Was ist gegen effektvoll zur Schau gestellte haarige Beete unter den Armen zu sagen, die wie einst die Fächersprache in Salons eine nonverbale Einladung sein könnten? Wer in Deutschland solche Gedanken äußert, wird als Vollspinner abgetan. Denn Haare transportieren Körpergeruch, und der wird natürlich ab der Pubertät mit – gerne alufreien und veganen – Deos unterdrückt.

Über die wahren Schmerzen der radikalsten Form der Haarentfernung, das Waxing, spricht jedoch kaum eine Frau, die mehr oder weniger schlechtgelaunt in eine der in Rosa und Hellgrau gestylten Haarausreiß-Lounges geht. Wie in den meisten Ländern, in denen sich Frauen der Tortur der Epilation unterziehen, geschieht das so diskret wie der sechsmonatige Krebs-Abstrich beim Gynäkologen. Der meist noch angenehmer ist, weil er schneller vorbei ist. Auch wenn viele deutsche Frauen, die auf der mit Papier bedeckten Liege ihre Gliedmaßen ergeben den Ausreißerinnen präsentieren, ihr Schmerzstöhnen unterdrücken; ähnlich den Japanerinnen im Kreißsaal, bei denen es als unschicklich gilt, bei der Geburt laut zu schreien. Dabei ist der Moment, wenn die auf solche Dienstleistungen spezialisierte Beauty-Fee die Wachsstreifen oder Karamellbälle unter die Achseln legt, drückt und drückt und drückt und schließlich wie ein großes Pflaster abzieht, genauso grässlich wie eine Wurzelbehandlung beim Zahnarzt. Schlimmer tut es nur auf den Schamlippen weh, aber das hängt – auch wie beim Zahnarzt – von der Tagesform ab. Warum nehmen die so gut ausgebildeten, selbstbewussten, emanzipierten deutschen Frauen diese Tortur auf sich, so wie Kinderkriegen, Regelschmerzen und schlechte Küsser? Weil das eben zum Frausein gehört? Weil sie sich einem visuellen Diktat beugen? Weil sie glatte Haut aufrichtig schön finden? Die Zärtlichkeiten ihres Lovers ohne Haare intensiver spüren? Oder weil es ihre Liebhaber anmacht? Vielleicht von allem etwas.

Wenn man in diesen Tagen ungestört vor sich hinwuchernde Achsel- und Schamhaare sehen möchte, gibt es zwei deutsche Biotope, in denen man sie mit sehr großer Wahrscheinlichkeit noch besichtigen kann. Erstens: an den FKK-Stränden der im Osten der Republik gelegenen Küsten, wie etwa auf der Insel Usedom in Zinnowitz, wo Nicht-Nacktheit als spießig gilt und das obligatorische Ausreißen von Körperhaaren als Eingriff in die persönliche Freiheit. Ein weiteres Biotop ist die deutsche Damensauna, am besten in der Provinz. So wie im Wellenbad der kleinen niedersächsischen Stadt Salzgitter-Bad, in dem sich Frauen von 18 bis 80 Jahren bei groß beworbenen FKK-Themenabenden mit Aromaaufgüssen, gemeinsamem Nacktbaden bei Livemusic und Snackbar treffen. In der Damensauna wie auch nach dem Aqua-Fitness-Kurs sieht man sie da, Frauen, die mit Inbrunst ihre blonden, roten oder silber-braunen Armbüschel und krusseligen dreieckigen Schamfelle schamponieren, als müssten sie den Boden des Treppenhauses nach dem Winter scheuern. Vielleicht sind diese letzten Überlebenden, die Hüterinnen ihrer kostbaren Körperhaare samt gesunden Wurzeln, im Besitz einer Weisheit, die zwei Jahrhunderte alt ist und von einem der klügsten Lebemänner der deutschen Kultur ausgesprochen wurde: So schrieb Johann Wolfgang von Goethe einst seinem oft verleumdeten „Bettschatz" – und späterer Ehefrau – Christiane Vulpius in einem Brief, sie solle sich doch bitte während einer Trennung nicht waschen, bis er wieder von seiner Reise zurückkäme. Denn er war bei ihren Weimarer Schäferstündchen, bei denen manchmal gar das Bett zu Bruch ging, ganz verrückt nach ihrem Körpergeruch. Einem Duft, der ohne Scham- und Achselhaare nur eine schwache Ahnung eines kraftvollen Aphrodisiakums ist, das auch Männer des Geistes schier um den Verstand bringen kann.

DAS DEUTSCHE SCHLOSS

Von der Liebe zu echten und falschen Palästen

„Mein Schloss ist ein Paradies auf Erden. Ich saß als Kind im Nymphenburger Park, aß Schnittlauchbrote und lernte dabei, was Schönheit ist.“

„Mein Schloss ist die Hölle! Fahren Sie mal nach Braunschweig.“

Von der Wurfprämie für den Thronfolger zur Party-Location
DK

Für einen Soziologen ist das Schloss ein gutes Anschauungsobjekt, wenn er eine Gesellschaft mit seiner speziellen Fachlupe betrachtet. Grundsätzlich ist ein Schloss erst einmal nichts weiter als ein großes Haus. Im Auftrag eines Landesherrn oder anderer Mitglieder des grundbesitzenden Adels gebaut, diente es seiner Familie, die darin wohnte und dort Gäste empfing. Ein möglichst anständiges Schloss gehörte neben mächtigen Heeren mit tapferen Soldaten und genialen Generälen zur Ausübung und Repräsentation von Macht. Das funktionierte über Jahrhunderte. Viele Schlösser gingen aus mittelalterlichen Burganlagen oder Klöstern hervor; die Begriffe Schloss und Burg wurden und werden oft synonym gebraucht. Heute versteht man unter einem Schloss ein unbefestigtes herrschaftliches Wohngebäude, egal ob darin ein echter Habsburger oder reicher Rockstar wohnt. Typologisch unterscheidet man ein Residenzschloss, in dem der jeweilige Landesherr residiert, ein Jagdschloss und ein Lustschloss. Letztere sind zumeist wesentlich kleiner, dienten diversen Vergnügen und sind fast immer von einem Park umgeben.

Mein ganz persönliches Schloss war immer Nymphenburg. Auch wenn ich im Laufe meines Lebens in vielen Ländern andere Schlösser gesehen habe. Es ist für mich nicht nur das schönste deutsche Schloss, es ist für mich das schönste Schloss überhaupt. Das hat natürlich damit zu tun, dass ich in seiner unmittelbaren Nähe meine Kindheit verbrachte, in der „Villenkolonie I" in München-Pasing. An ihrem Rande verläuft der Würmkanal, der von dem Fluss Würm abgezweigt wurde, um einen Teil der Wasseranlagen im Nymphenburger Schlosspark zu versorgen. Um diesen Kanal herum spielte sich mein Kinderleben ab: Wenn ich von zuhause losging, war ich in fünfzehn Minuten am Gitter, durch das man in den Schlosspark eintreten konnte. Am fernen Ende des Kanals, der im Park selbst erheblich breiter wurde, und ganz weit hinten sah man dann das weiße Schloss. Mein Paradies auf Erden.

Als ich diesen Park mit dem Schloss von Kindesbeinen an kennenlernte und allmählich eroberte, war er für mich der schönste und vornehmste Erlebnispark, den ich mir denken konnte. Mit seinem prachtvollen Bau und der Schönheitengalerie des Königs Ludwig I., den Springbrunnen, Statuen, versteckten kleinen Schlösschen im Park, den Seen, der Großen Kaskade, dem Waldkauz „Kasimir“, den Schwänen und Fischen. Dem Schnittlauchbrot im „Milchhäusl“. Später diente mir der Park sowohl für einsame Spaziergänge als auch für galante Stunden: Alle meine Liebeleien und Lieben spazierten mit mir durch Nymphenburg, und mit den meisten saß ich auf den Stufen des Apollo-Tempels am Badenburger See. Bis ich alle diese Kleinodien meinen eigenen Kindern zeigen durfte und ihnen erzählte, wie ich auf dem „Kleinen See“ vor der Pagodenburg bei Musik Schlittschuh lief.

Peinlich die Szene, als mich einer der Parkwächter erwischte, wie ich mit dem „schwarz“ gefischten großen Barsch, eingeklemmt auf dem Gepäckträger meines Fahrrads, glaubte, das Tor verlassen zu können. Nach der Strafpredigt ließ er den Jugendlichen weiterfahren – nicht ohne den Fisch an sich zu nehmen. Wurde sicher ein gutes Abendessen.

Noch eine Geschichte verbinde ich mit Schloss Nymphenburg. Sie hat mit meinem Großvater zu tun: Während des gesamten Ersten Weltkrieges diente er als Kommandeur der „Magazin-Fuhrpark-Kolonne Nummer 5“ der Königlich-Bayerischen Armee in Frankreich, zuerst als Oberleutnant der Reserve. Im nordfranzösischen Cambrai richtete er mehrere „Fohlenhöfe“ ein, da die bayerische Armee mit einsatzfähigen Pferden versorgt werden musste.

Während dieser Zeit stattete Kronprinz Rupprecht dem „Fohlenhof Tilloy“ eine Inspektion ab, bei der ihm auch mein Großvater präsentiert wurde. Kurz nach diesem Besuch bekam mein Großvater den bayerischen Militärverdienstorden mit Schwertern angeheftet. Kronprinz Rupprecht blieb bis zum Ende des Ersten Weltkriegs der Oberkommandierende der Armee des Königreichs Bayern. Als er im August 1955 gestorben war, bahrte man seinen Leichnam in der Uniform des bayerischen Generalfeldmarschalls im Steinernen Saal von Schloss Nymphenburg auf. Mein Großvater und sein 11-jähriger Enkelsohn reihten sich in die lange Schlange von trauernden Menschen ein. Als wir vor dem Sarg standen, salutierte mein Großvater, der seine komplette Ordensspange am schwarzen Anzug trug. Ich werde diese Szene für immer mit dem von mir so geliebten Schloss Nymphenburg verbinden. Einem Haus, das für mich der Inbegriff des perfekten Schlosses ist und in dem ich mich zu Hause fühle.

Gerade die Wittelsbacher, rund 700 Jahre Herrscher über Bayern – das in manchen Abschnitten seiner Geschichte sehr viel größer war als der heutige Freistaat –, waren eifrige Bauherren. Denn egal, ob es sich um Pfalzgrafen, Herzöge, Kurfürsten oder Könige handelte, seit dem 12. Jahrhundert brauchte der jeweilige bayerische Herrscher eine Residenz. Seitdem die französischen Könige das ehemalige Jagdschloss Versailles vor den Toren der Stadt Paris ab 1677 zur Residenz ausbauten, diente dieses französische Schloss als Prototyp für einen Herrscher schlechthin, zumindest in Kontinentaleuropa. Die bayerischen Herrscher wollten da nicht hintanstehen, die Sonne des französischen Königs lag und liegt über den meisten deutschen Schlössern, aber in Bayern strahlte sie ganz besonders hell. Am hellsten natürlich bei König Ludwig II., mit Herrenchiemsee, Linderhof und Neuschwanstein.

Handelte es sich bei diesen Bauten eher um die Spielzeuge eines Größenwahnsinnigen, so war das Schloss Nymphenburg ursprünglich das Dankesgeschenk eines überglücklichen Vaters an seine Frau, die ihm den Thronfolger geboren hatte. Zehn lange Ehejahre hatten der bayerische Kurfürst Ferdinand Maria und seine Ehefrau Henriette Adelaide, die im Alter von 14 Jahren mit ihm verheiratet worden war, auf einen Thronfolger gewartet. Und endlich, im Juli

1662, wurde ein gesunder Sohn geboren: Maximilian Maria Emanuel Kajetan. Der stolze Vater schenkte seiner legendär schönen Frau weit vor den Mauern seiner innerstädtischen Residenz eine Hofmark, auf der nach den Plänen des Italieners Agostino Barelli ein „Lusthauß Nymphenburg“ gebaut wurde. Dieser „borgo delle ninfe“ gefiel der gebürtigen Italienerin: die zeitgenössischen Stiche zeigen einen mächtigen Würfel, an den sich die Hofmarkskirche, einige Neben- und Wirtschaftsgebäude sowie ein ummauerter, in geometrischen Formen angelegter kleiner Garten anschloss.

Erst als der so lange ersehnte Sohn Maximilian selbst zum Regenten wurde, erhielt diese ländliche Sommerresidenz jene Dimensionen, die wir heute sehen: aus der ursprünglichen Breite von 170 Metern wurden 632 Meter. Größer als das Schloss in Versailles. Der Hofbaumeister Henrico Zuccalli verwirklichte ab 1701 nördlich und südlich des Hauptbaus jeweils zwei Pavillons, die durch Galerien mit dem Mittelblock verbunden wurden. Als der Kurfürst 1715 aus Paris nach München zurückkam, begleiteten ihn französische oder in Frankreich geschulte bayerische Künstler. Beim weiteren Ausbau der immer größer werdenden Schlossanlage lieferten sie Werke nach dem neuesten französischen Geschmack. Der Münchner Hof entwickelte sich zu einem Zentrum der Kunst von europäischem Rang. Vater und Sohn Mozart spielten 1763 im Schloss Nymphenburg.

Überspringen wir die weitere Baugeschichte und erwähnen wenigstens kurz zwei Episoden, die sich beide im Schloss Nymphenburg abspielten. Deutsche Geschichte im Zeitraffer vor den Toren der Stadt München.

Der im Schloss Nymphenburg geborene 17-jährige Kronprinz Ludwig traf sich 1863 dort mit dem preußischen Ministerpräsidenten Otto von Bismarck. Der Jüngling und der erfahrene Politiker scheinen ab da eine recht persönliche Beziehung gepflegt zu haben. Sieben Jahre später wusste der preußische Besucher um die finanziellen Nöte des bayerischen Königs und unermüdlichen Bauherrn Ludwig II., so dass es ihm nicht sonderlich schwerfiel, den von ihm entworfenen „Kaiserbrief" durch den Bayern unterschreiben zu lassen. In diesem Schreiben bat Ludwig als ranghöchster deutscher Fürst den preußischen König Wilhelm I., die Krone als deutscher Kaiser anzunehmen. Dieser Brief war Bismarck insgesamt sechs Millionen Gulden wert. Die Zahlungen – von denen Kaiser Wilhelm I. nichts wissen durfte – bestanden aus einer Abschlagszahlung und einer jährlichen Überweisung von etwa einer halben Million. Die Gelder wurden über die Schweiz abgewickelt und flossen auf Ludwigs Privatkonto. Bismarck behandelte das Geld, das er aus dem beschlagnahmten Vermögen des hannoverschen Königshauses in Höhe von 16 Millionen „Vereinstalern" entnahm, als ein nicht rückzahlbares Darlehen. Die ursprünglich im Schloss Nymphenburg entstandene persönliche Beziehung zwischen dem Bayern und dem Preußen zahlte sich für beide Männer und ihre jeweiligen Pläne aus, für den einen als Bauherrn von Schlössern, für den anderen als Bauherrn eines Kaiserreichs.

Erwähnt sei auch der Missbrauch von Schloss Nymphenburg durch die Nazis als Kulisse für deren „Nacht der Amazonen". In den Jahren 1936 bis 1939 fand jeweils Ende Juli ein Freiluft-Spektakel mit Pferden und Menschen statt, an dem sich bis zu 20.000 Zuschauer ergötzten. Die Internationalen Riemer-Rennwochen sollten deutschen Pferdesport auf Weltniveau präsentieren, das „Braune Band von Deutschland" wurde verliehen, im nächtlich erleuchteten Nymphenburger Schlosspark präsentierten bis zu 2.500 Mitwirkende einen Zweiteiler: Erst wurde die dekadente höfische „undeutsche Unkultur" des 18. Jahrhunderts gezeigt, dann folgte die „Neue Zeit" der NS-Ideologie. Unter dem Vorwand antiker Mythologie wurde von Jahr zu Jahr mehr Nacktheit in Szene gesetzt. Die SS-Reiterstandarte „Totenkopf" stellte die Männer, das Ballett der Bayerischen Staatsoper, ergänzt durch Revuegirls aus Berlin, lieferte die Frauen. Nach 1938 steigerte sich die Anzahl lediglich mit hautfarbenen Slips bekleideter Mädchen, die Tänzerinnen und Reiterinnen sollten die Einordnung der deutschen Frau in die ganz große Volksgemeinschaft unter Beweis stellen. Mit wippenden Brüsten.

Richtig fein anziehen sollten Sie sich heute jedenfalls, wenn Sie das Angebot der Bayerischen Schlösserverwaltung für Ihre Festivität nutzen wollen. Der komplette Orangerietrakt von Schloss Nymphenburg wird als Eventlocation für „Fürstliche Stunden" verkauft: Im Hubertussaal können Sie mit knapp 400 Ihrer Freunde feiern, im Johannissaal mit knapp 100.

Sollte Ihnen darüber hinaus nach ein wenig Abglanz royaler Atmosphäre zumute sein, dann hoffen Sie halt darauf, dass Ihnen im Park ein eleganter großgewachsener Herr mit grauen Haaren und brauner Hornbrille begegnet, dem sein dunkler Rauhaardackel folgt. Der aktuelle Chef des Hauses Wittelsbach, der fast 90-jährige kinderlose Junggeselle Franz Herzog von Bayern, wohnt im Seitentrakt des Schlosses und spaziert regelmäßig im Park. Sie müssen weder Knicks noch Bückling machen, er ist sehr freundlich und leutselig. Ein höfliches Nicken genügt.

Die Travestie eines Schlosses

SvW

Es gibt eigentlich nur ein einziges richtiges Schloss auf der Welt. Und das heißt Versailles. Alle anderen Schlösser sind dagegen mehr oder weniger nette Hütten. Und auch das Nymphenburger Schloss in München ist doch nur dessen hübsche Kopie für einen Möchtegern aus Bayern, der aus dem Landsitz der Frau Mama sein eigenes Versailles machen wollte, aber eben kein Sonnenkönig war. Selbst seine Mätresse Agnes Françoise Le Lochier, obwohl Französin, war keine Madame de Pompadour.

Aber egal, ob kleine oder große Hütten: In ganz Deutschland stehen heute noch rund 25.000 Burgen und Schlösser. So bewundernswert durchgeknallte Fantasiebauten wie Neuschwanstein, vor deren Kulisse Millionen Asiaten vor Verzückung ausrasten. Oder ganz bescheidene mit angemalten Holzfassaden, die Stein imitieren wie in den ehemaligen Residenzstädten der deutschen Partikularfürsten, zu denen die regionalen Landfrauen am Sonntag eine Kaffeefahrt machen. Das irrste Schloss Deutschlands aber steht in Braunschweig. Dort findet man nicht mal mehr den Größenwahn deutscher Parvenüs, dort steht die Parodie, nein die Travestie des deutschen Schlosses.

Und die Geschichte geht so: Die Braunschweiger hatten ihr Stadtschloss – das in der ersten Fassung im Jahr 1717 von den Welfen gebaut wurde – im Jahr 1960 abgerissen. Nach den Bombenangriffen während des Zweiten Weltkriegs war nur mehr eine Ruine geblieben. Aber fast 50 Jahre später haben sie ihr Schloss dann doch wiederaufgebaut. Die Lücke, die es hinterlassen hatte, ließ sie einfach nicht in Ruhe, der Phantomschmerz quälte die Stadtbürger. In der charmefreien Nachkriegsarchitektur des ehemaligen Schlossplatzes mit seinen Zweckbauten, die unter dem grauen niedersächsischen Himmel das Herz nicht gerade fröhlicher stimmen, wirkte der dort zwischenzeitlich angelegte Park, in dem allerhand Drogengeschäfte liefen, wie eine Wunde. Deshalb beschloss der

Stadtrat im Jahr 2004: Wir bauen unser Schloss doch wieder neu! Die steingewordene Herrlichkeit der Welfen sollte mit all ihren Säulen und Portalen – und klar: einer Quadriga! – wieder auferstehen. Auch wenn sich zeitgleich ihr prominentester Namensträger, Ernst-August von Hannover, mehr durch Eskapaden als durch würdigen staatspolitischen Habitus auszeichnete: Herzöge kommen und gehen, Steine bleiben. Die Braunschweiger Bürger entschieden sich für ein *German castle reloaded* – ein Hybridmodell wie die E-Autos aus dem nahen Wolfsburg. Statt Benzin mit Elektrostrom wollten sie Kommerz und Kultur miteinander versöhnen. Eine neo-historische Fassade wurde auf eine fette Shoppingmall gepappt, daran verschämt ein ultradiskreter Museums-Appendix geklebt, der den Disney-Charakter der Anlage etwas mildern sollte. Ja, ein kleines Theater und eine Stadtbibliothek kamen auch noch rein.

Dafür verkaufte die Stadt Braunschweig das Grundstück für 35 Millionen Euro an einen Hamburger Großinvestor, der das Projekt resolut durchzog. Im Gegenzug zahlte die Kommune 11 Millionen für den Bau der Fassade und verpflichtete sich, über 30 Jahre jährlich 1,2 Millionen Euro Miete für ihre Kulturaktivitäten darin zu überweisen. Das Shoppingschloss wurde 2010 für rund 250 Millionen Euro von der Credit Suisse an die Deka Immobilien verkauft. Wie es weitergehen wird, steht in den Sternen. Shopping Malls in Zeiten des Internethandels sind keine sichere Bank. Und Corona half auch nicht gerade.

Eine Viertelmilliarde für ein Mehrgenerationen-Spieleland, das man Schloss nennt? Mit einem integriertem Riesenparkhaus, in das man so entspannt hineinfahren kann wie in ein Playmobilset? Bisher haben die Rechner in der Investorenfirma nicht vergebens zugeschlagen. Seit seiner Eröffnung im Jahr 2007 ist „das Schloss" der absolute Hit. Ein Besuchermagnet für die ganze Region, für viele der einzige Grund überhaupt, nach Braunschweig zu fahren. Das prachtvoll renovierte Herzog-Anton-Ulrich-Museum mit seiner Weltklassesammlung an Cranach-Gemälden, gleich dahinter? Der trutzige Dom Heinrichs des Löwen? Kann man vergessen. „Wir fahren ins Schloss“, sagen die Bewohner des Braunschweiger Landes, wenn sie am Samstag ihren Morgencafé getrunken haben. „Wir treffen uns im Schloss“, sagen die Teenager zwischen Wolfsburg und Goslar, wenn sie sich zum Spaghetti-Eis verabreden. „Lass uns im Schloss schauen“, sagen Mütter aller sozialen Schichten, wenn sie Kleidung für ihre Kinder suchen.

Was also soll das Gemäkel? Warum soll man in einem Schloss, das kein Schloss mehr ist, nicht gemütlich sein Fischbrötchen mümmeln und Sneaker kaufen können? Schließlich wurden überall in Europa Bauten im Laufe ihres manchmal sehr langen Lebens immer wieder umgewidmet. Ohne diese Art der Nachhaltigkeit in der Architektur wären viele Bauprojekte gar nicht möglich gewesen. Schon während der Römerzeit riss man Steine aus alten Häusern und verbaute sie in neuen Projekten. Heute werden Kirchen, die sich die Bistümer nicht mehr leisten können, zu Event-Locations umgewandelt, in denen man speisen und tanzen kann. In Stadthäusern werden alte Speisekammern zu schicken Gästeklos, in Kuhställen entstehen Künsterateliers. Auch das ursprüngliche Braunschweiger Schloss selbst war bereits nach dem Ende der Monarchie in den 1920er und 1930er Jahren als eine Art riesiger „Salle polyvalente“ benutzt worden: In ihm kamen damals das Naturhistorische Museum, die Kammerspiele des Landestheaters, die Landesfinanzverwaltung und Teile der renommierten Technischen Hochschule unter. Von 1935 bis 1944 dienten die Räume den Nazis als SS-Junkerschule – was 1960 als eines der Argumente diente, die Schlossruine abzutragen, um mit dieser Geschichte angeblich klar zu brechen.

Warum aber lud der Braunschweiger Stadtrat nicht die besten Architekten seiner Zeit ein, um sie einen radikal neuen Bau ohne pseudo-royale Elemente machen zu lassen? Warum musste eine Schlossattrappe für Fressen und Shoppen herhalten? Um der berühmten Identität einer Landschaft ein steingewordenes Symbol in die Mitte zu stellen – so das Argument der Befürworter. In Braunschweig waren etwa genauso viele Bürger auf der Seite der Modernisten wie die der Traditionalisten. Und weil die zweitgrößte Stadt Niedersachsens nicht richtig viel Geld für Kultur aufbringen konnte oder wollte, breiteten sich H&M, Adidas, Douglas, Nespresso und Co. im „Schloss“ aus. Denen ist es egal, dass man sich als Besucher des kleinen Braunschweiger Schlossmuseums, das neben der Einkaufsmeile eingerichtet wurde, so schlecht fühlt, als habe man nebenan zu viele Big Macs gegessen.

Wer hineingeht, wandelt meist mutterseelenallein in den totenstillen zehn Räumen, während draußen vor den Fenstern die Massen ins Shoppingcenter mit seinen Leuchtreklamen strömen. Hinter Absperrleinen betrachtet man die tipptopp restaurierten Möbel aus der alten Residenz – samt Thron –, so wie sie zwischen 1840 und 1870 eingerichtet gewesen war. Man geht über die grellbunt wirkenden Teppiche nach historischen Vorbildern, denen die Patina fehlt. Alles wirkt falsch. Man sehnt sich in diesem seltsam sterilen kunsthistorischen Panorama nach dem unzerstört gebliebenen nahen Wolfenbütteler Schloss mit seinen knarrenden Fußböden, charmanten Tischdekorationen und zugigen Fenstern. Bei aller Mühe, die sich die Braunschweiger Ausstellungsmacher geben: Das Museum wirkt wie straff in Zellophanfolie eingewickelt, seltsam blutleer. Es tut einem richtig weh. Anstatt derartigen Schindluder mit historischem Erbe zu treiben, wäre es besser gewesen, dieses historisierende Feigenblatt ganz bleiben zu lassen. Dann lieber der nackte Kommerz.

Die vollkommen missglückte Kombination aus Kultur und Business in Braunschweig nennt der Kunsthistoriker Arnold Bartetzky eine „Demütigung für die Stadt“, ein „Dokument der Selbsterniedrigung einer Stadt gegenüber dem Kommerz“. Aber es gilt noch viel grundsätzlicher: Außer eine Fassade zu zeigen, die Grandeur vortäuschen möchte, wo keine mehr herrscht, ist das deutsche Schloss ganz generell kein zeitgemäßes Konzept mehr. Die tatsächlichen Staatsaufgaben werden heute vom privaten Leben der politischen Entscheider in immer noch herrschender Bonner Bescheidenheit getrennt. Wer weiß, wie lange noch. Gekrönte Herrscherinnen und Herrscher über ganz Deutschland oder seine Bundesländer gibt es nicht mehr, die heutigen Regierungen sitzen mit ihren Ministerien in zweckmäßigen Büros und ihre Vertreterinnen und Vertreter tragen Bequemschuhe statt samtener Pumps mit roten Schleifen. Zwar empfängt der Bundespräsident im Berliner Schloss Bellevue, aber das, international verglichen, in preußisch-schlichtem Rahmen. Die deutschen Bundeskanzler und ihre Familien selbst wohnten und wohnen in schlichten Bungalows und Etagenwohnungen. Für das politische Deutschland gibt es schon lange kein Versailles mehr, nicht einmal einen Élysée-Palast.

Doch die Braunschweiger Travestie setzt sich fort. Der „Wieder"-Aufbau des Berliner Stadtschlosses der Hohenzollern treibt diese Posse aktuell in einsame Höhe. Im Kern wiederholt sich die Diskussion in der deutschen Hauptstadt ähnlich wie in Braunschweig – wenn auch auf einem weit politischeren Level und der klaren Ausrichtung des Baus als Kulturzentrum. Die Ruine des Hohenzollernschlosses auf der Spreeinsel war nach dem Zweiten Weltkrieg auf Beschluss der SED geschleift worden, in den 1970er Jahren wurde auf diesem Gelände der Palast der Republik gebaut. Nach der Wende wurde dieser dann wegen Asbestverseuchung geschlossen und schließlich abgetragen. Rührige Initiativen eines privaten „Fördervereins Berliner Schloss" führten dazu, dass der Deutsche Bundestag 1992 den Wiederaufbau eines Museumskomplexes mit drei rekonstruierten Fassaden beschloss. Nach jahrelangem Streit entschied man sich für eine originalgetreue Rekonstruktion. Am Platz der ehemaligen Residenz des Deutschen Kaisers entstand das sogenannte Humboldt-Forum, das aussieht wie ein Schloss, aber keines ist. Dort hinein sollen die Sammlungen der außereuropäischen Kunst der Stiftung Preußischer Kulturbesitz, ein Veranstaltungszentrum namens Agora und eine Ausstellung über die Geschichte der Stadt Berlin unter einem Dach zusammenfinden. Es wird das, was Stadtentwickler eine „Mischnutzung" nennen, zum Glück unter Verzicht einer Shoppingmall. Aber auch hier wirkt bei aller Geschlossenheit des Gebäudeensembles das neue „Schloss" seltsam steril und wie aus einer fernen Galaxie gelandet.

Doch eine Mehrzahl der Deutschen scheint ihre Schlösser zu lieben wie ihre Autos und Birkenstock-Sandalen. Kannste nix machen. Die Talmi-Fassaden, die anständig rekonstruierten und die echten. Auch wenn das Bauhaus mit seiner klaren, funktionalen Ästhetik auch noch 100 Jahre nach seiner Gründung international für guten „deutschen Stil" steht. Viele Häuslebauer – auch wohlhabende – sind nach wie vor in die Architekturelemente des 18. und 19. Jahrhunderts verknallt, Smart Homes hin oder her. Ob Fertighäuser in Vororten oder teure Historismus-Buden in feinen Villengegenden: Antike Säulen, Mansardenfenster und kleine Türme sind nicht totzukriegen. Auch wenn solche Stilelemente unzweifelhaft das Erbe aristokratischer Vorbilder sind, so vererbten diese sich auch auf bürgerliche Industriefürsten im Ruhrgebiet des 19. Jahrhunderts, die sich Steinmonster in Schlossform für ihre Familien bauen ließen.

Wenn echte Schlösser heute in der Familie vererbt werden, sind sie im Alltag oft eher Bürde als Spaß: das Klo im Schrank, eiskalte Flure am Weg zur Küche, verfaulendes Dachgestühl, glotzende Nachbarn. Und das Erben eines solchen Kastens ist oft die Ouvertüre für ein Drama in mehreren Akten. „Beim Erben eines Schlosses entsteht immer eine vielschichtige individuelle Situation", sagt Alexander Fürst Sayn-Wittgenstein-Sayn, Ehrenpräsident der Deutschen Burgenvereinigung und Berater der jungen Generation. „Es hängt ab von der Anzahl der Kinder, des Wohlstandes und der Objekte, die zu ererben sind." Bis 1923 galt das Fideikommissgesetz: Der älteste Erbe bekam alles, musste aber seine Geschwister in der Not versorgen und ihnen ein Zuhause bieten. „Als das abgeschafft wurde, gab es über Jahrzehnte eine Zwischensituation, in der die jüngeren Geschwister aus Familiensinn dazu gezwungen wurden, auf das Vermögen zu verzichten", erklärt Sayn-Wittgenstein. „Das hat viel ungutes Blut und Ärger gegeben. Heute ist man vernünftiger geworden, wählt den Erben oder auch eine Erbin viel nüchterner nach Fähigkeiten aus und findet Regelungen mit den Geschwistern. Jede Generation braucht neue Nutzungskonzepte."

Ein echtes Schloss ist eben ein Schloss ist ein Schloss. Kein Palast der Republik. Und keine Shopping-Mall. Und wenn eine mittelgroße Stadt sich ein zu großes Schloss neu baut, dann sieht sie eher aus wie Aschenputtel und nicht wie eine Prinzessin. Und ob ein rekonstruiertes Hohenzollernschloss gute Nachbarschaft für das Bundeskanzleramt der Architekten Axel Schultes und Charlotte Frank ist, wird sich noch erweisen müssen. Schließlich: Für den Nachschub an Nespresso-Kapseln hätte ein schicker lichtdurchfluteter Neubau außerhalb der Stadt Braunschweig vollkommen genügt. Und im Stadtzentrum wäre ein schöner Park mit Urban Gardening, opulenten Wasser-Spielen und einem veganen Kaffeehaus samt begrünten Dächern ein vorbildhaftes Freiluft-Naturschloss des 21. Jahrhunderts gewesen. Denn die Schlösser der Fridays-for-Future-Generation sind nicht mehr aus Stein, sondern aus Bäumen, Gräsern und Blumen.

HELENE FISCHER

Deutsche Madonna oder Quäkmadame?

„Diese deutsche Sängerin bewundere ich. Und dafür lasse ich mich nicht belächeln."

„Ganz ehrlich: meinen Sie das ernst? Oder hatten Sie zu viel von Ihrem schottischen Whisky?"

Ja, sie bringt mich zum Tanzen und Weinen

DK

Um zu verstehen, was mich an Helene Fischer fasziniert, muss ich einen kleinen Umweg über die USA machen. Auch um zu illustrieren, warum ich diese Sängerin, Tänzerin und Akrobatin als eine sehr deutsche Schönheit wahrnehme. Denn spezifisch deutsche Lebenswege lassen sich manchmal deutlicher im Spiegel von Karrieren aus dem Ausland zeigen.

Also hier: Amerika. Das Land, von dem die Nachkriegsgenerationen in Deutschland lange geträumt – oder es im Gegenteil als Feindbild abgelehnt hatten. Es war in den frühen 1980er Jahren, dass meine Begeisterung für Madonna, die US-amerikanische Künstlerin, entbrannte. Madonna beendete meine Joan Baez/Joni Mitchell/Emmylou Harris/Linda Ronstadt-Phase. Ab dem Album „Madonna", ihrem ersten aus dem Jahr 1983, bis zu „Something to remember" 12 Jahre später, hielt meine Treue zu Madonna Louise Veronica Ciccone aus Bay City, Michigan.

Den Höhepunkt meiner Begeisterung spiegelt ein Interview des *Hamburger Abendblatts* im Februar 1994 wider. Ein turbulentes „Streiksemester" näherte sich dem Ende, ich diente gerade als Sprecher – anderswo: Dekan – dem Fachbereich Philosophie und Sozialwissenschaften der Universität Hamburg. Unter der Überschrift „Der Protest-Professor" gab ich Auskunft über die Gründe des Streiks unserer Studierenden. In der Rubrik „Menschlich gesehen" stand:

„Wie bei jedem stark berufsorientierten Menschen leidet auch bei Dirk Kaesler das Privatleben. [...] bei klassischer Musik kann er sich erholen. Dabei ist ihm jedoch alles ein Gräuel, was neuer ist als Johann Sebastian Bach. Mit einer Ausnahme: Auf seine Mitgliedskarte im offiziellen Madonna-Fan-Club ist Dirk Kaesler besonders stolz."

Ja, ich war Mitglied geworden und freute mich über *icon*, das vierteljährliche Magazin des „Official Madonna Fan Club". Dorthin schickte ich eine Kopie des Interviews und einen Leserbrief. Kurz danach kamen mit der Post zwei großformatige Fotos von Madonna. Auf dem einen steht handschriftlich „All the best, Madonna". In allen meinen Diensträumen nach Hamburg hingen diese Fotos, nun haben sie im Flur meiner Wohnung ihre aktuelle Station gefunden.

Es war Madonnas Musik, die ich immer wieder begeistert hörte. Dazu kamen einige der Filme mit ihr und die Aufzeichnungen ihrer Konzerte. Wer gar nichts mit „Like a Virgin", „La Isla Bonita", „Holiday", „Like a Prayer" oder „Vogue" anfangen kann, der weiß nicht, von welch intensiver Lebensmusik ich schreibe.

Das Magazin *Time* wählte Madonna im November 2010 zu einer der „25 Most Powerful Women of the Past Century". Ihren größten stilbildenden Einfluss übte sie unzweifelhaft auf Mädchen und Frauen aus, die in und nach der Pubertät ihren eigenen Weg suchten. Kruzifixe über bauchfreien Tops und Lederarmbänder signalisierten die Madonna-Followerinnen. Aber auch einen 40-jährigen Mann hatte diese Pop-Ikone begeistert, durch ihre Musik und vor allem durch ihre Shows. Ich folgte ihr durch ihre Girly-Phase, ihre Gothic-Phase, ihre Aerobic-Phase.

Als sie immer platinblonder wurde, als sie sich von Sean Penn trennte, sich immer mehr zum Erotikstar stilisierte, wurde sie mir allmählich immer fremder. Hip-Hop war nicht mein Ding. Und die Transformation in ein Merchandising-Universum schon überhaupt nicht. Und aktuell bin ich mir selbst unsicher, ob ich ihr in die Neu-Inszenierung als „Madame X" folgen möchte. Unverändert jedoch bewundere ich ihr politisches Engagement: Antifaschismus, LGBT-Rechte, Feminismus, überhaupt ihr klares Bekenntnis zu gesellschaftlicher Gerechtigkeit. Diese Frau nimmt es selbst mit Donald Trump auf.

Und nach Madonna kam Helene Fischer.

Mein Interesse für Frau Fischer verdanke ich Caro, meiner Zahnhygienikerin. In jeder Sitzung bei ihr spielt Musik, so entdeckte ich Helene. Es ist immer noch eine relativ junge Zuneigung. Auch deswegen intensiver. Madonna ist Musikgeschichte aus der eigenen Vergangenheit. Nun ist es Helene Fischer. Neben den fünf Fassungen der Cello-Suiten von Bach mit Casals, Rostropovich, Yo-Yo Ma, Vogler und Pandolfo.

Bei Madonna, Tochter eines Automechanikers aus Italien, deren Mutter starb, als das katholische-italo-amerikanische Mädchen sechs Jahre alt war, war es der Weg von der sozialen und geographischen Peripherie in das Herz der US-amerikanischen Unterhaltungsindustrie. Bei Helene Fischer, Tochter eines Sportlehrers, geboren im sibirischen Krasnojarsk aus einer Familie von Schwarzmeerdeutschen, die während des Zweiten Weltkriegs nach Sibirien deportiert worden waren, war es der Weg vom rheinland-pfälzischen Wöllstein in das Herz der deutschen Unterhaltungsindustrie. Bei der 1958 geborenen Madonna sind es angeblich 350 Millionen Tonträger. Für die 26 Jahre später geborene Helene Fischer werden 13 Millionen verkaufte Tonträger genannt. Diesen künstlerischen Erfolg und siebzehn „Echos", sieben „Goldene Hennen", drei „Bambis" und zwei „Goldene Kameras" erreicht man nicht im trällernden Spazierengehen. Wie bei Madonna stehen härteste Arbeit und Disziplin hinter diesem strahlenden Erfolg.

Die Sängerin Fischer schafft mit ihren Liedern, was kaum jemand erreicht. Madonna schon gar nicht. Die US-Amerikanerin richtete sich vor allem an die Mädchen und Frauen, und verspottete eher die Männer – außer ihren Vater. In Madonnas Videos sind Männer entweder Statisten, auf die die unnahbare Frau steigt. Oder sie sind Sexobjekte, die erst in verlockender Weise heiß gemacht werden, um sie dann mit einem Tritt wegzujagen.

Helene Fischer hingegen bringt Männer und Frauen, Jung und Alt zusammen, Stadt und Land. Sie scheint die Schnittmenge zu sein, auf die sich sehr viele Deutsche einigen können, und das im besten Sinne. Ihre authentische, herzliche Art, das pragmatische Wesen, ihre bodenständige Einstellung zum Leben – eigentlich unglamouröse Attribute – verleihen ihr zusätzlichen Glanz. Ein „ganz normales deutsches Mädchen", das singen und tanzen kann. Und Texte singt, die jeder und jede versteht. Warum sie das kann, weiß ich auch nicht so recht zu erklären, vielleicht ist es auch das Ergebnis einer besonders gelungenen Vermarktungsmaschine. Aber sie kann es, flächendeckend. Die Nörgler, Spötter und Miesmacher mögen sich in den Kammermusiksälchen verstecken oder in den coolsten Austragungsorten von Hip-Hop-Clubs, wie dem Bricks in der Berliner Mohrenstraße.

Weder Madonna noch Helene Fischer sind sonderlich begnadete Sängerinnen, ihr stimmlicher Umfang ist begrenzt, eine gewisse Redundanz der Melodien ist nicht zu leugnen. Wer die Faszination verstehen will, die Helene Fischer auf ihr Millionen-Publikum ausübt, muss eine ihrer Shows sehen. Da sieht man eine schöne, sexy und starke Frau, die enormen Spaß an dem vermittelt, was sie macht. Die sich freut, dass sie so unterschiedliche Menschen begeistern kann. Und viele zum Weinen, Lachen und Nachdenken bringt.

Wer sieht, wie diese 1,58 Meter große Frau – zugegebenermaßen mit einer enormen Truppe von Musikern, Tänzern, Akrobaten – Massen unterhält, erkennt, dass sie Menschen in rauschartige Zustände versetzen kann. Man sieht Leute in T-Shirts und Anzügen, man sieht Großmütter mit ihren Enkeln, Paare aller denkbaren Kombinationen, viele Kinder – wann habe ich je Kinder in einem Madonna-Konzert gesehen? Und die liebevoll-freundliche Art, wie sie ihre Musiker-Gäste begrüßt, nie herablassend. Die sind nicht die Deko für ihre Auftritte. Die Zuschauer stehen auf, klatschen, tanzen, singen auswendig mit. Manche Menschen falten die Hände, als ob sie beten. Klar, es sind kollektive Messen, bei denen Helene im weißen Kleid die angebetete Madonna ist. Die Mutter und Herrin aller. Die Wunschgeliebte vieler Männer. Die Wunschmutter der Mädchen. Die Wunschfreundin vieler Frauen.

Natürlich stecken ein enormes Merchandising dahinter und Proben, bis das Blut fließt, um diese so spontan wirkende Leichtigkeit zu erzeugen. Showtalent, Fleiß, Disziplin, Ehrgeiz, Gewinnstreben: eine perfekte Melange von Motoren treibt diese Erfolgsgeschichte voran. Und dass Helene Fischer das alles unter ihrem sehr „deutschen" Mädchennamen steuert, ist vielleicht auch sehr deutsch. Es spiegelt ein Selbstbewusstsein wider, das weder auftrumpfend noch manieriert ist. Geradezu bescheiden, schnörkellos, diszipliniert.

Nun könnte man an dieser Stelle gravitätische Ausführungen über Massenhysterie, über Charisma, über Manipulation machen. Und darüber, wie Be-Geisterung entsteht, wie man den Geist und die Herzen seiner Mitmenschen entzünden kann, so dass sie toben und lachen und weinen und schreien. Vielleicht kann man es durch die emotionale Hintertür erklären, warum Helene Fischer eine deutsche Schönheit ist.

Haben/Hatten Sie eine gute Beziehung zu Ihrem Vater? Dann hören Sie sich das Lied „Du hast mich stark gemacht" an, mit dem Helene Fischer sich bei ihrem Vater bedankt. Und entweder weinen Sie, weil Sie das auch erlebt haben, oder Sie weinen, weil Sie das vermisst haben. Aber wenn Sie nicht weinen und sich dafür nur über die etwas schlichte Melodie und die eher dünne Stimme mokieren, dann verdamme ich Sie zu einem lebenslangen Abo der „musica viva" der Münchner Konzertreihe für Neue Musik. Und sollten Sie gerade verliebt sein, neu oder immer noch, oder nicht mehr: dann hören Sie sich wenigstens „Wenn Du lachst" an. Und wenn Ihr Herz da nicht weit wird und Sie nicht am liebsten tanzen möchten mit dem Menschen, in den Sie verliebt sind, dann ist Ihnen auch nicht mehr zu helfen. Grinsen Sie ruhig weiter über diese Träller-Musik, die auch für den Kindergeburtstag gut passt. Aber dann brauchen Sie die schöne deutsche Helene auch nicht.

Schlager, getuned und geturnt: Der atemberaubende Erfolg der neuen deutschen Feelgood-Managerin

SvW

Klar. Man kann Countertenor-Arien aus der Renaissance als Gejaule abtun. Manchen musikbegeisterten Zeitgenossen zieht es beim Hören von Opern die Zehennägel hoch. Ich gebe es zu, ich kriege Migräne, wenn ich Helene Fischers Liebeshymne „Atemlos durch die Nacht" in Endlosschleife bei der Frisörin hören muss. Helene ist meine persönliche deutsche Quäkmadame. Die zum Singen turnt, dass es einem schwindelig wird. Aber damit stehe ich wohl ziemlich allein, denn sie ist aktuell die erfolgreichste deutsche Sängerin. Sogar international thront sie auf Platz acht der Musikerinnen, die sich am besten verkaufen, dazu ist sie die erfolgreichste nicht-englischsprachige Sängerin. Sie verdiente im Jahr 2018 mehr als Celine Dion, nämlich 32 Millionen Dollar. Sie wird von ihren Fans verehrt wie eine Göttin und ist in der russlanddeutschen Community, aus der sie stammt, für viele ein Idol: der Beweis dafür, was man in diesem Deutschland schaffen kann, auch als Frau. Für ein Mädchen, dessen Großeltern während des Zweiten Weltkrieges vom Schwarzen Meer nach Sibirien deportiert worden waren und das als Kind aus der Sowjetunion nach Rheinland-Pfalz kam, ist sie ein Beispiel für total gelungene Integration. Besser kann eine bundesdeutsche Version der „from rags to riches"-Historie nicht geschrieben werden als mit dieser Königin der Bühne, die ihre Liebe zum Singen und Tanzen in den AGs einer Realschule entdeckte.

Wenn etwas erfolgreich ist, ist es noch lange nicht schlecht. Erfolg ist jedoch auch kein Garant für musikalische Qualität. Aber im Gegensatz zu Whitney Houston, die flüssigen Sex aus ihrer gewaltigen Stimme goss, Nena, die eine rotzige 80s-Göre gab, oder Ute Lemper, die die Atmosphäre der Berliner 1920er Jahre dreckig deklamierte, überzieht die Absolventin einer Frankfurter Musical-Schule das Land mit ihrer austauschbaren Schlagerstimme und neu gequirltem Mainstream. Bei ihren Song-Rezepten kann nix schiefgehen, so wie bei Pizza Margherita und Eis mit Wunderkerzen zum Dessert. Helene Fischer hat der Musikszene Juwelen deutscher Dichtung geschenkt wie: „Der Tisch gedeckt/ der Wein schon kalt/ aber du bist noch nicht da/ das ist ja nicht das erste Mal/ du hast viel zu tun/ na klar“. Dazu gibt es Akrobatik an Seilen und Stäben, Horden von Tänzern, Sinfonieorchester mit Geigern im Frack und wilde Lichtshows, mal steht Howard Carpendale mit ihr auf der Bühne oder Kerstin Ott. Es fehlen nur noch die brüllenden Löwen und die Clowns, dann wäre man ganz im Zirkus. Oder im Stadion. Denn Helene Fischer geht so durchtrainiert in die Manege wie ein DFB-Spieler, und dafür ist sie aufrichtig zu bewundern. Auch dafür, dass sie es sogar geschafft hat, in der Trennung von ihrem Langzeitlover Florian Silbereisen ihr poliertes Image sauber zu halten und nicht von der Boulevardpresse geschlachtet zu werden.

Und die Musik, die sich so gut verkauft? Ist vollkommen uninteressant. Emotion aus dem Labor, heile Welt, einfacher Text. Ihre Lieder arbeiten mit den altbewährten Songformeln aus dem Pop, die im Gehirn Wohlfühlwellen auslösen wie Schokolade oder Sex. Egal ob man daheim Nudeln kocht, Auto fährt oder nach drei Maß Bier beim Oktoberfest auf dem Tisch tanzt. Auch ihre Songschreiber gehen auf Nummer sicher und nutzen gerne nur vier Akkorde, um einen Hit zu landen. So wie in Johann Pachelbels „Kanon in D“, der seit 300 Jahren mit einer ähnlichen Wellness-Formel über die ultimative Popkadenz – Tonika, Dominante, Tonikaparallele, Subdominante – gut läuft und die auch „Let it be“ von John Lennon und „With or without you“ von U 2 nutzen. So ist auch Helenes Euroschlagerpop oft auf vier funktionsharmonischen Säulen gebaut. Mal schnell, mal langsam. Ein bisschen Espresso, ein bisschen Antidepressivum, ein bisschen Einschlafmittel. Aber klar, nicht jeder Dödel, der sich auf dem Handy diese Abfolgen fürs Klavier beibringt, hat damit den Erfolg einer Helene Fischer. Weil er eben nicht Fischer ist und dazu keine Pop-Fabrik hinter sich hat.

Der deutsche Schlager, dessen Königin Helene Fischer heute ist, war immer Spiegel der Zeitgeschichte. In seinen Hochzeiten – den 50er und 60er Jahren mit dem Wirtschaftswunder – sehnte man sich in Westdeutschland nach Bella Italia und griechischem Wein. Die Friedensbewegung fand ihr Echo in Nicoles „Ein bisschen Frieden" beim Eurovision Song Contest, in den 80ern dominierte dann die Neue Deutsche Welle. Der klassische deutsche Schlager wurde etwas für Omis, die sich über „Da Da Da" der Gruppe Trio wunderten. Helene ist im Gegensatz zu Karel Gott, Howard Carpendale, Peter Maffay, Roland Kaiser, Andreas Gabalier und Andrea Berg der Traum jedes Krankenkassenmanagers: resilient, durchtrainiert, diszipliniert, positiv, empathisch. Die perfekte Projektionsfläche für den Traum von Erfolg, gutem Aussehen und einem starken, gesunden Körper. Eine Ikone in den Zeiten der Selbstoptimierung und des Feelgood. Unmöglich, sich vorzustellen, dass sie übernächtigt, versoffen und zerschlagen morgens um vier Uhr ein krasses Gedicht für einen neuen Song schreibt. Sie ist keine Chansonnière, keine der italienischen „Cantautori", keine Singer-Songwriterin. Zur professionellen deutschen Prinzessin, zu *everybody's darling* ist sie geworden, weil sie mit Perfektion alles in sich trägt, was Deutsche sind oder sein wollen.

Aber die schöne Helene ist eben auch keine deutsche Version der Popsängerin Madonna, die das Lebensgefühl einer ganzen Frauen-Generation geprägt hat. Sie ist weder revolutionär noch innovativ, sondern ein fleißig arbeitendes, braves deutsches Mädchen, das einen harten Job perfekt macht. Konturlos, nicht kompliziert, aber schön. Dabei ist sie ein guter Typ, bodenständig und kumpelhaft, und genau darauf stehen die Deutschen. Sie macht keine Angst, weder Männern noch Frauen, obwohl sie eine erfolgreiche Unternehmerin ist.

Das war bei Madonna völlig anders. Madonna hat die Welt verändert, die Gesellschaft provoziert, Modetrends geschaffen, in dem sie aggressiv weibliche Macht und Stärke zeigte. Madonna brachte Menschen auf die Straße. Helene bringt die Deutschen zum Schunkeln. Mit Geschlechterrollen wie Madonna spielt sie nicht, sie provoziert nicht, eine radikale Feministin ist sie auch nicht. Dafür zieht sie mit ihren Live-Auftritten, die Musical und Las Vegas verbinden, nicht nur Omis, sondern auch junge Mädchen an, die so perfekt sein wollen wie sie. Selbst Menschen, die nicht zu ihren Fans gehören, rühmen die hohe Professionalität ihrer Shows. Sie gibt alles.

Was fehlt, ist ein Bruch in der Vita, eine wirkliche Story neben ihrer Disziplin und Professionalität. Laster, mit denen man sich identifizieren kann. Vielleicht weil es nicht mehr zeitgemäß ist, so fehlerlos zu wirken. Es gibt eine Armee von Helene-Fischer-Hassern, die sie als zu glatt verurteilen, als perfektes Styling-Produkt. Ist es Neid auf ihr gutes Aussehen und das selbst verdiente Vermögen?

Ihren wahren Wert hat kein Mann, sondern eine Frau, die Chefin der deutschen *Vogue*, am besten beschrieben. Christiane Arp setzte Helene Fischer im Januar 2019 auf das Cover ihres Magazins, fotografiert von Peter Lindbergh. Der zeigte – kurz vor seinem Tod – Fischer so, wie man sie zuvor noch nie gesehen hatte: mit wenig Make-up, ohne Schuhe, ohne die üblichen Pailletten, Fransen und Funkellichter. In Schwarzweiß statt in grellen Farben. Es brach eine landesweite Debatte darüber aus, ob Helene auf das Cover des berühmtesten Modemagazins der Welt gehöre oder nicht, so wie Michelle Obama, Prinzessin Diana oder Claudia Schiffer. „Helene Fischer ist Deutschlands beste Feelgood-Managerin" begründete Christiane Arp ihre Wahl.

Was wird von Helene Fischer bleiben, wenn alle Shows vorbei sind, die grellen Lichter verloschen? Vielleicht ein einziges Lied: „Atemlos". Das aus der Feder der Sängerin und Autorin Kristina Bach stammt und zur Hymne wurde, mit der Fischer die deutschen Fußballer nach ihrem WM-Sieg auf der Berliner Fanmeile empfing. Und das die NPD in ihrem Wahlkampf einsetzte – wogegen Fischer erfolgreich klagte.

DER DEUTSCHE DUFT

Speick-Seife, Badedas und die Brühwürstchen

„Gerüche erinnern mich an Wohlstand und Sterben."

„Mich nur an Schönes. Ich kann mich in einen Mann verlieben, wenn er gut schreibt oder gut duftet. Vielleicht ist der Duft noch wichtiger. Finden Sie nicht auch?"

Sein und Bewusstsein leben in der Nase

DK

Als ich in die Volksschule ging, lebten meine Mutter und ich in kärglicher Armut. Das jedoch sollte niemand wissen. Denn man war ja wer und wusste woher man kam. Sein und Bewusstsein waren weit auseinander gerückt, und es war nicht das Sein, dass das Bewusstsein bestimmen durfte. Es sollte das Bewusstsein bleiben, das über die Widrigkeiten des Seins herrschen würde. Die Kriegerwitwe, die die Todesanzeige für ihren gefallenen Mann mit „In stolzer Trauer für Großdeutschland und den Führer" unterzeichnet hatte, würde sich durch die widrigen äußeren Umstände nicht unterkriegen lassen. Es gab die kümmerliche Witwenrente, sie ging Nähen in der Nachbarschaft und fand eine Tätigkeit als Aushilfsschreibkraft bei einem Pharma-Unternehmer. Es würde schon gehen. Vor allem „der kleine Mann", ihr Sohn, sollte ja nicht das Gefühl bekommen, wir seien arm.

Der von ihm so sehr verehrte Großvater lebte es vor: Der königlich-bayerische Rittmeister herrschte jeden Mann ab einem bestimmten Alter – der Enkel verstand lange nicht, was das Muster war – mit den Worten an: „Haben Sie gedient?" Er selbst bezog sich dabei auf seinen Fronteinsatz in Frankreich im Ersten Weltkrieg. Nun aber waren es die frühen 1950er Jahre, die Männer antworteten immer mit Angaben über militärische Einheiten, die im soeben erst verlorenen Krieg gekämpft hatten. Und dabei legten sie die Hand an die Schläfe und zogen die Hacken zusammen. Das imponierte und gefiel dem Enkelsohn. Sein Opa war „wer". Er machte ihm klar, dass es Unterschiede gibt zwischen einer Frau und einer Dame, einem Mann und einem Herrn.

Mein Großvater gab das familiale Verhaltensmodell vor: Mögen zwar die materiellen Grundlagen des Lebens mit dem Selbstwertgefühl in keiner Weise übereinstimmen, man konnte Griebenschmalzbrote und Radieschen auch mit silbernem Besteck essen. Und an gebügelten Damastservietten mangelte es nie. Sie stammten aus der Aussteuer der Großmutter, die eine sehr gute Partie gewesen war, als der 32-jährige Landwirt im Jahr 1908 die 20-jährige Bankierstochter geheiratet hatte.

Erst als der Großvater gestorben war, verstand der Enkel, dass es keineswegs der Krieg gewesen war, der das bescheidene Sein des ganzen Familiensystems bewirkt hatte, sondern der leichtfertig herbeigeführte Bankrott des Großvaters, der das von ihm gepachtete Rittergut in den Sand gesetzt hatte. Der Herr Rittmeister hatte Zeit seines Lebens über seine Verhältnisse gelebt, wie man so sagte. Deswegen hinterließ er meiner Großmutter auch einen beachtlichen Schuldenberg; was sich aber erst herausstellte, als er gestorben war. Das alles änderte jedoch nicht das Geringste an dem, was Max Weber Habitus nannte und was Pierre Bourdieu als Analyseinstrument für die wissenschaftliche Soziologie perfektionieren sollte. Es geht um Lebensstil, um Sprache, um Kleidung, um Geschmack. Und dieses „kulturelle Kapital“ kann sich vom ökonomischen Kapital entkoppeln, zumindest ein paar Generationen lang.

Mit fünf Jahren wurde ich eingeschult, die Mehrheit der Mitschüler waren Kinder der Bauern des Dorfes, das um die Schule herum lag. Sie waren katholisch, die Kirche stand der Schule direkt gegenüber. Wir, die „Ungläubigen“, die Evangelischen, gingen jeden Morgen und jeden Mittag zur und von der Schule in die „Villenkolonie I“. Die kriegsbedingte Wohnungsbewirtschaftung hatte die großen Häuser großenteils mit amtlich „eingewiesenen“ Mietern gefüllt. Meine Mutter und ihr kleiner Sohn gehörten dazu. Das „Wirtschaftswunder“ ließ noch auf sich warten, die Kohleöfen mit Brikettbefeuerung, die Toiletten im Treppenhaus zwischen den Etagen und die Zinkwanne mit warmem Wasser am Samstag im Keller waren Normalität.

Jedoch gab es schon in dieser Zeit Familien, die unverändert allein in ihrem Haus wohnten. Sie waren weder von Zwangsbelegung geplagt noch von den Amis beschlagnahmt worden. So eine Familie war die von Max. Er war nicht mein bester Freund, denn er ließ es mich immer spüren, dass ich nicht wirklich ebenbürtig war, er behandelte mich immer mit fühlbarer Herablassung. Wir waren sechs Jahre alt, ich besaß nicht einmal ein eigenes Fahrrad. Aber ab und zu durfte ich ihn besuchen, im Haus der Familie. Sein Vater leitete die Münchner Niederlassung von „Fichtel und Sachs", jenen „Schweinfurter Präcisions-Kugellager-Werken", die es bis 1997 als eigenständiges Unternehmen gab. Sie besaßen ein Auto, es gab eine Haushälterin, die Mutter von Max begrüßte den Freund ihres Sohnes freundlich. Wir beide Buben spielten im Kinderzimmer von Max, er hatte viele Spielsachen, es war ein Schlaraffenland. Die Haushälterin machte Wiener Würstchen und Kartoffelsalat, dazu gab es Limonade.

Und dann ging ich ins Badezimmer. Und wusch mir die Hände. Es war ein großes Stück Seife, groß zumindest für die Hände eines sechsjährigen Jungen. Es roch gut, sehr gut. Es war ein Stück Speick-Seife. Ich hatte die Haushälterin nach dem Namen gefragt. Diese Seife und ihr Geruch waren für mich die Verheißung von Wohlstand, von Glück. Es war das, was sich der Volksschüler Dirk, der Sohn einer Kriegerwitwe wünschte. Es roch nach jenen Verhältnissen, von denen die Großeltern, seine Mutter und seine Tante erzählten. Und von denen die Ölbilder und Fotografien an den Wänden Zeugnis ablegten. Für Speick-Seife war kein Geld da, die gute Kernseife tat es auch. Erst vor einigen Jahren entdeckte ich die Palette der Speick-Produkte bei Bio-Company auf einem eigenen Regal. In einer sentimentalen Anwandlung kaufte ich die ganze Palette: Deo, Rasierschaum, After Shave, Duschgel. Heute verheißt die Werbung Schönheit, Gesundheit, Naturkosmetik. Die Speick-Produkte enthalten „weltweit exklusiv den wertvollen Extrakt der wild wachsenden, hochalpinen Heilpflanze Speick (lat. Valeriana celtica; zertifiziert als kontrolliert biologische Wildsammlung kbW)." Für mich war es nicht Gesundheit, was dieser Geruch signalisierte, für mich war es die Verheißung von Wohlstand. Ich rieche es immer noch gern.

Und da war noch ein zweiter Duft. Der war immer noch besser als die Spucke aus dem Mund der Mutter, wenn sie wieder einen Fleck im Gesicht ihres Sohnes mit ihrem Stofftaschentuch glaubte wegwischen zu müssen. Ein wenig erträglicher war diese Prozedur nur dann, wenn sie vorher auf das Tuch die Flasche mit „Kölnisch Wasser“ gehalten hatte und ein paar Tropfen drauf geträufelt hatte. Schön war es trotzdem nicht. Sowohl meine Großmutter als auch meine Mutter hatten die grünliche Flasche immer parat. Entweder um sich „frisch“ zu machen. Oder um das Gesicht des Enkels beziehungsweise des Sohnes zu säubern.

Weil ich mich nicht mehr an den Geruch erinnern konnte, bat ich – für das Arbeiten an diesem Text – einen Freund, mir die kleinste Flasche von „4711“ mitzubringen. Als ich den Verschluss der hübschen Flasche aufdrehte und ein wenig von der vollkommen durchsichtigen Flüssigkeit auf mein Taschentuch träufelte, stiegen in mir alle diese Erinnerungen an dieses fürchterliche Herumwischen in meinem Gesicht wieder hoch: zitronig, süßlich, leicht betäubend, penetrant. Diese unerwartete Wirkung des Dufts ließ mich spontan an Marcel Prousts Madeleine-Erlebnis denken. In seinem häufig genannten – und selten gelesenen – Mammutwerk *Auf der Suche nach der verlorenen Zeit* gibt es diese Szene, in der der ungenannte Sprecher von einem Zusammensein mit seiner Tante berichtet, die ihm diese Sandtörtchen zum Tee holen ließ. In dieser Situation, so berichtet er, durchströmte den jungen Mann ein „unerhörtes Glücksgefühl“. Und an eben dieses Gefühl erinnert er sich viele Jahre später sehr eindrücklich: „Und dann mit einem Male war die Erinnerung da. Der Geschmack war der jener Madeleine, die mir am Sonntagmorgen in Combray, sobald ich in ihrem Zimmer guten Morgen sagte, meine Tante Léonie anbot, nachdem sie sie in ihren Tee getaucht hatte.“ Eine ganze Flut von Erinnerungen ergießt sich nun im Kopf des Schriftstellers, die er auf den anschließenden über dreitausend Seiten zu Papier bringt.

Nein, es war kein „unerhörtes Glücksgefühl“, das mich beim Öffnen dieses Fläschchens durchströmte. Nicht einmal ein sentimentales Gefühl. Es mag ja „erfrischend“ und „kühlend“ sein, doch der erstaunlich intensive Geruch, der lange nicht von den Händen weicht, erfreute mich nicht. Es roch nach Oma, nach alten Menschen. Der Freund, der mir das Fläschchen gebracht hatte, trug nicht zur Verbesserung meiner Erinnerungen bei, indem er mir von seinen eigenen Erinnerungen erzählte. Während seiner Zeit als Zivildienstleister in einem Altenheim roch es in fast allen Zimmern nach „4711“. Und immer wenn die Schränkchen der im Krankenhaus Verstorbenen geleert werden mussten, stand in fast jedem der Kästchen eine Flasche des „Eau de Cologne“ aus der Kölner Glockengasse Nummer 4711, das dann mit den sonstigen Überbleibseln entsorgt werden musste. Besucht man die Homepage des „Dufthauses 4711“ erkennt man deutlich, wie sich dieses Unternehmen von diesem verstaubten Image befreien möchte. Der Abschnitt „Historie“ verdeutlicht sehr anschaulich, wie weit zurück der Handel mit diesem ursprünglichen Wunderwasser, Gesundheitstrank und belebenden Elixier, das zuerst mit Wein vermischt getrunken wurde, reicht. Ob da die angebotenen „Duftseminare“ und das „4-Gang-Duftmenü“ helfen werden, das Bild der alten Damen und ihrer Taschentücher und der benetzten Handgelenke mit „Kölnisch Wasser“ zu verdrängen, weiß ich nicht. Bei mir jedenfalls nicht. Dennoch, besser als Spucke war es allemal.

Tanne in der Wanne und Bockwürstchen-Dampfbad

SvW

Wenn ich erklären soll, wie der deutsche Duft riecht, was ihn ausmacht, warum er anders ist als der französische, japanische oder indische – dann fällt mir erst einmal gar nichts ein. Die Nase ist blind. Die Erinnerung streikt. Denn meine *mémoire olfactive*, meine fünf Jahrzehnte dauernde Dufterinnerung, ist geprägt von köstlichen ausländischen Aromen. Jahr für Jahr, Schicht für Schicht, so wie eine Lage alter Steine in Rom über der nächsten liegt, bildeten zeitlich aufeinander getupfte Importe den Duft meines Lebens in Deutschland: Es begann mit „Anais Anais" von Cacharel, ging weiter mit einem Blumenduft von Laura Ashley, dann kam „Aromatics Elixir" von Clinique, „Quelques Fleurs" von Houbigant, „L'Air du Temps" von Nina Ricci, gefolgt von „24 Faubourg" von Hermès und dann „Eau Duelle" von Diptyque. Meine Mutter roch nach „Je reviens" von Worth Paris, wenn sie mich abends ins Bett brachte. Nach „Roma" von Laura Biagotti. Nach Armani aus dem Art-Deco-Flakon. Mein Vater roch nach frisch gestärkten Hemden. Meine Großmama nach Chanel. Das Haus roch nach frischer Luft und frischen Blumen.

Aber je länger ich nachdenke über meine eigene Duftbiografie und die viel größere, die des Landes, in dem ich aufgewachsen bin, mischen sich zwei zuerst versteckte, aber dann umso potentere Herznoten ein. Die Herznoten Deutschlands: Der Tannenduft des deutschen Waldes. Der aromatische Nebel von Brühwürstchen. Und es ist plötzlich klar, das Parfum Deutschlands ist für mich ein Cocktail aus duftender Eltern-Eleganz und eigenem 80s-Popper-Schick, auf der Basis von Tanne und Knackwurst. Das Private, Intime, mischt sich mit Landschaft und Politik.

Die Erinnerung an den dunkelgrünen mystischen Waldduft ist vielleicht für ein 1970 in Westdeutschland geborenes Kind typisch, für das der unheimliche deutsche Hänsel-und-Gretel-Wald im Bilderbuch zum Abendritual gehörte. Einem Kind, das mit der

Partei der GRÜNEN, ersten Bioläden und der Anti-Atomkraftbewegung groß wurde, Mülltrennung, Windenergie, Natur – ja den Wald! – als quasi sakrale Elemente der Adoleszenz achten lernte. Wie die Generationen vor uns wuchsen auch wir mit der verklärten deutschen Vorstellung des Waldes auf, einer romantisierenden Caspar David Friedrich-Welt, die zwei entsetzliche Weltkriege überstanden hatte und nun vom Sauren Regen bedroht wurde. Im Wald lag das Heil, auch wenn die Väter dicke Autos kauften, mit denen sie über die Autobahnen bretterten. Wie viele andere Kinder stapfte auch ich mehr oder minder missmutig an den Wochenenden in weiß-rot karierten Hemden und Kniebundhosen im nahen oder ferneren deutschen Misch- oder Tannenwald herum, der stark nach Nadeln und Erde und der Hänsel-und-Gretel-Hexe roch. Mich machte diese unendliche Natur in Braun und Grün eher unglücklich und bockig, aber ich folgte meinem begeistert mit Landkarte und Kompass hantierenden Vater und lauschte den Geschichten meiner Mutter, die sichtlich Mühe hatte, ihr Einzelkind zu unterhalten. Am Ende des Waldwandertages kam stets die Erlösung: Im türkisfarben gekachelten Bad durfte ich die große Badedas-Flasche aufschrauben und eine Kappe des zähflüssigen, dunkelgrünen, nach Wald riechenden Schaumbads in die Wanne gießen. Diesen Waldsirup – 1957 von der Firma August Fischer in Bühl auf den Markt gebracht – ganz langsam in den Verschluss laufen zu lassen, ohne dass er überlief, war immer das Beste des Tages. Die Belohnung nach dem ganzen Wald. Waldwandern und Waldbaden gehörten zusammen. Es roch draußen, es roch drinnen grün und harzig. Wenn der Waldtag besonders knöterig gewesen war, gab es ein Butterbrot mit Rügenwalder Teewurst – in der Wanne. Eine Wonne.

Und bis heute ist es so: Spaziere ich, mittlerweile absolut freiwillig, durch den Teutoburger Wald, den Harz, den Bayerischen Wald, dann sehe ich mich schon anschließend in der Wanne des Elternbades sitzen, in riesigen Badedas-Schaumwolken und den

Waldduft inhalieren. Froh, dem Wald entkommen zu sein. Deshalb habe ich zu den so nun als hip geltenden Kneipp-Badeölen mit Kiefer- oder Rosskastaniengeruch ein mehr als gespanntes Verhältnis. Riechen doch auch die immer noch so penetrant deutsch und nach diesem verdammt riesigen Wald, in dem es weder Bücher noch Freundinnen noch Filme gab.

Mag der deutsche Wald an einer Duftorgel vielleicht noch als zart komponiertes grünes Element einsetzbar sein, subtil und raffiniert, so ist meine andere deutsche Herznote ein pupsordinärer Geruch. Erwischt einen krachend von hinten, saugt sich in den Kleidern fest, ob man will oder nicht: der Brühsud von Würstchen. Der Geruch von Bockwürsten, die stundenlang im simmernden heißen Wasser herumschwimmen. Fleischig, rauchig, nussig. Ein wenig plebejisch wie Sauerkrautnebel in Mietskasernen, nur animalischer. Diesen Geruch hatte ich lange ganz vergessen, denn seit 30 Jahren esse ich zuhause keine Brühwürstchen mehr, meide Wurstküchen-Buden und mache generell um die von vielen Deutschen so geliebte Wurst einen großen Bogen. Doch unlängst haute er mich hinterrücks nieder: Am Magdeburger Hauptbahnhof ging ich beim Umsteigen in den Einkaufstunnel unter den Gleisen und stand plötzlich in diesem betäubenden, stark riechenden Fleischdampf, der aus einer Imbissbude mit Halberstädter Bockwürstchen waberte. Einem Fleisch-Hamman gleich. Nach wenigen Sekunden fühlte ich mich selbst wie ein Würstchen im Dampfbad, fleischig, rauchig, nussig. Mein roter Tuchmantel, meine Haare, meine Handschuhe waren mit deutscher Wurst imprägniert. Und – Schock! – ich fühlte mich wie mit einer Zeitmaschine zurückgebeamt in die deutsch-deutsche Geschichte, in die späten 1970er und frühen 1980er Jahre. Die Jahre, in denen ich regelmäßig in den Ferien mit dem Interzonenzug aus Westfalen durch die DDR nach Westberlin zu meiner Großmutter fuhr. Immer durch einen Vorhang von Würstchendampf, der für mich West und Ost wie eine unsichtbare Mauer trennte. Eine Wurstschleuse zwischen Freiheit und Diktatur, zwischen Demokratie und Sozialismus.

Dass für mich Ost und West nicht nur durch die über 1000 Kilometer befestigte Grenze, sondern durch einen Bockwurstnebel geteilt wurde, lag am letzten West-Halt des langsam fahrenden Interzonenzugs mit den karamellbraunen Sitzen, der über den Grenzort Marienborn in die DDR und in die geteilte Stadt Berlin fuhr. Zuerst kam Helmstedt im Westen, auf der Ostseite dann Marienborn, dort kamen die Hunde und die Vopos, die Volkspolizisten, vor denen ich mich so fürchtete. Auf dem Bahngleis in Helmstedt gab es einen mobilen Würstchenverkäufer, der den Reisenden seine Ware durch das Fenster reichte oder bei dem man die Würste schnell vom Bahnsteig holte. Mir erschien dieses schnelle Würstchenkaufen aus dem mobilen Kessel, der hygienisch etwas zweifelhaft aussah, immer mehr als Kriegsverpflegung (oder was ich mir darunter vorstellte) denn als normaler Reiseproviant. Ich hatte bei der anschließenden langen Fahrt durch dieses seltsam graue Land, das auch Deutschland war, in dem aber sichtbar andere Regeln herrschten als bei uns im Westen und in dem wir als Passagiere des Interzonenzugs barsch behandelt wurden, immer Angst, dass wir nicht ankommen würden. Würde man uns die Pässe nicht wiedergeben? In ein Gefängnis sperren? Uns als Geiseln nehmen? Der Biss in diese innen ziemlich labberige, aber würzige Wurst machte mir Mut. Ihr starker Geruch, der lange an den Fingern haftete, erdete mich, gab mir Halt. Denn die Tatsache, dass es so intensiv auf dem westdeutschen Bahngleis und dann eine Zeitlang im Abteil nach Fleisch roch, war eine Garantie dafür, dass wir auf der Fahrt durch das seltsame Land, in dem wir nicht aussteigen durften, nicht verschwinden, uns in Luft auflösen würden. Ohne Pässe. Ohne Rechte. Ich wusste schon als Kind: Ohne Pass bist du kein Mensch. Geruch und Geschmack der Würstchen wurden für mich zu einer Art unsichtbarem Hilfspass. Hörte ich die Hunde und die Stimmen der Vopos, die mit ihren Bauchläden-Büros von Abteil zu

Abteil gingen und die Ausweise einsammelten, dachte ich an den Würstchenkessel in Helmstedt, an den Duft der seit Stunden im heißen Wasser vor sich hin dümpelnden Fleischstücke, die ich nur hier gerne aß, weil die Tage so lange waren und ich wie meine nervöse Mutter Angst hatte, von den Polizisten eingesperrt zu werden. Später erst ist mir aufgefallen, dass die Luft des für uns verbotenen Teils Deutschland dem Geruch der Brühwürstchen ein wenig verwandt war: der Duft nach Braunkohle, der uns immer umhüllte, wenn wir Freunde in Ost-Berlin besuchten, denen wir Zitronensaft in quietschgelben Plastikzitronen mitbrachten. Braunkohle, Brühwürstchen, der erdige grüne Duft in Wald und Schaumbad: Das ist für mich das Parfum Deutschlands.

DER DEUTSCHE HANDKUSS

Ein wahrer Herr tanzt ihn

„Der Handkuss muss rein!"

„Unbedingt. Ich habe neulich so einen sich langsam Heranschleichenden bekommen, wissen Sie, was ich meine? Der Herr sah aus wie ein Corgie im Anzug."

Der germanische Gentleman – mit und ohne Schlafanzug

SvW

Was ist ein deutscher Mann? Ein blonder Hans, dem – wie die deutsch-türkische Publizistin Hatice Akyün in ihren autobiographischen Romanen so schön beschreibt – ein wenig scharfe Soße fehlt? Ein russlanddeutscher fleißiger Hermann, ein halbkoreanischer Moritz mit Start-up in Berlin oder Sepp, ein strammes bayerisches Mannsbild in Lederhose? Keine Ahnung, was der deutsche Mann ist. Einen deutschen Herrn aber – das germanische Pendant zum britischen Gentleman – erkennt man sofort.

Denn er hat zwei ausgeprägte Merkmale, die auch jedes ungelaserte Damenauge sofort erkennt. Erstens gilt für ihn laut meiner Tante Hildburg, Gott hab sie selig, das Attribut: „Ein Herr, auch im Schlafanzug!", also die innere Haltung. Ein aufrechter, stolzer, aber lässiger Habitus, der ihn auch beim Ablegen vom Kleidungskorsett von Mantel, Hose und anständig geputzten Schuhen nicht zum rückgratlosen Würstchen zusammenfallen lässt oder gar zum egoistischen Rüpel macht. Zweitens, und das ist noch leichter zu erkennen: Der deutsche Herr gibt Damen zur Begrüßung einen Handkuss. Natürlich nicht im Schlafanzug, normalerweise. Und zwar einen korrekten und dabei doch sehr individuellen.

Das Geben, ja das im fast unmerklichen Pas-de-Deux Tanzende eines Handkusses, bei dem der Herr sich scheinbar unterwirft, in der Geste aber führt, ist eine Kunstform, die geübt, im Laufe des Lebens verändert und zur Vollkommenheit gebracht wird. Kein Wunder, dass man ihn in schnellen Zeiten, in denen das ganze Leben möglichst Excel-effizient, durchgetaktet und dazu produktiv sein soll, selten sieht. Denn er ist eigentlich weder effizient, durchgetaktet oder produktiv. Das respektvolle Verbeugen des Herrn und das Annehmen dieser Verneigung durch die Dame ist ein kompliziertes, manchmal kapriziöses Ritual – und damit wie alle Rituale sozialer Klebstoff und die warme, wohlige Selbstvergewisserung, zu einer Gruppe zu gehören. Gibt ein Herr den Handkuss etwa in einer links-alternativen Künstlerszene im Osten, gilt er als Punk.

Schon seit Jahrzehnten ist der Handkuss in Deutschland vom Aussterben bedroht, etwas weniger vielleicht noch in Österreich, wo die Formel „Küss die Hand“ auch im Sprachgebrauch noch viel erklingt. In der Schweiz ist er absolut unüblich, zu adelig, zu untertänig scheint er den stolzen Eidgenossen. „Und heute hättest Du dazu einen #meToo an der Backe“, sagt mein Zürcher Freund, ein *dashing* Wirtschaftsanwalt, der auf den Zunftbällen der Stadt die Damen charmiert, wenn er nicht gerade Bankiers aus der Untersuchungshaft holt. Doch weiter südlich und östlich, in den alten k.u.k-Regionen mit ihren in Schönbrunner Gelb gestrichenen Häusern und Barockkirchen, in Ungarn, Tschechien, in Trient, Triest und der Lombardei, aber auch in Belgien wird er noch gesehen.

Im Land der Galanterie, in Frankreich, existiert der *Baisemain* in den Salons nur relativ selten. „Er ist ganz klar ein Zeichen der guten Gesellschaft und einer guten Erziehung, ziemlich aristokratisch, aber nicht nur“, erklärt mein Pariser Freund Dominique, als ich ihn danach fragte. Er wiederholt die Grundregeln, die er von seinem Vater, einem Aristokraten aus Lothringen, gelernt hat: Nur verheiratete Frauen bekommen ihn, nur im Inneren eines Hauses, nicht auf der Straße oder gar vor der Kirche. Der Mund berührt niemals die Hand. Und wenn man in Frankreich eine Dame gut kennt oder eine enge Verwandtschaftsbeziehung besteht, küsst man nicht die Hand, sondern direkt die Wangen. Das erklärt, warum er mir niemals die Hand küsst! Dominique küsst jedoch jeden Morgen die Hand seiner persönlichen Assistentin, einer *„femme très élégante et distinguée, de très bonne famille*“, tut dies aber nicht vor allen Mitarbeitern. Und er fügt hinzu: „Es gibt kein Alter, um einer Frau die Hand zu küssen. Meine Kinder könnten Dir die Hand küssen, wenn sie gut erzogen wären...“

In Deutschland, wo man ein chilliges „Hi!“ mit einem linkischen Winken von Ferne öfter hört als ein leicht singendes „Küss die Hand“, kommt der Handkuss nur noch in kleinsten Soziotopen vor, in denen formelle Höflichkeit gegenüber Damen schon Kindern immer noch so selbstverständlich beigebracht wird wie das sofortige Schreiben von Bedanke-mich-Briefen und tadellose Tischmanieren. Handküsse halten sich nur noch in winzigen konservativen Milieus wie in Teilen des Adels, bei christlichen Ritterschaften, im Großbürgertum und im alten Bildungsbürgertum. Auch in manchen Internaten ist es durchaus Usus, dass die Abiturienten eine anständige Verbeugung mit Handkuss für die Müttergeneration draufhaben.

Der Handkuss hat viele Facetten, er kann *flirty*, lüstern-eklig, langweilig-steif oder eine elegante Arabeske sein. Manchmal annonciert er den Beginn einer torriden Affäre im Salsa-Rhythmus oder ist die mehr oder minder gespielte Troubadour-Nummer mit verschleiertem Blick in die Augen und der impliziten Nachricht: „Ich verneige mich vor Ihnen, Madame, bin bereit, in meinem Blazer über Zäune zu klettern, Drachen zu töten, ein Flugzeug zu kapern – ich bin für Sie da, seien Sie meine Domina, Angebetete.“ Oder er ist so lustlos, furztrocken, eine Formalie, bei der man wie in der Sprechblase eines Comics den Küsser denken hört: „So, das haben wir abgehakt, wo ist das Buffet/mein Jagdfreund/der Whisky?“ Der Mann, der den Handkuss in den Grundformen beherrscht, drückt damit auch immer aus, wer er ist und in welcher Stimmung er sich gerade befindet, wie bei einem Tanz: Es gibt den militärisch-zackigen norddeutschen Handkuss, bei dem die Herren angedeutet die Hacken nach innen führen, natürlich ohne sie zusammen zu schlagen. Oder den weichen Schmachtkuss, bei dem der Herr mit den Augen einen roten Theatervorhang aufgehen lässt. Familiär-entspannt, aber doch elegant ist der Doppelwhopper-Kuss, bei dem wie in einem Yoga-Flow auf den Handkuss ein fließend angeschlossener Bussi-Bussi-Wangenkuss folgt. Dabei wird die bereits geküsste Hand wie bei einem Hoftanz leicht in der Hand gehalten oder gar herzlich gedrückt, manchmal kommt noch die zweite Hand dazu. Mit der Sex-Konnotation, die bei vielen Menschen sofort aufleuchtet, hat der Handkuss, historisch gesehen, wenig zu tun. Der Handkuss als erotisch aufgeladene Geste, in der die Hand an den Mund geführt, inniglich geküsst, gar auf der Innenfläche oder am empfindsamen Puls mit beiden Händen leidenschaftlich gepresst und gestreichelt wird, wie er in vielen Filmen erscheint, ist nur eine, vielleicht auch besonders reizvolle Spielart. So wie bei Pedro, dem mexikanischen Helden des Filmes „Bittersüße Schokolade" nach dem gleichnamigen Roman von Laura Esquivel, der die Hände seiner verbotenen Liebe Tita feurig an seinen Mund presst, bevor später ihr gemeinsames Liebeslager in Flammen aufgeht.

Aber mit solch magischem Realismus hatten in früheren Zeiten Handküsse nichts, aber auch gar nichts zu tun: Da küssten nicht nur Untertanen ihrem weltlichen oder geistlichen Herrscher die Hand als Zeichen der Unterwerfung und des Respektes, sondern auch Kinder, Nichten und Neffen ihren Eltern, Tanten und Großeltern. Überhaupt waren Knicks und Handkuss für Mädchen oder Diener und Handkuss für Jungen Pflichtbegrüßung gegenüber Damen bis in die zweite Hälfte des 20. Jahrhunderts. Ob beim Ringkuss beim (katholischen) Bischof, dem Handkuss für die Großherzogin oder die Großmama – es ging immer um das vor-verbale äußere Anerkennen eines Machtgefälles, das sich aus Kraftverhältnissen wie Territorialgewalt, geistlicher Führung, gesellschaftlicher Position oder einfach dem Alter ableitete. Die Angewohnheit, Respektspersonen mit einem Handkuss zu begrüßen, kann so sehr in Fleisch und Blut übergehen, dass diese Figur sich aus dem Festspeicher des Körpers schwer löschen lässt, auch wenn es die ungeschriebene Etikette eigentlich nicht mehr erfordert: Bis heute gibt es Damen mittleren Alters, die beim Anblick einer älteren Dame immer noch unwillkürlich das Knie beugen und diesen Reflex schnell unterdrücken, so stark wurden ihnen Knicks und Handkuss anerzogen. Für sie ist die Entscheidung schwierig, ab welchem Alter sie eine ältere Dame nicht mehr behandküssen und beknicksen, mit 18, 20, 25 Jahren? – denn die Zeiten, in denen junge Frauen mit 18 Jahren verheiratet wurden und sich mit diesem neuen Status auch in die Reihe der Handkussempfängerinnen einreihten, sind lange vorbei.

Heute passt der seltene, schöne Vogel namens Handkuss in keine Schublade oder Voliere mehr und wird auch in konservativen Kreisen frei interpretiert. Ein deutscher Freund von mir, begnadeter Tänzer und Handküsser, sagt: „Der Handkuss ist etwas so Persönliches und ich handküsse bei weitem nicht jede, da spielt auch Intuition eine Rolle, aber auch ein wenig Revolte oder Trotz. Ich denke mir dann schon manchmal, neee Du nicht! Und manchmal, wenn ich meine, Herrgott das wird mir jetzt aber zu sehr Chichi, lass ich es auch, die Engländer und Chinesen leben auch wunderbar ohne ihn. Und wenn ich Lust habe, gebe ich einer Hardcore-Emanze einen Handkuss, um zu sehen, was dann kommt."

Während der klassische Handkuss in der deutschen Aristokratie vielerorts immer noch automatisch ist, sieht man in Zwitter-Gesellschaften aus Handkuss- und Nicht-Handkuss-Fraktionen zunehmend eine Mischform. Das sind Menschengruppen, in denen es für einen Teil der Damen brüskierend wäre, nicht geküsst zu werden, andere Damen aber von diesem Ritual peinlich überrascht wären. Bei diesem Derivat reicht die Dame dem Herrn die Hand wie zu einem leichten Händeschütteln – noch ist nur das möglich, vielleicht weiß sie selbst nicht, was kommt... Dann dreht der Herr seine Handfläche etwas nach unten, lässt die ihre darin liegen und führt sie leicht in Richtung Brusthöhe, verbeugt sich dabei und deutet damit einen ganz weit entfernten Kuss an. Es ist eher eine Verbeugung mit einer Handwelle in Richtung seines Gesichtes, die sichere Nummer, die in allen Gesellschaften geht. Denn nichts ist peinlicher für alle, als eine an den Handkuss nicht gewöhnte Frau zu überrumpeln: Ihre Hand kann aus seiner Hand fallen oder sie zieht sie zurück, es kommt zu einem Gewürge. Gefürchtet sind bei Herren wiederum auch die den Handkuss brutal einfordernden Damen, die die Hand aus Eigenantrieb ihnen fast ans Kinn knallen, bevor man sie ergreifen kann, oder Damen mit Betonarm, die ihn hart am Gürtel fixieren.

Sieht man sich allein die offizielle Handkuss-Historie der deutschen Bundeskanzlerin Angela Merkel an, so kann sie einem leidtun, dass sie sich neben dem Führen der Regierungsgeschäfte und ihrem ewig kaputten Flugzeug dazu noch von allen möglichen Präsidenten, Potentaten und Managern immer wieder die Hand küssen lassen muss – auch wenn sie auf vielen Bildern dabei erstaunlicherweise lacht. Da legt Verleger Hubert Burda bei seinem Handkuss seine linke Pfote schwer über ihre Hand, als habe er eine Beute ergattert, der ehemalige französische Staatspräsident Chirac knutscht, umklammert, fesselt Angelas Hand immer wieder, dass einem Angst und Bange wird. Rührend ist das Bild Helmut Kohls im Rollstuhl, seine zweite Frau hinter ihm, aus dem heraus er der vor ihm stehenden Nachfolgerin die Hand küsst. Erstaunlich erscheint die Szene des lachenden Volker Schlöndorff, der der Kanzlerin fröhlich in die Augen sieht, ihre Hand aber wie ein Rohr mit beiden Händen umfasst und begeistert draufküsst, als könne es nichts Schöneres im Leben geben. Gut machen es nur der böhmische Politiker Karl Schwarzenberg und der spanische König Juan Carlos, die sich elegant und mit Abstand über ihre Hand beugen, und dann noch der für sie sonst so mühsame Ungar Victor Orban, ein Mann aus dem Land der Handküsser. Denn bei den Magyaren werden schon den jungen Mädchen die Hände geküsst.

Wie schade für den armen Handkuss, dass so wenige Menschen noch echte Briefe schreiben, denn auch diese waren früher ein großes, geschütztes Refugium für Handküsse, schloss doch eine traditionelle Schlussformel die Damen immer ein „,mit einem Handkuss, Ihr Michael", „mit einem Handkuss an die Mamà, Dein Georg", „mit einem Handkuss an die Damen, Ihr Knobelsdorff". Aber neulich! Da las ich genau einen dieser schönen Handküsse in einem Kanal, in dem ich ihn nicht vermutet hätte: auf WhatsApp. In einer Nachricht eines Freundes: der ließ über sein iPhone einen „Handkuss an die Schwiegermamà" schicken. Vielleicht braucht die Welt neben dem Zeichen für Würgen, Tanzen und Träumen ein neues Emoji auf dem Handy: den Handkuss.

Ein Kuss ist ein Kuss ist ein Kuss

DK

Ich habe nie verstanden, warum man die Hand der Dame beim Handkuss nicht wirklich küssen sollte. Es heißt doch Kuss und nicht Kuss-Vortäuschung, oder? In der großen Palette der Möglichkeiten, wie Menschen einander begrüßen, nimmt der Handkuss einen ganz besonderen Platz ein. Nachdem die meisten Menschen in unserem Kulturkreis aufgehört haben, ihrem zuständigen Ortsbischof oder ihren Eltern die Hand zu küssen, geht es heutzutage allein um die Begrüßung einer Frau durch einen Mann. Und dabei wird geküsst. Wirklich geküsst? Und schon scheiden sich die Geister. Der afrikanische Prinz Asfa-Wossen Asserate widmet dem Handkuss in seinem Buch *Manieren* ein ganzes Kapitel. Und beschreibt, wie das so ist mit Kuss-Andeuten oder Küssen. Und was das mit Deutschland zu tun hat. „Der Handkuss gehört zu den uralten Gesten der Ergebenheit und des Respekts. Es ist eine Geste der Unterordnung; Gleiche küssen sich nicht die Hand […]".

In England, wo die Idee der Gleichheit bis zum heutigen Tag unbekannt ist, vermeidet man tunlichst jede Körperberührung, außer bei Football oder Rugby. Oder im Schlafzimmer, aber auch nur dann, wenn es richtig dunkel ist. In den USA dominiert – jedenfalls offiziell – die Ideologie der Gleichheit. Dort schüttelt man sich die Hand, Männer schlagen sich gegenseitig auf die Schulter. Umarmungen gelten als europäisch verweichlicht, Wangenküsse unter Männern stehen im Verdacht des Schwulseins. Von Ergebenheit und Respekt kann nicht die Rede sein, auch nicht Frauen gegenüber. Der „richtige" Mann folgt der Parole: „Grab them by the pussy. And then you can do anything." Das alles ist Lichtjahre vom Handkuss entfernt. Stellt sich die Frage, warum ein Herr einer Dame überhaupt die Hand küssen sollte. In Zeiten der erkämpften Gleichberechtigung. Wie bei so vielen unserer Themen über die Schönheit in Deutschland erweist es sich, dass auch der Handkuss eine Frage der Zugehörigkeit zu bestimmten Milieus ist. Seit all den Jahren, in denen ich in Potsdam lebe, habe ich kein einziges Mal einen Handkuss praktiziert oder auch nur bei anderen gesehen. Auch in meiner Hamburgischen Zeit waren die vorherigen oberbayerischen Erfahrungen und Praktiken wie ausgelöscht. Ein ausgeübter Handkuss im „Pferdestall" der Universität Hamburg – so die semi-offizielle Bezeichnung des Gebäudes der Sozialwissenschaften, Allende-Platz 1 – wäre allenfalls bizarr gewesen. Ich habe es bei einem Berufungsverfahren erlebt, dass eine Bewerberin sehr schnell aussortiert wurde, weil sie beim „Vorsingen" geglaubt hatte, eine Perlenkette tragen zu dürfen. Hätte nur noch gefehlt, dass sie einen Handkuss seitens der männlichen Mitglieder der Berufungskommission erwartet hätte.

Wo also küssen Herren einer Dame in Deutschland die Hand? Mein Großvater machte klar: nur in geschlossenen privaten Räumen, niemals in der Öffentlichkeit, auch nicht in Restaurants. Nur die Hand verheirateter oder verwitweter Damen wird geküsst. Keinesfalls eine behandschuhte Hand. Wie wird die Hand einer Dame geküsst in Deutschland? Zwei Schulen stehen einander unversöhnlich gegenüber: Die einen sagen und praktizieren das Schweben über dem Handrücken der Dame in einer Entfernung von wenigen Zentimetern. Die anderen gestatten die leichte Kussberührung (trockener!) Lippen auf dem Handrücken der Dame bei gleichzeitigem Blickkontakt. Bei beiden Techniken geht die Initiative von der Dame aus! Asserates Beschreibung ist hinreißend: „Die Frauen, die den Handkuss erwarten, reichen dem Mann die ausgestreckte Hand waagrecht, als wollten sie ihm ihre Fingernägel zeigen, also nicht wie ein Ufa-Star mit erhobenem Handrücken; der Mann ergreift die Finger und führt die Hand zu sich heran, wobei die Frau einen leichten Widerstand leistet, damit die Hand nicht willenlos und allzu leicht nach vorn fliegt."

Soziologisch spannend wird die ganze Angelegenheit, wenn die Zusammensetzung des männlichen und weiblichen Personals heterogen ist. Hier steht die Dame aus München-Bogenhausen, die den Handkuss erwartet und mir einer schnurrenden Katze gleich ihre Fingernägel zeigt, neben ihrer Nachbarin aus Potsdam West, die solche Praktiken allenfalls aus dem Kino kennt. Was tun? Der einen die Hand küssen und der anderen die Hand schütteln? Beiden die Hand küssen? Keiner die Hand küssen und dabei die Fingernägelschau ignorieren? Was tun in einer Gesellschaft, in der es mehr als zehn weibliche Wesen gibt? Allen oder keiner die Hand küssen? Es bleibt dabei: Die für mich schönste Situation ist jene, in der mir eine Dame in einem privaten Raum entgegentritt, mich freundlich ansieht, mir ihre bloße Hand entgegenstreckt, ich mich über diese leicht beuge – die Zeiten des „Dieners“ sind vorbei –, mit meinen trockenen Lippen ganz sanft einen gut riechenden Handrücken berühre, ihr dabei in die Augen sehe. Und dabei ein leichtes Augenzwinkern feiner Ironie erkenne, das nicht vollkommen ausschließt, dass ich später auch die Innenfläche der Hand küssen darf. Und möglicherweise sogar mehr. Ein höfischer Tanz kann beginnen. Wenn man, wie ich, der Ansicht ist: Ein Kuss ist ein Kuss ist ein Kuss, dann wird es sich nicht gänzlich vermeiden lassen, an jenes Tangolied aus dem Jahr 1929 zu denken, bei dem Richard Tauber singt:

„Ich küsse Ihre Hand, Madame,
und träum, es war Ihr Mund.
[…]
Wenn Sie erst auf mich bau’n, Madame,
Ja dann, Sie werden schau’n, Madame,
Küß ich statt Ihrer Hand, Madame,
nur Ihren roten Mund.“

Wer solche Assoziation vollkommen ausschließen möchte, sollte doch lieber beim Handschütteln bleiben. Oder bei der ganz billigen Münze eines „Bussi-Bussi“ bleiben, denn das bedeutet gar nichts.

MÜNCHEN

Metamorphosen in Stoff und Stein

„Diese Stadt ist meine verlorene Liebe."

„Ach, hören Sie auf zu jaulen! Da laufen doch lauter Million-Dollar-Babys rum!"

Schönes kann Monster gebären: Wandlungen einer Stadt vor den Alpen

DK

Vor vielen Jahren stand mein damaliger Freund Udo auf dem Bahnhof. Er wollte seine Mutter vom Zug abholen. Längere Zeit hatte sie sich nicht mehr gemeldet. Alle Leute waren ausgestiegen, sie war anscheinend nicht dabei. Plötzlich eine Stimme: „Udo, worauf wartest Du denn?“ Wer war diese Dame, die ihn mit seinem Vornamen ansprach? Er kannte die Person nicht, die da vor ihm stand. Udo wusste nicht, dass sich seine Mutter einer Schönheits-OP unterzogen hatte. Nicht nur ihre Nase, ihr ganzes Gesicht war nicht mehr das alte. Udo erkannte seine Mutter nicht, trotz der nicht unvertrauten Stimme. Nie mehr wollte er etwas mit dieser Frau zu tun haben: „Sie sind nicht meine Mutter!“ Er drehte sich weg. Er ließ die Fremde am Bahnhof stehen. Sie sahen sich nie wieder.

Für viele Jahre erging es mir mit meiner Heimatstadt wie Udo mit seiner Mutter. Jedes Mal, wenn ich wieder „daheim“ war, wurde sie mir fremder. Von Mal zu Mal erkannte ich sie immer weniger. Irgendwann wollte ich gar nichts mehr mit ihr zu tun haben. Erst in allerletzter Zeit ist es etwas besser geworden. Wie es einem halt so mit einer alten Liebe nach Jahrzehnten der Trennung ergeht: Ein wenig gerührt und zugleich befremdet schaut man ihr ins Gesicht und auf die Hände. Und denkt bei sich: „Du hast sie wirklich geliebt. Aber die, die Du liebtest, die gibt’s nicht mehr.“

Das soll hier nicht das Gejaule eines alternden Münchners werden, der die Umwandlung der Maximilianstraße in einen Parkplatz für Cayenne-Fahrer nicht verwinden kann. Es ist, wenn ich mir selber gegenüber ehrlich bin, vor allem der Verlust jener Stadt, durch deren Straßen und in deren Geschäfte ich als kleiner Bub an der Hand meines Großvaters ging. Es ist der Verlust der eigenen Lebenszeit in dieser Stadt. Dennoch: Die emotionale Biographie, die einen mit Städten verbindet, ist manchmal ein Seismograph für die Veränderungen, die Millionen Menschen spüren. Eine Art unsichtbares Archiv.

Die Stadt meiner Jugend ist verschwunden. Auch wenn die meisten Straßenverläufe die gleichen blieben, viele Häuser noch stehen. Die Arterien sind da, aber das Blut ist ein anderes. Zudem ändern sie auch noch die Namen. Aus der Hauptpost – dem vormaligen Palais Toerring-Jettenbach – schräg gegenüber dem Nationaltheater, wurde 2009 das „Palais an der Oper“, in dem Büros zur Miete angeboten werden. Und Louis Vuitton betreibt dort in der „Residenzpost“ einen Konsumtempel. Wer durch dessen drei Etagen mit den Verkäuferinnen in den Schulkleidern französischer Gymnasiastinnen flaniert, müsste albern sein, Sehnsucht nach der angeranzten Schalterhalle der Bundespost zu empfinden. Dennoch verspüre ich kalte Distanz zu diesem Luxusquartier. Dieser glitzernde Palast ist für mich das Monument der Veränderung Münchens, seitdem ich 1984 von dort wegging.

Wenn ich heute durch München spaziere, denke ich an Rip van Winkle, an den Protagonisten aus der Kurzgeschichte des amerikanischen Schriftstellers Washington Irving. Rip, Farmer zur Zeit der englischen Kolonialzeit in den Bergen New Yorks, fällt in einen Zauberschlaf: Als Untertan des britischen Königs schläft er ein, als Bürger der Vereinigten Staaten von Amerika wacht er zwanzig Jahre später auf. Als er in sein Dorf zurückkehrt, erkennt er es kaum wieder – überall sind neue Häuser entstanden, sein eigenes Haus ist verfallen, alle Dorfbewohner sind ihm unbekannt.

Mir geht es genauso. Auch wenn mein Haus nicht verfallen ist. Verschwunden sind aber meine Münchner Institutionen, als ob es sie niemals gegeben hätte: die Zinngießerei Ludwig Mory im Rathaus, die im Jahr 2001 schloss. Das Trachtengeschäft Wallach. Das Lieblingskaffee meines Großvaters, die „Confiserie Rottenhöfer“, die er immer nur „Kaffee Hag“ nannte, in dessen Räumen jetzt ein Klamottenladen residiert. Den Dallmayr gibt's noch, den Zechbauer, den Lodenfrey, den Kustermann, den Radspieler und den

Roeckl auch, aber sie alle haben ein beachtliches Facelifting hinter sich. Dafür sind sie immerhin noch an den alten Plätzen.

Es ist nicht nur mein Phantomschmerz über das Verschwinden jener Bürgerstadt, die der Münchner Historiker Hermann Heimpel in seiner Autobiographie *Die halbe Violine. Eine Jugend in der Haupt- und Residenzstadt München* so lebendig geschildert hat, der mich Abstand von München empfinden lässt. Es sind auch meine Vorbehalte, die ich dieser Stadt gegenüber empfinde, wenn ich daran denke, wie sie mit ihrer eigenen Geschichte nach dem Ende des Zweiten Weltkriegs umging. Genauso, wie hinter Leben und Werk des Historikers Heimpel dessen eigene Verstrickungen der NS-Zeit lauern, wabern hinter dem Glitzer des Innenstadtbereichs um die Residenz herum die Schatten der Nazi-Herrschaft.

München bildete das Zentrum der nationalsozialistischen „Bewegung", getragen und gefördert auch ganz wesentlich von eben jenem Münchner Großbürgertum, dessen Leuchten Hermann Heimpel ebenso anrührend schildert wie der Wahlmünchner Thomas Mann. Ab 1919 lebte Hitler in München, dort gründete er die NSDAP, hier formierte sich die SS, hier fand der „Hitlerputsch" statt, hier wurde der *Völkische Beobachter* gedruckt, hier stand die Parteizentrale, das „Braune Haus" und ein ganzes NSDAP-Parteiviertel drum herum. In München fanden ab 1937 die „Großen Deutschen Kunstausstellungen" im „Haus der Deutschen Kunst" statt, hier wurde erstmals die „Entartete Kunst" vorgeführt und verhöhnt, für diese Stadt wurden gigantomanische Umbaupläne entworfen. Ab 1933 wurde in Münchens Nachbargemeinde Dachau das erste KZ errichtet. Es dauerte bis zum 30. April 2015, 70 Jahre nach der Befreiung Münchens durch die amerikanischen Truppen und mehr als 90 Jahre nach der Gründung der NSDAP, dass ein NS-Dokumentationszentrum in München eröffnet wurde, in dem der Beitrag der Bewohner gerade dieser Stadt zu den Gräueln des Nationalsozialismus überzeugend aufgearbeitet worden ist.

Die Imagepolitik der ehemaligen „Hauptstadt der Bewegung" zum gemütlichen Millionendorf und zur nördlichsten Stadt Italiens ist für mich eines der schäbigeren Kapitel der Geschichte meiner Stadt. Der historisierende Wiederaufbau der Innenstadt um die Mariensäule herum ist das steingewordene Monument einer ungeheuren Verdrängungspolitik. Nach dem Motto „War da was?" wurde ein München konstruiert, das eher eine Walt Disney-Version der Idee eines oberbayerischen Dorfes ist. Und so wurde es zur heimlichen Hauptstadt eines West-Deutschland, das sich an den Lederhosen und der Weißbier-Spritzerei der internationalen Fußball-Söldnertruppe des FC Bayern auf dem Balkon des Neuen Rathauses ergötzt.

Der Rip van Winkle in mir wird auch weiterhin seine – seltener gewordenen – Spaziergänge durch diese hassgeliebte Stadt in Zukunft fortsetzen. Und seiner verlorenen Liebe nachtrauern. Das München meines Großvaters ist schon lange untergegangen, aber auch noch drei andere München sind verschwunden, die mein Begleiter im Geist, der Dietl Helmut, filmisch verewigt hat. Es gibt das München des „Tscharlie" Häusler aus dem Lehel nicht mehr, jenes Vorstadtstrizzis, der bei der Oma Anna (Therese Giehse!) wohnt und immer auf der Suche nach der „Riesensach" ist. Wer kann denn heute noch was mit „Ois is Chicago" anfangen? Es gibt das München des „Monaco Franze" aus Schwabing nicht mehr, jenes Franz Münchinger, der als alternder Stenz glaubt, dass ein „bissl" immer noch was geht. Und es gibt das München des Filmregisseurs Uhu Zigeuner aus dem Film „Rossini" nicht mehr, so wie es das ehemalige „Romagna Antica" in der Elisabethstraße auch nicht mehr gibt, in dessen Räumen heute eines jener normierten „L'Osteria" ihr standardisiertes *convenience food* serviert. Und so trat an die Stelle aller dieser vielen München ein glitzerndes Shopping-Center mit pseudoalpenländischem Dekorum.

Und trotzdem reibe ich noch immer die Nasen der Bronzelöwen an der Residenz. Und immer noch grüße ich die ebenfalls aus

Bronze geformte Statue des Journalisten Sigi Sommer auf dem Weg vom Marienplatz zur Sendlinger Straße und sage: „Servus Sigi!" Nachdem ich ihn frage „Wo ist unser München hin?", höre ich die leise Stimme des Mitgründers des Cowboy Clubs antworten: „Ja mei! Jetzt heul nicht, die Stadt verändert sich halt andauernd. Wie Du ja auch, oder? Hast Du noch nie was von Metamorphosen gehört, dieser ewigen Verwandlung in andere Gestalten?" Für fast vierzig Jahre erschien seine Lokalkolumne „Blasius, der Spaziergänger" in der Münchner *Abendzeitung*, rund 3.500 Kolumnen spiegelten die Veränderungen dieser Stadt wider, von 1949 bis 1987, als die Verwandlung der Stadt in ein vergoldetes Konsumparadies bereits weit fortgeschritten war. Der Sigi sagt mir: „Willst Du wirklich das München des Prinzregenten Luitpold zurück? Mir gefallen viele der Menschen auch nicht, die jeden Tag an mir vorbeischlendern, mit ihren Papiertüten, in denen sie den ganzen Tand wegschleppen. Aber auch sie tragen dazu bei, dass unsere Stadt für viele Deutsche der Inbegriff einer schönen Stadt ist, in der sie sehr gerne leben möchten. Wer sagt das denn von Witten-Herdecke im Ennepe-Ruhr-Kreis?"

So sind die Metamorphosen dieser Stadt, der Übergang von einem Dasein in ein anderes, nicht nur die Szenerie eines Untergangsgemäldes. Sondern man kann sich freuen über das, was geblieben ist, aber auch über das Neue. Dass aus den ehemaligen Münchner Glasscherbenvierteln – dem „Franzosenviertel" um den Ostbahnhof, der Schwanthalerhöhe und dem Glockenbachviertel – heute Flanierquartiere geworden sind, in denen viele neue Münchner Kindl ihre fröhliche Kindheit erleben dürfen. Überall ist die ehemalige Bewohnerschaft der Gärtner, Wäscher und Zimmerleute ersetzt worden durch Tesla-Fahrer und junge Familien, die einen auch medial wahrgenommenen Babyboom erzeugt haben.

Doch dass es dazu geführt hat, dass meine Cousine Sabine nach Freising hat ziehen müssen, weil sich diese ehemalige Grundschullehrerin ihre Mietwohnung in Haidhausen von ihrer Rente nicht mehr leisten konnte, finde ich unverändert empörend. Und dass der ehemalige Lieblingslehrer meiner Tochter Freda von München weg und dann gleich in den Bayerischen Wald aus denselben Gründen gezogen ist, empfinde ich schon deswegen als Gemeinheit, weil dessen ehemalige Mietwohnung von Menschen gekauft wurde, die sie nur einmal im Jahr für zwei Wochen nutzen: zur Wiesnzeit! Manchmal erzeugen Metamorphosen auch Monster.

Das Million Dollar Baby –
Wie das Dirndl der Spiegel Münchens wurde

SvW

Es gibt sie als windige Plastik-Fetzen an den Touristenständen am Hauptbahnhof. Als sexy Couture aus Samt und Seide von Lola Paltinger für 2.000 Euro. Oder konservativ-vornehm, hochgeschlossen und mit handbedruckter Schürze aus Baumwolle beim Lodenfrey: die Dirndl. München ist zur Wiesn-Zeit – also zum Oktoberfest – die Welthauptstadt des Dirndls, der Lederhose, der Tracht, ja des traditionell süddeutschen Gewandes, das in den vergangenen 15 Jahren eine ebensolche Wandlung erfahren hat wie die Stadt selbst. Metamorphosen in Stoff und Stein.

Und so urig stramm und fesch die Mannsbilder in Lederhosen, Charivari und Gamsbart-Hut auch aussehen, es ist das Dirndl, das als typisch deutsches Kleid von der Isar aus die ganze Welt erobert hat wie Mercedes und Haribo. Durch dieses Kleid ist der bayerischen Landeshauptstadt in zwei Jahrzehnten das gelungen, was nur wenige Städte schaffen, auch wenn sich die Tourismusmanager noch so sehr abplagen: ein wahnwitzig erfolgreicher Besuchermagnet geworden zu sein, dessen Klischees und die dazugehörigen Wurzeln die Fantasie der Menschen befeuern.

Das Wort Dirndl bezeichnete ursprünglich im süddeutschen Sprachraum einfach eine Magd, eine Sennerin, ein Landmädchen. „Ja mei, komm her, Deandl“, sagte die Tante zum kleinen Mädchen, als noch Bayerisch gesprochen wurde. Spätestens im 19. Jahrhundert wurde das Dirndl im deutschen Sprachgebrauch synonym für ein Landkleid. Im Geist der Romantik stand es in jener Zeit, in der Schriftsteller und Politiker nach der sogenannten „Volksseele“ suchten, idealistisch überhöht für urigen Charme, Bodenständigkeit und Landlust. Und das vor allem in der zunehmend breiteren Schicht der Städter, die nichts dekorativer und amüsanter fanden, als mit der reschen Anmut einer Bäuerin zu spielen, mit einem Stück Stoff die Identität zu wechseln. Der Schriftsteller und Abgeordnete der Frankfurter Nationalversammlung Ernst Moritz Arndt stellte vor 200 Jahren sogar die Forderung nach einer „Volkstracht“ für deutsche Männer und Frauen auf, um das Zusammengehörigkeitsgefühl im Kleinstaaten-Deutschland zu stärken. Blöd nur, dass es gar nicht in allen Regionen eigene Trachten gab, manche mussten dafür erst erfunden werden.

Seit der Kittel mit Schürze den Hautgout der Armut abgelegt hatte, wurde das Dirndl ein *Fashion Piece*, das weibliche Erotik mit Politik auflud, im Guten wie im Schlechten, und damit ist es ein stoffgewordenes Stück Münchner Stadtgeschichte. Kein Bieranstich in Bayern ohne Politikerinnen von den Grünen bis zur AfD ohne Dirndl, Hochzeiten in allen Schichten im Dirndl, und natürlich Oktoberfest im Dirndl. Wandern im Dirndl, Brunch im Dirndl, Beerdigung im Dirndl, alles ist möglich. In München wird das Dirndl als Kleid, das mit Sex-Appeal und Weiblichkeit spielt, zügellos und fantasievoll eingesetzt, auch laut, glänzend – so wie die Stadt als Ganzes geworden ist. Ein wenig Koks statt Schnupftabak, Strass-Steine statt Seidentaft. Manche Damen kombinieren ihre klassischen Lodenfrey-Dirndl mit Hermès-Tüchern, andere ziehen zum Mini-Dirndl der Großmutter aus den 1970ern Sneaker an. Vichy-Karo, Gothic, Punk oder traditionelle Modelle mit Schnitten wie aus dem Stadtmuseum werden hier Seite an Seite getragen – und niemand regt sich auf. Das Dirndl ist die große demokratische Basis, der gemeinsame Nenner, das postmodern destrukturierte Gewand überhaupt, das jede Frau neu für sich zusammensetzt. Jede kann schön in ihm aussehen, egal ob dick, dünn, groß, klein, viel Busen oder gar kein Busen. Wer was tragen kann, mit dieser Frage beschäftigen sich die vielen kleinen Dirndl-Schneiderinnen, die in München ihre Boutiquen eröffnet haben.

So wie Lola Paltinger. Die ursprünglich aus Mannheim stammende Designerin begann Ende der 1990er Jahre, Dirndl zu entwerfen, nachdem sie für ihre Abschlussarbeit, die „Lollipop&Alpenrock“-Kollektion, an der Modeschule Esmod einen Sonderpreis bekommen hatte. Internationale Designer in der Jury fanden die neue Umsetzung der alten Dirndl-Tradition sensationell, Paltinger sammelte Erfahrungen bei Vivienne Westwood. Dann gab die junge Designerin Anfang der 2000er Jahre der Münchner-Dirndl-Szene den entscheidenden Boom: Die „Zuagroaste" verwendete bei ihren Dirndln Strass und Glitter, kürzte hier, kombinierte damit Tüll und Netz, verwendete Knall-Farben und stellte High Heels dazu. Ein erfolgreicher Tabubruch.

Heute tragen nicht nur deutsche Prominente ihre auffallenden Alpenglam-Kleider mit maßgeschneiderter Jahrmarkt-Fröhlichkeit, sondern auch Salma Hayek, Paris Hilton, Kate Perry oder Kim Kardashian. Dabei ist die lebhafte Designerin auf dem Boden geblieben. „Mich hat die deutsche Tradition der Trachten, wie man sie etwa beim Trachtenumzug auf dem Oktoberfest sieht, schon früh total fasziniert", erzählt sie. Bis heute hat sie Ehrfurcht vor dem Kulturerbe, dem Wissen, das in den alten Kleidungsstücken steckt. Manche Traditionalisten sehen Paltingers kostbare Barbie-Glam-Kleider kritisch, „aber alle bewundern unser handwerkliches Können", sagt sie. Heute wird sie von Trachtenvereinen aus Deutschland wie aus Österreich zu Podiumsdiskussionen und Expertenrunden eingeladen, und darauf ist sie stolz.

Alle Modelle entstehen in der hauseigenen Schneiderei in Nürnberg, aus Stoffen, die Paltinger selbst entwirft, 350 maßgeschneiderte Dirndl werden pro Jahr verkauft, sie beschäftigt fünf feste Mitarbeiterinnen. Dass die Touristen aus Übersee sich in Ramschdirndl zwängen und das Oktoberfest darin mitfeiern – was von Kulturpessimisten säuerlich beobachtet wird –, hält Lola Paltinger eher für ein positives Zeichen. „Die Welt will Teil der Münchner Kultur sein, die hiesigen Rituale einfach mitmachen, das ist doch wunderbar und ein Kompliment für München", meint sie. Die Vielfalt der Dirndl von hochgeschlossen bis aggressiv sexy sieht die Designerin als Zeichen für die Offenheit der Stadt, die alle so leben lässt, wie sie wollen.

In Münchens neuen Dirndln scheint die Stadtgeschichte der vergangenen 50 Jahre eingewebt: Das rockige Schwabing der 60er und der 70er Jahre. Das Wilde und Geldige der 1980er Jahre mit Helmut Dietls Serie „Kir Royal". Die Golf GTI-Jugend und die Punks der 1990er. Die Gastarbeiter und Zuwanderer. In München geht beim Zuckergussdirndl das seit den 80er Jahren kultivierte Bling-Bling der Bussi-Bussi-Gesellschaft Hand in Hand mit der Welt der ewigen Gschaftlhuber.

Aber fast all das, was in der Freiheit der Dirndl zu sehen ist, ist aus der Stadt selbst verschwunden: Das einstmals progressive Schwulenviertel um den Gärtnerplatz ist so durchgentrifiziert, dass die SUVs an den Ecken, wo früher manchmal sogar geschossen wurde, nicht mehr aneinander vorbeikommen. Das intellektuelle Schwabing mit den wilden Faschingsbällen und Partys ist mit Geld glattgebügelt. Das leicht Verschrobene und Grantln der alten Münchner kann man allenfalls noch an manchen Tagen im „Braunauer Hof" oder anderen alten Wirtshäusern mit ihren Stammtischen erleben. Das ehemals gemächliche München mit seiner behäbigen Konformität ist einer humorloseren Gesellschaft gewichen, die allein auf Erfolg bedacht ist. Gut ist es dennoch und unverändert, wenn keiner einen Schmerz hat, es gemütlich ist und alle nach der Arbeit in den Biergarten gehen.

Auch die Wiesn fühlt sich für alte Münchner heute vollkommen anders an als früher. Der erste Schock kam mit dem Attentat eines Neonazis im Jahr 1980, bei dem 19 Menschen starben und über 200 verletzt wurden. Die Angst wurde spätestens nach dem 11. November 2001 eine noch größere Begleiterin, denn ein solches Volksfest galt als ideales islamistisches Terrorziel. Die einen Münchner lieben die Wiesn – für solche können dafür alle Ostern, Geburtstage und Weihnachten ausfallen. Für die anderen ist das jetzige Party-Oktoberfest ein einziges Gschiss. Die fahren dann in der Wiesn-Zeit in die Ferien und vermieten ihre Wohnung für enorme Summen an Auswärtige. Das Oktoberfest ist eine Amalgamierungs-Maschine geworden, es ist nicht mehr ein Ritual, dessen Teilnehmer zwischen „wir" und „die anderen" unterscheiden, die Amis können da ebenso hingehen wie die Preißn. Jeder Mensch mit welchem Hintergrund auch immer kann sich eine Tracht anziehen, auch wenn es nichts mehr damit zu tun hat, um was es einmal ging, und für viele das Fest ein einziges Zentralbesäufnis geworden ist.

„In den 1970ern ging man mit Papa und Mama spontan als Familienausflug zwei, drei Stunden auf die Wiesn, fuhr zweimal ‚Wilde Maus', aß eine Fischsemmel, die am Kettenkarussell wieder rauskam, sah zu, wie die Eltern Bier tranken", erzählt eine Münchner Freundin. „Man konnte einfach hingehen, hat einen Tisch bekommen, und es war nicht dieses riesige Drumherum und das neureiche G'schau". Eine sorgenfreie Wiesn gibt es schon lange nicht mehr, auch wenn es Grapscher und Kotzer immer gab, und nicht erst, seit es das Höchste ist, mit Boris Becker oder den Fußballern vom FCB im Käferzelt der internationalen Schickeria zu sitzen. Die Münchner Freundin ging in den 1990er Jahren als Schülerin und Studentin wie die meisten Gleichaltrigen niemals im Dirndl auf die Wiesn. Sondern in Bomberjacke, Jeans, Stiefeln und hochgeschlossenen Shirts. „Wir wollten das Klischee nicht bedienen und die besoffenen Mannsbilder in Schnellficker-Hosen nicht auf uns lenken", erinnert sie sich. Und auch daran, dass die Lokalzeitungen Statistiken veröffentlichten, wie viele Frauen in jedem Jahr vergewaltigt wurden. Heute gehen ihre 40 bis 50 Jahre alten Freundinnen alle im Dirndl auf die Wiesn. Das Kleid selber ist ein Status-Symbol geworden. Ob Wäscherinnen-Dirndl aus Baumwolle oder Couture, ein gutes Dirndl symbolisiert in München heute die Zugehörigkeit zu bestimmten Milieus. Manche Damen investieren jedes Jahr richtig Geld in zwei Dirndl mit mehreren Schürzen zum Wechseln, denn sie wissen: Mit dem richtigen Dirndl kann man wie ein *Million Dollar Baby* aussehen. Wer nicht so viel Geld hat, wird in Second Hand-Läden fündig, und Dirndl-Schneiderinnen machen es dann passend. Nach der Wiesn kann man es wiederverkaufen. Oder man geht gleich zum Dirndl-Verleih wie „Dresscoded“, wo man für rund 200 Euro ein Designer-Dirndl für vier Tage ausleihen kann.

Sind die neuen Münchner Kracher-Dirndl Ausdruck eines neuen weiblichen Selbstbewusstseins, gerade und auch in Zeiten von MeToo? Hat das Dirndl den Umgang von Hunderttausenden Frauen mit ihrer Weiblichkeit spielerischer, sorgenfreier, angstfreier gemacht? Vielleicht. Denn Schönheit ist in der deutschen Hauptstadt der Schönheitschirurgen eine starke, manchmal auch unbarmherzige Währung. Als Inbegriff der schönen Münchnerin gilt bis heute die – in ein Dirndl gewandete – Schustertochter Helene Sedlmayr, die König Ludwig I. für seine Schönheitengalerie in Schloss Nymphenburg malen ließ. Sie war ihm als blutjunges liebreizendes Dienstmädchen aufgefallen, und für das Portrait, das sie im sogenannten „Altmünchner Gewand“ im Stil der 1830er Jahre zeigt, kaufte er ihr sogar das graue Kleid mit hellblauem Schnürmieder, dazu eine silberne Riegelhaube, silberne Ketten für das Mieder und ein rosafarbenes Halstuch aus Seide. Bis heute blickt die braunhaarige Schöne mit dem Kirschmund und der zarten hellen Haut verträumt nach oben, die Stirn strahlend wie mit einem Glow-Puder bestäubt, eine züchtige Botschafterin, einem frühen „Bavaria‘s Next Topmodel“ gleich. Im Dirndl, neben 37 weiteren Frauen, darunter die irische Tänzerin Lola Montez und die königliche Schwiegertochter Marie.

Das Oktoberfest ist ein Schönheitenjahrmarkt für die ganze Stadt geworden, auf den alle gehen können. Auch und gerade die Jugend. So wie der Starnberger Gymnasiast Finn Kaempfe, für den die beiden Wiesnwochen mit seinen Freunden Höhepunkt des Jahres sind. Kult, Lebensfieber. „Lederhosen sind superbequem, und es sieht echt cool aus, wenn die ganze Jugend in Tracht geht, niemandem ist es peinlich, man spürt ein Zusammengehörigkeitsgefühl einmal im Jahr, auch wenn man sich nicht kennt“, sagt er.

Wer sich keine teuren Lederhosen kaufen kann, geht zu H&M, wo es Modelle für 40 Euro gibt. Hauptsache: mitmachen. Auch in die Schule tragen die Schüler Tracht, damit sie sofort nach Unterrichtsschluss auf die Theresienwiese fahren können. Beim „Anstich" dabei zu sein, ist Ehrensache, dafür fahren sie als Gruppe um 5 Uhr in der Früh los, sind um 7 Uhr vor den Toren, die um 9 Uhr öffnen. „Dann rennen wir zu unserem Zelt, warten da und um 12 Uhr geht es los", erzählt er. Bei diesem Rennen stehen Wirte und Kellner in den Zelten, klatschen, die Blaskappelle spielt. „Eigentlich darf man erst ab dem Alter von 16 Jahren in die Zelte, aber die meisten gehen schon ab 14 rein", sagt Finn Kaempfe. „Man muss lange draußen warten, wenn man keine Reservierung für einen Tisch hat, und das ist sehr teuer, oder man muss jemanden kennen." Der Oberschüler landete vor einigen Jahren einmal als umstrittener Trendsetter in der Presse und im Fernsehen, da er – der keine Trachtenschuhe hatte – zu seinen Lederhosen einfach selbst bemalte Stan-Smith Sneakers mit unterschiedlich bunten Schnürsenkeln trug – für Trachtenpuristen ein Affront, für junge Stylisten neuer Kult. „Viele Jugendliche ziehen heute schlichte Turnschuhe an, auch zu Dirndln, denn man steht den ganzen Tag auf den Bierbänken, und viele Trachtenschuhe sind nicht so angenehm zu tragen," erzählt er.

Kaum jemand, der heute im Popdirndl von H&M über die Wiesn geht, weiß, dass es eine Zeit in München gab, in der das Dirndl erst jüdisch und dann nationalsozialistisch war. Denn die Münchner Dirndl-Mania wurde zu Beginn des 20. Jahrhunderts von zwei jüdischen Brüdern aus Bielefeld gezündet: Die westfälischen Kaufleute Moritz und Julius Wallach gründeten im Jahr 1900 das „Volkskunsthaus Wallach", das in der Münchner Innenstadt – erst in der Lindwurmstraße, dann in der Residenzstraße – Trachten und Volkskunst verkaufte. „Der Wallach" wurde zum Mitbegründer des bayerischen Wohn- und Kleidungsstils. Die begeisterten Trachtenforscher- und Sammler richteten eine

Handdruck-Manufaktur ein und sorgten für die Ausstattung des Landestrachtenzugs im Jahr 1920 – zum 100sten Jubiläum des Oktoberfestes. Sie wurden Königlicher Hoflieferant, statteten Schauspieler für die Operette „Im weißen Rössl" aus, wodurch das Dirndl in ganz Deutschland en vogue wurde. Sie schneiderten ein Seidendirndl, das eine preußische Prinzessin auf einem Ball in Paris trug und damit auch international für Aufsehen erregte. Auch Norddeutsche trugen Dirndl in der Sommerfrische, und die Volkskunst und folkloristische Interieurs gehörten auf einmal zum guten Ton so wie heute marokkanische Kissen oder japanisches Geschirr.

Die handgedruckten Stoffe fanden sogar in Hitlers Berghof Verwendung, sowohl Adolf Hitler als auch Hermann Göring trugen bei Besuchen im Berchtesgadener Land Trachtenanzüge aus dem Münchner Haus Wallach. Dirndl und Tracht passten hervorragend zur politisch motivierten modischen Repräsentation der Vertreter der arischen Rasse, heimatpolitisch aufgeladene Trachten galten als ebenso korrekte Gesellschaftskleidung wie Uniformen. In dieser Zeit entstand eine Art Nazi-Dirndl, das den Kleidergeschmack für lange Zeit prägte: In der „Mittelstelle Deutsche Tracht" der Reichsfrauenorganisation entwarf die „Reichsbeauftragte für Trachtenarbeit", Gertrud Pesendorfer, das neue germanische Kleid. Eine Art praktisches Arbeitskleid, hohe Taille, tief dekolletiert, enges Mieder, nackte Oberarme. Kellnerinnen trugen es ebenso wie feine Bürgerinnen, die Führerfreundin Eva Braun und BdM-Mädels, es existierte als kurzes Alltagskleid und als langes Abendkleid.

Im November 1938 wurde der Privatbesitz der Brüder Wallach vom nationalsozialistischen Regime geraubt, Julius und Moritz Wallach flüchteten in die USA; ihr Bruder wurde 1942 im KZ Theresienstadt ermordet. Grausame Ironie des Regimes: den Wallachs war das Tragen der Trachten – die erst sie in Mode gebracht hatten – als Juden untersagt. Nach dem Krieg erhielten die beiden Brüder Wallach ihr Geschäft zurück, setzten einen Geschäftsführer ein und blieben in den USA. Das Unternehmen Lodenfrey übernahm die Firma Ende der 1990er Jahre, im Jahr 2003 schloss es endgültig seine Türen.

Wie so ganz anders sehen heute jene Dirndl aus, die in den kleinen Schneidereien in Schwabing oder im Glockenbachviertel entworfen werden. In diesen Fusion Dresses sieht man, dass das oft so als glatt beschimpfte München in seiner internationalen Form eine Stadt der Freiheit, Offenheit und Fantasie geworden ist. So entwerfen die in Kamerun geborenen Schwestern Marie Darouiche und Rahmée Wetterich unter dem Label Noh Nee „Dirndl à l'africaine". Sie kombinieren bayerische Trachtenschnitte aus den 1950er Jahren mit traditionellen Stoffen aus afrikanischen Drucken, den bunten Wax Prints. Die geometrischen Muster und die lauten Farben passen gut zu den bayerischen Schnitten und werden neben Kimonos, Westen und Tellerröcken verkauft. „Mit den afrikanischen Stoffen", sagt Marie, „werden die Dirndl zu einer Hommage an den Stolz der Frau, zu einem stoffgewordenen Lebensgefühl, das mit Jacken und Accessoires der eigenen Phantasie keine Grenzen setzt." Hinter dem Konzept der „Dirndl à l'Africaine" steht Rahmées Vision des „Colourmix" – der spannende Austausch der Weltkulturen. „Er wird in Zukunft eine große Rolle spielen", sagt sie, „die Menschen werden sich kennenlernen, Neues kreieren und ihre Traditionen in neuem Licht sehen". Wird es dadurch zum Kostüm? Nein.

Denn ein Kostüm wie die rheinische Faschingskleidung war das Dirndl nie. Sondern eine Erweiterung von Alltags- und Festgarderobe, die aber nur in wenigen Regionen des deutschen Sprachraums wirklich entspannt wirkt. Tatsächlich funktioniert das Dirndl in Norddeutschland nicht. Wenn man es bei Sommerfesten in Hamburg oder Niedersachsen sieht, wirkt es im besten Fall wie ein trauriger Exilant, im schlechtesten Fall peinlich. Da sind auch sogenannte „Oktoberfeste", Mottopartys mit weiß-blauer Dekoration, Brezn, Bierfässern und langen Tischen keine wirkliche Hilfe. Es fehlt das Selbstverständliche, das Drumherum, der süddeutsche

Zungenschlag, das Schwingen in der Mentalität, die sich in der Drehung des Rockes widerspiegelt. Das neue deutsche Dirndl ist eben das neue München. Ein wenig Komödie, ein wenig Schwindel, Volkskunde und Pop-Kultur, Grenzüberschreitung und Stilbruch, Gamsbart und Barbie, unterfüttert mit vielen Millionen Euro.

DIE DEUTSCHE FOTOGRAFIE

Voyeure und Reporterinnen

„Für mich sind deutsche Fotografen Voyeure: schamlos und zärtlich."

„Was soll denn bitte schamlos und zärtlich an Schwarz-Weiß-Bildern des Ruhrgebiets sein, mit denen man die deutsche Fotografie immer noch verbindet? Wenn ein berühmter Professor die Arbeiten seiner Schüler mit dem Kommentar ‚Scheiße' stempelt? Und wenn Sie Helmut Newton meinen: nackte Frauen vor der Linse machen alle. Aber reden wir mal über Fotografinnen."

Gasmasken, Nazis und Realsozialisten

DK

Deutsche Fotografie: Gibt es die überhaupt? Wäre das nicht wie deutsche Physik, deutsche Biologie oder deutsche Mathematik? Gibt es einen spezifisch deutschen Blick durch den Sucher einer Kamera? Ja, es gibt einen besonderen deutschen Blick in der internationalen Fotografie.

Wir gehen nicht zurück bis zu den Gründervätern der deutschen Fotografie, zu August Sander oder Erich Salomon. Wir beginnen mit einer Frau, die ihren Kinderwagen durch eine Ruinenlandschaft schiebt, eine Gasmaske vor dem Gesicht. Im Bildhintergrund sieht man die Reklame für „Gloria", ein Berliner Kino am Kurfürstendamm. Mit dem Schriftzug „Reise in die Vergangenheit" wird für den gleichnamigen Ufa-Liebesfilm geworben. Das Foto entstand im November 1943 nach einem Bombenangriff. Nachdem der Krieg für Deutschland verloren war, wurde dieses Foto zur Ikone des Bombenkriegs stilisiert: Die Deutschen mussten sich nicht mehr nur als die Bösen sehen, sondern sie konnten sich auch als Opfer betrachten.

Das ist nun fast 80 Jahre her, mehr als eine Ewigkeit, in der sich die Fotografie zwei Mal in Quantensprüngen verwandelt hat: von schwarz-weiß zu bunt, von analog zu digital. Und die Urenkel der Trümmerfrauen schicken Milliarden gut gelaunter Handyfotos in die Welt; statt Gasmasken tragen sie Corona-Schutzmasken.

Dennoch ist dieses Gasmaskenbild aus dem Zweiten Weltkrieg nach wie vor eine Ikone der deutschen Fotografie. Das Foto stammt von Wolf(gang) Strache, der nach seiner Promotion im Fach Volkswirtschaftslehre in die NSDAP eingetreten war und als Bildjournalist Prestigeobjekte des Nazi-Regimes wie die Reichsautobahn und rüstungstechnische Anlagen fotografierte. Während des Zweiten Weltkriegs diente er als Bildberichter in der Propagandakompanie beim Oberkommando der Luftwaffe. Er war einer der vielen Vertreter des mittleren Führungspersonals, das in der neuen Bundesrepublik ungestört seinem alten Beruf nachging, denn auch in Deutschland hatte es wie in anderen staatlichen Systemwechseln eine Elitenkontinuität gegeben. Wolfgang Strache arbeitete nach Kriegsende als Fotograf und Verleger bis zu seinem Tod 2001. Er und sein Fotografenfreund Otto Steinert, ebenfalls ab 1936 Mitglied der NSDAP, waren die Initiatoren einer Serie von Bildbänden mit dem Titel *Das deutsche Lichtbild*, die von 1955 bis 1979 erschienen. Strache und Steinert luden jährlich Berufsfotografen und Amateure ein, sich daran zu beteiligen. Die Arbeiten wurden von einer von ihnen selbst ernannten Jury ausgewählt und im jeweiligen Jahresband abgedruckt. Wollte man sich mit der deutschen Bezeichnung „Lichtbild" vom Wort Photographie bzw. Fotografie abgrenzen, das auf Griechisch „Zeichnen mit Licht" heißt?

An diesen Sammlungen beteiligten sich Fotografen, die auch heute noch bekannt sind: F. C. Gundlach, Thomas Höpker, Robert Lebeck, Guido Mangold, Charlotte March, Will McBride, Stefan Moses, Max Scheler, Ludwig Windstosser. Bemerkenswert ist, dass viele dieser deutschen Fotografen mit Mode- und Werbefotografie begannen und dass die Zeitschriften *Quick* und *Stern* durchgängig die Abnehmer der Fotografien waren. Zu den deutschen Fotografen zähle ich auch den US-Amerikaner Will McBride, der nach seiner Dienstzeit bei der US-Armee in Berlin studierte und für die Zeitschrift *twen* Bilder machte, die zu Ikonen der 1950er und 1960er Jahre wurden. Sehr viele jener Fotografen, deren Bilder von den beiden Altnazis Strache und Steinert ausgewählt worden waren, lieferten große Bildstrecken für *twen*.

Die Zeitschrift *twen* wurde für meinen eigenen fotografischen Blick zur Schulmeisterin: Als 18-jähriger kaufte ich mir jeden Monat das neue Heft, anfangs noch für 1,50 DM, dann für 2,00 DM. Das war nicht wenig Geld für einen Oberschüler. Das Layout von Willy Fleckhaus, die Themen Sexualität und Partnerschaft, die Auseinandersetzung mit der NS-Vergangenheit und die Studentenbewegung, für die ich noch ein paar Jahre zu jung war, faszinierten mich. Eigentlich war diese Revue der Zwanzigjährigen noch nichts für mich, wie meine Mutter meinte. Diese Bilderstrecken erweckten bei mir die Sehnsucht nach weiblicher Schönheit. Nach Ruth Leuwerik, Simone Bicheron, Romy Schneider, Uschi Obermaier, Barbara Wilke, Barbra Streisand und Veruschka Gräfin Lehndorff, alle unerreichbar für einen Schüler aus München-Pasing. In ihm erwachte die Sehnsucht nach den dort abgebildeten Landschaften der Provence, der Camargue, der Toscana, Formentera. Frankreich war das Traumland, von New York war noch nicht die Rede.

Was war daran deutsch? Im Gegensatz zum *SPIEGEL*, der sich ganz an den amerikanischen Magazinen orientierte, entwarf der Kriegsheimkehrer Fleckhaus für die Photokina, für den Suhrkamp Verlag, für das damalige „Magazin" der *Frankfurter Allgemeinen Zeitung* und ganz besonders für seinen *twen* eine so eigene Bildersprache, dass man von etwas spezifisch Deutschem sprechen kann. Sie war romantisch und direkt, verspielt und sachlich zugleich. Und natürlich wirkte die Bauhaus-Ästhetik nach.

Ich erkenne in diesen Fotos auch nach fast 60 Jahren meine eigene jugendliche Sehnsucht nach dem Schönen hinter dem Mief der Kanzlerschaften eines Ludwig Erhard und Kurt Georg Kiesinger. Bis zu Willy Brandt und 1969 war es noch lange hin. Diese Bilder weckten den Wunsch, Gitanes zu rauchen, Rotwein zu trinken, Jacques Brel zu hören, eine Bilderstrecke über die No-Bra-Mode und den Paragraphen StGB 218 zu studieren. *twen* war das erste Zeitgeist-Magazin in Deutschland, es wurde zum Medium einer westdeutschen Generation, zu der ich selbst nur sehr knapp gehörte. Mag sein, dass es Vergleichbares in Frankreich, England und den USA gab, davon wusste der Oberschüler jedenfalls nichts.

Wenn *twen* mich das Sehen von Fotos gelehrt hatte, dann war es die Freundschaft mit einem Fotografen, die mich bis heute geprägt hat: Michael Wolf. Auch er hatte sein Handwerk bei Otto Steinert gelernt, wie viele, deren Name auch heute noch einen besonderen

Klang in der deutschen Fotografie haben: Guido Mangold, Rudi Meisel, Timm Rautert und Dirk Reinartz.

Grob gesagt, scheint es zwei Brutstätten westdeutscher Fotografie nach dem Zweiten Weltkrieg gegeben zu haben: Otto Steinert, der an der Folkwang-Hochschule in Essen lehrte, und das Ehepaar Bernd und Hilla Becher, die in Düsseldorf unterrichteten, und zu deren bekannteren Schülern Andreas Gursky, Candida Höfer, Tata Ronkholz, Thomas Ruff, Thomas Struth und Petra Wunderlich zählen.

Michael Wolf, der zwar 1954 in München geboren wurde, jedoch in Kalifornien als Kind deutscher Eltern aufwuchs, ging Mitte der 1970er Jahre zum Studium der Fotografie nach Essen, wo er in die Klasse von Steinert geriet, dem ehemaligen Mediziner, der im weißen Arztkittel unterrichtete. Im Gegensatz zum Ehepaar Becher, deren Lehrerschaft von ihren Studierenden angeblich gar nicht wahrgenommen wurde, fuhr Steinert den Kurs der „knallharten Korrektur", wie es seine Meisterschülerin Ute Eskilden charakterisierte. Es gab den Meister und die Schüler. Und zwischen beiden klaffte ein Abgrund.

Michael wäre nicht er gewesen, wenn er mit dieser Konstellation keine Probleme gehabt hätte. Auf seiner Homepage findet sich eine Fotoserie „studying with otto steinert". Bild Nummer 9 zeigt einen Jüngling mit dunklen langen Haaren, der gestikulierend dem Herrn Professor offensichtlich etwas zu sagen hat: Michael. Der Professor, diesmal im dunklen Kittel, stützt den Kopf in die Hand. Ich bin mir sicher, Michael widersprach ihm. Er erzählte oft, dass Steinert viele der ihm vorzulegenden Abzüge vor den Augen der Schüler faltete, zerriss, und dass er sich einen Stempel hatte anfertigen lassen, mit dem er größere Abschnitte auf dem vorgelegten Foto mit dem Wort „Scheiße" verunglimpfte. Dennoch – oder gerade deswegen – verehrte Michael Wolf seinen autoritären, misogynen und egomanischen Lehrherren dermaßen, dass er für ihn einen eigenen Instagram-Account anlegte, auf dem dieser aus dem Jenseits postete.

Seine Abschlussarbeit führte Michael Wolf 1976 in das Leben der Bergarbeiter und ihrer Frauen von Bottrop ins Ruhrgebiet. Diese Schwarzweiß-Serie sollte der Beginn jenes Blickes werden, der ihn sein Leben lang geprägt hat: Michael war ein Voyeur. Er war ein „Peeping Tom", wie die Engländer sagen würden in Anspielung an jene Legende, bei der nur ein einziger Mann die nackte Lady Godiva anzusehen wagte. Und im Gegensatz zu Tom, der deswegen erblindete, wurde Michael Wolf sehend. Er sah hinter die Fassaden, in die Fenster, auf die Hände, in die Gesichter. Seine Neugier auf Menschen war ebenso grenzenlos wie seine Sammlerleidenschaft. Er hatte einen soziologischen Blick, der nicht das sah, was die meisten Menschen sehen, wenn sie den Eiffelturm oder den Platz des Himmlischen Friedens sehen. Er fotografierte dann eher den Putzeimer hinter der Wand oder den Mann, der unter seinem Auto auf die Straße pisste. Das Erbe der „subjektiven fotografie" von Otto Steinert wirkte bis zu Michaels Tod im Jahr 2019 nach.

Es geht hier nicht um eine Rekapitulation des langen Weges meines verstorbenen Fotografenfreundes vom Fotoreporter zum Künstler. Es geht um die Frage, was besonders deutsch und was besonders schön an seinen Arbeiten und denen der genannten deutschen Fotografinnen und Fotografen sein soll. Dass dahinter immer auch ein eher voyeuristischer Blick lauert, ist vielleicht etwas Deutsches. Die Deutschen sind nicht unbekannt – und zuweilen auch unbeliebt – dass sie so etwas sehr Direktes haben, etwas Indiskretes. Die Deutschen schauen nicht zu Boden, sie sehen hin, sie schauen das Gegenüber direkt an. Das kann auch als aggressiv gedeutet werden. Als schamlos. Und das verbindet sie alle, von August Sander und Erich Salomon bis zu Peter Lindbergh.

Diesem direkten Blick begegnet man gleichermaßen in jener Fotografie, die sich in der DDR entwickelt hatte und von der wir auf der anderen Seite der Zonengrenze nicht viel mitbekamen.

Wer von deutscher Fotografie nach dem Zweiten Weltkrieg reden möchte, muss eben nicht nur von *twen*, sondern auch vom Magazin *Sibylle* sprechen.

Das Magazin *Sibylle. Zeitschrift für Mode und Kultur*, herausgegeben vom Modeinstitut Berlin, erschien von 1956 bis 1995 und wurde als „Ost-Vogue" bezeichnet. In ihm wurden Fotos von schönen Frauen in schönen Gewändern abgedruckt, die weit weg von der realsozialistischen Wirklichkeit waren. Die verkauften 200 000 Exemplare gingen rasend schnell weg, nicht zuletzt wegen der Modefotos von Sibylle Bergemann, Arno Fischer, Ute Mahler, Sven Marquardt, Roger Melis und Günter Rössler.

Günter Rössler ist als Pionier der Aktfotografie in der DDR in die Geschichte der Fotografie eingegangen. Sogar die Zeitschrift *Playboy* wurde auf seine Arbeiten aufmerksam und druckte 1984 einen zehnseitigen Beitrag unter der Überschrift „Mädchen der DDR". Seine Autobiographie *Mein Leben in vielen Akten* zeichnet den Schaffensweg dieses Modefotografen nach. Sie versammelt viele seiner Bilder von Mädchen und Frauen, alle schwarz-weiß, anmutige Körperhaltung, ihre Frische, ihre Neugier, ihren Lebenshunger selbstgewusst zeigend. Vor seiner Kamera standen keine professionellen Modelle, sondern Mütter und Töchter aus der Nachbarschaft. Der Betrachter sieht viel Schamhaar, und manchmal sogar Achselhaare. Fast alle Frauen sehen den Fotografen ganz direkt an, weder scheu noch lasziv. Im Jahr 1979 fand die erste Wanderausstellung von Rösslers Aktfotografien statt, die in zwölf Städten der DDR gezeigt wurde. Aktfotografie wurde als Kunstrichtung anerkannt, die meisten Menschen in der DDR hatten ein unverklemmtes Verhältnis zum nackten menschlichen Körper. In der kleinen Stadt Torgelow wurde akribisch Buch geführt, wer durch die Ausstellung gegangen war: 64 Brigaden, 14 Soldatenkollektive, 23 EOS-Klassen, vier Gruppen aus Polen, fünf Fotozirkel, fünf Zirkel „Malen und Grafik".

Günter Rössler war keineswegs allein: Der Bildband *Schön nackt. Aktfotografie in der DDR* versammelt Aktfotos von 18 Fotografen, darunter drei Frauen. Der Star-Maler Werner Sitte – Mitglied des Zentralkomitees der SED – formulierte den Unterschied zur westdeutschen Aktfotografie: „Zwar lässt sich an einem nackten Busen kaum ablesen, ob dahinter ein ostdeutsches oder ein westdeutsches Herz schlägt [...]. Es existieren aber erkennbare Unterschiede. Keine äußerlichen. Oder technischen. Sondern in der Haltung der Frauen. Sie wirken selbstsicher, selbstbewusst, souverän. Emanzipiert. DDR-Frauen sahen sich nicht als Objekt – sie behaupteten sich als Subjekt." Ostdeutsche Aktfotografie erschien somit als offizielles Propaganda-Medium über die Frau im Sozialismus.

Wer die Fotosammlung *Monalisen der Vorstädte* des ostdeutschen Fotografen-Paars Ute und Werner Mahler betrachtet, kann diese selbstbewussten Frauen erneut sehen, diesmal quer durch Europa. Von 2009 bis 2011 suchten die beiden Fotografen nach der zeitlosen, rätselhaften Schönheit der Mona Lisa bei jungen Frauen in Liverpool, Minsk, Florenz, Reykjavik und Berlin. Die ehemaligen DDR-Fotografen hielten Ausschau nach Mädchen, dort, wo sie wohnen, an den Rändern der Städte, nicht auf den Laufstegen der Mode-Shows. Die Fotografen arbeiteten mit einer Ausrüstung, wie sie früher in Fotoateliers verwendet wurde: alte Plattenkamera, schwarzes Tuch, dreibeiniges Stativ und ein Hocker, ohne Lehnen aber mit Kopfstütze. Allein diese Portraitserie belegt, dass es diese Suche nach unmittelbarer weiblicher Schönheit immer noch gibt.

Noch ein Name muss bei der Suche nach der deutschen Fotografie genannt werden: Helmut Neustädter. Ich meine jenen deutschen Fotografen, der als Helmut Newton eine Weltkarriere machte, der im Oktober 1920 in Berlin geboren wurde, in Los Angeles im Januar 2004 starb, und heute als deutsch-australischer Fotograf etikettiert wird. Ungeachtet seiner anfangs erzwungenen und später freiwilligen Wanderschaft von Berlin, wo er bei der in

Sobibor ermordeten Fotografin Else Ernestine Neuländer-Simon („Yva“) in die Lehre gegangen war.

Dieser Blick durch die Kamera sieht Menschen an: neugierig, direkt, schamlos, sinnlich. Männer wie Frauen, letztere ganz besonders. Alice Schwarzer hatte ja nicht vollkommen unrecht, als sie 1993 Newtons Frauenbildern vorwarf, sie seien sexistisch, rassistisch und faschistisch. Wer ausschließlich an die Serie *Big Nudes* aus den Jahren 1980 bis 1993 denkt, kennt aber nur den einen deutschen Fotografen Helmut Newton. Der die Frauen von Unten fotografierte, so dass der Busch ihrer Schamhaare, die vollen Brüste und der stolze Blick durchaus an die Frauenstatuen eines Georg Kolbe, Paul Schiffers, Paul Scheurle und Oswald Hofmann erinnert, die in der Grossen Deutschen Kunstausstellung 1939 im Münchner Haus der Deutschen Kunst zu sehen waren. Man denke allein an jenes Model „Big nude I“ mit der blonden Gretlfrisur, die Hände in die Hüften gestützt, in die Ferne blickend.

Den anderen Helmut kann sehen, wer den Bildband *us and them* aus dem Jahr 1999 durchblättert. Er zeigt Strecken eines lebenslangen Fotografen-Paars, Helmut Newton und die Schauspielerin June Browne, die seit den 1970er Jahren unter dem Pseudonym Alice Springs fotografierte. Sie fotografierte ihren Mann. Er seine Frau. Beide fotografierten andere. Man wird kaum ein zärtlicheres Fotobuch finden können. Und das eines Bewunderers der Schönheit von Frauen, darunter die Schönheit seiner Frau und Gefährtin.

Ähnlich bewegend wie Michael Wolfs letzte Fotostrecke der Sonnenaufgänge über der Insel Cheung Chau. Bei der sieht man aber keine Menschen mehr, nur noch den Himmel.

Es gibt keine deutsche Fotografie

SvW

Es gibt keine deutsche Fotografie. Nur gute und schlechte. In Deutschland sozialisierte Fotografen wie August Sander und Gisèle Freund haben sich im 20. Jahrhundert nie als deutsche Lichtbildner gesehen, sondern als Chronisten des Weltgeschehens und moderne Portraitmaler. Ein Künstler wie Andreas Gursky wird zwar in Präsentationen als „deutscher" Fotograf im 21. Jahrhundert hoch gehandelt, aber sein Auge hat keine Nationalität. Fotografen sind geborene Reporter ohne Grenzen, sprechen wie alle Künstler nicht die eine Sprache. Denn was interessiert sie? Menschen, Landschaften, Objekte. Licht und Schatten. Und die gibt es auf diesem Planeten überall.

Doch dieses Selbstbild kann sich über Nacht ändern, etwa wenn deutsche Fotografinnen und Fotografen im Ausland studieren oder arbeiten. Dort tragen sie oft wider Willen das Markenzeichen „Made in Germany", und darin mischen sich dann Ideen-Fetzen von Bauhaus, Essener Folkwang-Schule, Düsseldorfer Schule des Ehepaars Becher und eben Gursky. Dieses Etikett wird manchen jungen Deutschen auch dann aufgepappt, wenn sie lieber als Usbeken oder Amerikaner durchgehen würden.

So ging es einer Münchner Freundin von mir – Jahrgang 1969 –, die am New Yorker „International Center of Photography" studierte. Sie liebte in diesem Stadium die japanische Fotografie eines Takashi Homma mit seinem Buch *Suburbia* und verehrte die Arbeiten der Schweizerin Annelies Štrba. Was die sehnsuchtsvolle *twen*-Atmosphäre der westdeutschen Jugend in den 1960ern bedeutete, war Ende der 1990er die Schnappschuss-Ästhetik. Deren Vater war der in den USA lebende Schweizer Robert Frank, ihm folgten William Eggleston, Nan Goldin, Daido Moriyama und der Engländer Martin Parr. Der jungen Fotografin aus Deutschland ging es in New York wie diesen Vorbildern um emotionale Bilder von Freunden, der Straße und dem eigenen Leben. Um Farbe, Unschärfe und

Ausbruch. Nicht um alte Fördertürme im Ruhrgebiet mit ihren strengen Linien und dem Gout einer verlorenen Zeit. Nachdem sie am Beginn des ersten Semesters fünf Fotos gemacht und für ihren Professor an die Wand gehängt hatte, fällte das Verdikt: „Ah, I see German photography!“ Meine Freundin war entsetzt. „Ich hasste allein das Wort!“ *German photography* war alles, was sie nicht sein wollte, weder im Leben noch in der Arbeit: sperrig, vorhersehbar, ohne Humor. Sie wollte weicher, intuitiver, offener fotografieren. „Die Schwarz-Weiß-Bilder aus der Essener und Düsseldorfer Schule zeigten ein mir vollkommen unbekanntes Deutschland, mit dem ich nichts zu tun hatte“, erinnert sie sich. „Mich interessierte diese berühmte, aber in meinen Augen alte Fotografie wie die von Bernd und Hilla Becher gar nicht, auch wenn sie dafür gekämpft haben, dass Fotografie als Kunstform gesehen wurde“, erzählt sie. Heute sagt sie: „Vielleicht war da tatsächlich etwas Deutsches in meinem Blick, was mein New Yorker Lehrer wahrnahm, aber ich war zuvor nie auf eine Fotoschule gegangen, hatte die ganze Fotografiegeschichte nicht wirklich in meinem Koordinatensystem und wusste nicht, worauf er anspielte.“

Die Deutsche in New York wollte einfach ihre Kamera nehmen und etwas fotografieren, von dem sie dachte, dass es cool und anders aussah. Ob es Bernd und Hilla Becher eine Generation zuvor auch so gegangen war? Klar war nur: Das Zurückgeworfenwerden in die Schublade „Deutsche Fotografin“ stürzte die junge Frau in eine innere Krise. Als sie dem Professor von ihrem Unbehagen erzählte, schickte dieser sie in die Bibliothek des Instituts und gab ihr als Lehraufgabe, sich monatelang mit deutscher Fotografie zu beschäftigen. Jetzt erst recht. Sie studierte den sachlichen Realismus von Bechers Industriebauten und Siedlungen im Ruhrgebiet, die Arbeiten der Becher-Schüler Andreas Gursky, Thomas Struth und Candida Höfer. „Immer wieder begegnete mir das, was man im Ausland oft mit deutsch verbindet: Kühle und wenig Emotion. Das wollte ich eben nicht.“ Später war sie von den Arbeiten des deutschen Superstars Wolfgang Tillmanns fasziniert, der bis zum Brexit in Großbritannien lebte und der aus der Fotoschule in München stammte. Auch Juergen Teller, der mit dem Göttinger Verleger Gerhard Steidl eng zusammenarbeitete und ebenfalls in London lebte, wurde für sie ein Fixstern, da er in der Szene wie ein Punk wirkte. Schließlich fand sie ihre eigene fotografische Linie eher in der farbenreichen und poetisch-melancholischen Ästhetik, wie sie auch die in Cuxhaven geborene Fotografin Jessica Backhaus entwickelte. Backhaus, die ab dem 16. Lebensjahr in Paris lebte und studierte und später in New York Fotografen wie Patrick Demarchelier, David LaChapelle und Michel Comte assistierte und die zuvor als 21-jährige die 84-jährige Gisèle Freund als Mentorin durch einen Zufall gewonnen hatte.

Diese aus Berlin stammende fotografische Urmutter hat wie zwei weitere aus Deutschland stammende Frauen die Fotografie geprägt, die für den klaren soziologischen Blick auf die Welt stehen: Herlinde Koelbl und Barbara Klemm. Als Tochter eines jüdischen Kunstsammlers hatte Freund vor ihrer Karriere als Fotografin bei Karl Mannheim und Max Horkheimer studiert, Norbert Elias wurde ihr Mentor. Auf seinen Rat hin untersuchte sie den Beginn der Fotografie des 19. Jahrhunderts in Frankreich in einer soziologisch-ästhetischen Doktorarbeit, die sie in Paris in der Emigration abschloss. Ihre enge Freundin, die Buchhändlerin und Schriftstellerin Adrienne Monnier, übersetzte sie ins Französische und publizierte die Arbeit zur modernen Bildkultur in der bürgerlichen Gesellschaft im Verlag ihrer Buchhandlung. War das Fotografieren mit ihrer Leica erst ein Hobby gewesen, so wurde Freund in den 1930er Jahren für die großen Magazine *Life* und *Time* Fotoreporterin, sie reiste für ihre Geschichten durch Europa und dann nach Südamerika. Ihre Arbeit war eminent politisch: Sie dokumentierte die Mai-Demonstrationen 1932 in Frankfurt, das letzte Aufbäumen vor dem Ende der Weimarer Republik, bevor die Nazis an die Macht kamen. „Ich erinnere mich nicht, dass ich einen einzigen

Profifotografen bei dieser beeindruckenden Demonstration gesehen habe“, schrieb sie später. „Viele von denen, die ich an diesem Mai Tag im Jahr 1932 fotografierte, wurden Mitglieder der Nazipartei, andere endeten in Konzentrationslagern.“ Neben ihren eindrucksvollen Reportagen wurde sie als Portraitfotografin berühmt, in dem Genre, über das sie als Promotionsstudentin theoretisch gearbeitet hatte. Sie portraitierte Walter Benjamin, Hermann Hesse, André Gide, James Joyce, Jean-Paul Sartre und Simone de Beauvoir, war weltweit in der Welt der Intellektuellen zuhause. Bis zu ihrem Tod im Jahr 2000 in Paris sprach sie einem eleganten Mischmasch aus Deutsch, Französisch und Englisch, auch die Fremdsprachen mit einem starken deutschen Akzent. Diese eigenwillige Sprache hört man auch heute noch im Film „Paris was a woman“ von Greta Schiller.

Eine Gesellschaft mit der Kamera wissenschaftlich zu sezieren, ein Vergrößerungsglas auf Details zu legen, entscheidende Momente oder Entwicklungen geduldig zu dokumentieren – diesen Ansatz, der der Handyfotografie diametral gegenübersteht, verfolgt bis heute die Münchner Fotografin Herlinde Koelbl. Menschen über einen langen Zeitraum zu begleiten, individuelle Bruchsituationen und Träume herauszulocken, das hat Koelbl seit den 1980er Jahren beschäftigt. Ihre großen Projekte über *Das deutsche Wohnzimmer*, *Feine Leute*, *Jüdische Portraits*, *Schreiben* und die Langzeitstudie *Spuren der Macht* zeigen Universen und Lebensspuren im Land auf. In ihren Milieu- und Menschenstudien schaut man Paaren in ihre Betten, in Gesichter, in Salons. Als Betrachter ist man Voyeur, aber geht mit ihr niemals über die Schwelle des guten Geschmacks. Ein großer Respekt erscheint in Koelbls Blick trotz aller Offenheit mancher Inszenierungen. Sie zeigt, wie es ist. Das Besondere in ihren Büchern und Interviewreihen ist, dass sie von den von ihr besuchten Menschen nicht nur Fotos aufgenommen, sondern mit ihnen auch Gespräche geführt hat. In ihrem Band *Jüdische Portraits* mit deutschen Shoah-Überlebenden füllen diese Interviews viele Seiten, und die Fotografin schlüpft mit dem Kürzel „HK" in die Rolle der Journalistin. Darin fragt sie nach assimiliertem und nicht-assimiliertem jüdischen Leben in Deutschland, spricht über Heimat, Zuhause, Exil, Identität und die Frage, warum Hitler möglich war. Die parallel zu den schwarz-weiß Portraits gedruckten 68 Gespräche zeigen die Lebensläufe und Betrachtungen von Deutschen, die die größten Schrecken ihrer Generation überlebt haben. Eine soziologische Langzeitstudie einer neuen Generation – die über acht Jahre lief – war ihr Projekt *Spuren der Macht*, in dem sie zeigen wollte, wie das Leben in Schlüsselpositionen in Politik, Wirtschaft und Kultur Gesichter und Körper der Menschen zeichnet. Hier zeigte sie ebenfalls in Gesprächen Psychogramme von Führungspersönlichkeiten wie Angela Merkel, Gerhard Schröder oder Heinrich von Pierer.

Auch die gleichaltrige Kollegin Barbara Klemm wollte es immer wissen: Fragen stellen, Menschen zeigen, Politik und Gesellschaft erklären. Aber im Gegensatz zu Herlinde Koelbl ganz ohne Text. Da Fotos im besten Fall mächtiger wirken können als große Reden oder schlaue Bücher. Klemm bildete für die *Frankfurter Allgemeine Zeitung* von 1970 bis 2005 als Redaktionsfotografin die Welt auf eine ganz eigene Art ab, die man nicht mit einer Fotoschule etikettieren kann. Vielleicht stand sie am ehesten in der Tradition des großen Fotografen Henri Cartier-Bresson, des Mitgründers der Agentur Magnum. Der Dichter Durs Grünbein nannte Barbara Klemm in seiner Laudatio zur Verleihung des Ordens „Pour le Mérite" „die Demokratin der Fotografie". Die Chronistin der Bundesrepublik – so wie Ernst Salomon vor ihr der Chronist der Weimarer Republik gewesen war – sah Fotografie als visuelle Geschichtsschreibung in schwarz-weiß. Sie schuf Bild-Ikonen wie die Portraits von Willy Brandt und Helmut Schmidt, Leonid Breschnew, Helmut Kohl und François Mitterrand. Sie portraitierte diese Großen der Welt mit dem Abstand der Zeitungsfotografin, als mächtige, aber oft einsame Menschen. Schlüsselmomente der deutschen Studentenrevolte im Jahr 1969, als es im Frankfurter Institut für Sozialforschung zu Auseinandersetzungen zwischen dem Soziologen Theodor W. Adorno, Polizisten und Studenten kam, fing sie genauso ein wie eine berühmte Szene aus dem Bundestagswahlkampf, als die NPD mit Saalschutz – fiesen fetten Ordnern – auftrat. Außenminister Walter Scheel kommentierte später, Klemm habe mit dem Foto mehr als alle Parteien dazu beigetragen, dass die NPD an der Fünfprozenthürde scheiterte. Klemm fotografierte die Verhandlungen der Ostverträge 1973 und blieb Brandt und Breschnew auf der Spur. Eine Ikone der Zeitgeschichte wurde das Bild, das den Grünen-Politiker und späteren Außenminister Joschka Fischer bei seiner Vereidigung 1985 in Hessen zeigt – er kam als erster Minister überhaupt in Turnschuhen. Sie fotografierte die Anti-Atomkraft-Demos und Wirtschaftsbosse gleichermaßen, Kleine Leute und Außenseiter und schrieb neben der Diplomatiegeschichte damit auch Sozial- und Gesellschaftsgeschichte. Wenn Klemm im Ostblock arbeitete, schaffte sie es, aus den engen Bahnen auszubrechen, die die von der Staatsführung verordneten „Begleiter" vorgaben.

Als Frau musste sie sich ihr Standing gerade am Anfang unter Druck erarbeiten. „In der Tat war ich bei großen politischen Anlässen fast die einzige Frau unter den Fotografen. Das war auch ein Plus, weil die Politik ebenfalls eine Männerdomäne war und die Politiker ganz gern mal eine nette junge Frau sahen. Sie machten es mir vielleicht einen Hauch leichter, mit der Kamera an sie heranzukommen. Das war zum Beispiel bei Breschnew so: Wie mir die Russen hinterher erzählten, hat er sich gefreut, dass endlich mal eine Frau dabei war, und hat sich für mich zusammen mit Brandt in Positur gestellt." Ihre Professionalität wurde nach ihrem eigenen Empfinden immer etwas unterschätzt. „Ich fand das ganz wunderbar, weil man dann viel besser arbeiten kann", sagte sie. „Im Ostblock bin ich herumgelaufen wie irgendein Amateur oder eine Reisende, die so guckt und mal irgendwo draufdrückt. Sich so weit wie möglich unprofessionell zu verhalten öffnet einem manche Tür. Im Gedränge auf westlichen Parteitagen hatten die Männer einfach mehr Kraft als ich. Gelegentlich muss man sich mit jemandem auch wirklich hart auseinandersetzen – in einer Wahlnacht habe ich einen sehr unangenehmen Kollegen fast stürzen lassen, weil er immer so gedrückt hat. Ich bin einfach ein Stück zurückgegangen, und er wäre fast ins Leere gefallen." Klemm war immer überzeugt, dass Frauen keine besseren oder anderen Aufnahmen machen als ein sensibler Mann – „das hat mehr mit dem Einfühlungsvermögen zu tun als mit dem Geschlecht. Einen spezifisch weiblichen Blick kann ich in der Fotografie nicht erkennen."

Und der deutsche Blick? Der Journalist und Fotosammler Wilfried Wiegand vertrat zeitlebens die These, dass die Fotografie überhaupt nur aus dem Geist der Romantik zu verstehen sei. Sie sei nicht bloß eine Rohstofflieferantin der Fantasie, sondern deren ebenbürtige Schwester, ebenso an das Unterbewusstsein gekettet wie jene. Was der Maler selbst erschaffen könne, müsse der Fotograf finden. Für ihn war Fotografie keine zweitranginge Kunstform, sondern Ergebnis des Jahrtausende alten Schönheitssinns der Menschen und damit der Kunstgeschichte. Eine Auffassung, für die das Ehepaar Becher auch so lange gekämpft hatte und die der Fotograf und Kurator Edward Steichen mit seinen Ausstellungen im New Yorker „Museum of Modern Art" bereits in den 1950er Jahren propagiert hatte. In Deutschland war ab den 1970er Jahren das Galeristenpaar Rudolph und Annette Kicken maßgeblich daran beteiligt, dass Fotokunst tatsächlich als eigenständige Kunstform akzeptiert wurde und nicht als kleine, hässliche Schwester der Malerei oder Plastik galt.

Nun hat auch die Politik den Wert des Erbes der „alten" deutschen Fotografen entdeckt: Der Haushaltsausschuss des Bundestags hat rund 40 Millionen Euro für den Bau eines Bundesinstituts für Fotografie zugesagt; einer der Treiber dieses Projektes war Andreas Gurksy. Auch wenn niemand genau weiß, was „German photography“ heute ist, soll das künstlerische Erbe herausragender deutscher Fotografinnen und Fotografen als bildhaftes Gedächtnis der Gesellschaft bewahrt werden. Und Künstler, Dozenten, Kunstvereine und Politiker fallen letztlich doch wieder auf den Begriff einer aus der Nation geborenen Kunstform mit ihren eigenen Themen zurück. Staatsministerin Monika Grütters will mit dem neuen Institut vor allem dafür sorgen, dass Nachlässe wichtiger Fotografen in Deutschland gesichert werden und nicht komplett in den Handel gehen. „Es ist eine Frage der Ehre“, sagt sie. Und auch wenn ein solches Bundesinstitut eingerichtet sein wird, sind die Hamburger Deichtorhallen weiterhin ein gutes Haus für Fotografie als Kunstform des Heute. Dort werden Arbeiten junger deutscher Fotografen beim jährlichen Event „Gute Aussichten“ gezeigt, von Auftraggebern aus der Wirtschaft und Medienszene entdeckt und von Sammlern aufgespürt. Also gibt es sie vielleicht doch, die deutsche Fotografie.

DAS DEUTSCHE FRÜHSTÜCK

Festgeklebt in der Brötchenfalle

„Ich finde, dieses deutsche Frühstück zuzubereiten so schrecklich anstrengend, dass ich danach gleich wieder ins Bett gehen könnte. Da halte ich es mit den Franzosen: Milchcafé und Croissants!"

„Am liebsten sitze ich in einem Hotel, wähle aus einer Frühstückskarte und es wird serviert. Kein Geschubse am Büffet. Und kein Fressen wie im Teutoburger Wald."

Schlimmer kann der Tag nicht beginnen

SvW

Es macht fett, krank, nervös und träge. Eigentlich müsste es mit abstoßenden Aufklebern versehen werden, so wie die mit Tumorenfotos und amputierten Beinen beklebten Zigarettenpackungen. Doch 80 Millionen, na ja, vielleicht geschätzte 75 Millionen Deutsche lieben es, das deutsche Frühstück: Zwei goldkrustige Brötchen aus Weißmehl, Butterschmiere, zuckersüße Marmelade, dazu Kaffee mit Milch und – stärken wir uns für die Kämpfe dieses Tages! – Zucker. Gerne noch ein glücklich gelegtes Ei mit Salzriesel, glupschäugige Salami oder anämischer Industriecamembert. Und natürlich Nutella, die Matsche aus noch mehr Zucker, Palmöl, Magermilchpulver, Haselnüssen und Kakao, die manche nachts heimlich im Stehen vom Suppenlöffel lutschen, wenn sie nicht einschlafen können. Das alles begossen mit kastriertem Orangensaft vom Discounter, vor dem Einschenken ordentlich geschüttelt, damit ja auch das gute Fruchtfleisch ins Glas fließt. Kerzchen an, Papierserviettchen gefaltet, ach wie schön, Frühstück ist fertig!

Schlimmer kann man den Tag nicht beginnen. Darüber sind sich alle Ernährungswissenschaftler des Landes einig. Zu süß und zu fett. Aber auch in Zeiten, in denen das Duo Süß & Fett das neue Rauchen ist und coole Berliner stattdessen bei „Nobelhart & Schmutzig“ in Berlin neue regionale deutsche Sterneküche essen, ist das den meisten Deutschen schnurzpiepegal. Denn beim deutschen Frühstück hat die Vernunft nicht die geringste Chance. „Frühstück ist fertig!“ Die glamouröse deutsche Food-Päpstin Dagmar von Cramm, die die Deutschen seit einer Generation mit ihren Kochbuch-Bestsellern wie *Die Aldidente Diät* und *Happy Aging* zum gesunden, vor allem vegetarischen Familienkochen bringen will, rät statt der Weißmehl-Zuckerschlacht morgens um 7 Uhr zu etwas ganz Altmodischem: den als *Overnight Oats* aufgefrischten Nachfolgern des guten alten Bircher-Müslis. Einer Schweizer Erfindung, die also fast als deutsch durchgehen könnte, wären die Schweizer nicht solch wunderliche Sturköpfe, die das Müsli „Muesli“ nennen. Denn ein Müsli ist im gefurchten Alpenland eine kleine Maus, und die hat auch in Zeiten von Kiefernnadelsalz und gerösteten Käfern in der Neuen Deutschen Küche bisher nichts auf dem Frühstückstisch zu suchen. Aber vielleicht gibt es ja irgendwann ein Mäuse-Topping statt Chiasamen. Das gesunde deutsche *Overnight Oats*-Müsli jedenfalls besteht bisher aus über Nacht eingeweichten Vollkornflocken, Nüssen, Kernen und Obst. Ideal dazu ist laut Dagmar von Cramm ein selbstgemixter Gemüse- oder Obst-Smoothie mit Joghurt. Doch irgendwie klingt der triumphale deutsche Frühstücksruf in der Variation „Kinder, die *Overnight Oats* sind fertig!“ nicht so sexy, auch wenn der heulende Motor des Profi-Smoothie-Mixers an einen geilen BMW erinnert. Außerdem müssten die Deutschen bei dieser vernünftigen Frühstücksvariante dann ihre so geliebten Frühstücksbrettchen wegschmeißen, die in ihrer bilderbuchhaften Putzigkeit gewisse Assoziationen zu „Schneewittchen und die Sieben Zwerge“ wecken, besonders wenn sie nicht aus zerkratztem Plastik sind, sondern stolz die eingebrannten Vornamen der Familienmitglieder in der Holzausführung haben.

Tradierte Ernährungsideale und Familienrituale – Schwartau-Marmelade, gefaltete Papierserviettchen, Kerzchen – hauen halt tiefe Schneisen in unsere Persönlichkeiten. Essen ist Sicherheit, Zuhause, Schutz und Wärme. Besonders an den kalten deutschen Wintermorgen. „Nimm ordentlich Butter, hier wird nicht gekratzt“, sagte meine Tante Hildburg, Gott hab sie selig, immer, wenn wir in ihrer Zwei-Zimmer-Wohnung beim Frühstück saßen und sie eine dicke Schicht Butter auf ihr Brötchen schmierte. Sie hatte 1945 alles verloren, das Leben in einem schlesischen Schloss mit sechs Geschwistern, einem Haushalt mit Meissner Porzellan für 30 Personen und dem Vater, der Mittags bei Tisch die Mayonnaise selber aufschlug. „Nimm ordentlich Butter!“ – wenn der Tag so begann, war die Welt wieder in Ordnung, egal ob in der Zwei-zimmer-Wohnung oder im Herrenhaus. Dazu zwei Tassen Café aus der gluckernden Braun-Maschine. Den Brüdern und Schwestern in der DDR packte sie bis ins Jahr 1989 regelmäßig Pakete, Herzstück waren die dunkelgrünen Packungen mit Jacobs-Kaffee: „„Muss doch jeder begreifen, dass Sozialismus scheiße ist, wenn die Bürger nicht mal anständig frühstücken können!"

Abgesehen von Geschichten aus Ost und West: Bei der Frage *Overnight Oats* oder Handwerkerfrühstück tut sich in Deutschland heute eine immer schärfere gesellschaftliche Schere auf. Zwischen marathonlaufenden, wie Napoleon kaum schlafenden Superfood-Frühstück-Managern – nicht zu verwechseln mit der herrlichen Spezies des fast ausgestorbenen „Frühstücksdirektors", der jovial über einem sogenannten Gabelfrühstück die deutsche Wirtschaft durch gute Beziehungen und wenig Sachkenntnis rettete – und stolz dem deutschen „Handwerkerfrühstück" verfallenen Dachdeckern, die beim Kettenbäcker in Mettbrötchen beißen, liegen Gräben. So wie zwischen den besinnlichen Käseplatten-mit Petersilienstrauß-Senioren mit fauchender Filterkaffeemaschine. Und den SUV fahrenden Alnatura-Bitches mit Louis-Vuitton-Taschen, die ihre Cashewkerne, Gojibeeren und Historische-Äpfel-Spalten in mundgeblasenen Gläsern präsentieren wie Monstranzen in der katholischen Kirche. Dazu kommen essensfanatische Teenagerinnen, die morgens nur Soja-Latte trinken und, statt Aufback-Croissants wie die Brüder zu mümmeln, Bento-Boxen mit Räuchertofu, Vollkornreis, Teriyaki-Soße und Sprossen für das zweite Frühstück in der Schule zubereiten. Natürlich alles Rezepte der liebsten YouTuberinnen mit Namen wie Hanna, Yoki oder Lola. „So authentisch, weißt Du", und so viel gesünder als die Frühstücksauswahl im Schülerhauptquartier der „Backwerk"-Filiale, in der es pinke Donuts, Mayonnaisebrötchen und unschlagbar günstigen Latte Macchiato aus dem WMF-Vollautomaten gibt.

Je reicher und gebildeter ein Haushalt, umso ausgefeilter, bewusster und neurotischer seine Ernährung – das zeigen viele Untersuchungen. Auch beim Frühstück wird Essen gerade in *middle* und *upper middle class* zur teuren Ersatzreligion, der Körper ein Tempel, der innen und außen zu reinigen, pflegen und beräuchern ist. Ihn nach dem Morgenyoga gleich mit Weißmehl zu verkleben, mit Industriekaffee zu versäuern, mit Bauchfett zu verunstalten – ein Frevel! Auch wenn Nutella eine echt geile Sache ist. Obwohl ich es nicht beweisen kann, haben doch ausführliche Studien unter all meinen urbanen und ruralen Freundinnen von Passau bis Flensburg ergeben: Auch Anhängerinnen von mittlerweile als Unsinn eingeschätzten *cleansing* und *purifying weeks* träumen von der Sünde des *breakfast clubs* mit dem neuen deutschen Frühstück. Sie träumen von Vollkorn-Blaubeer-Muffins, von mit Kohle gefärbten schwarzen Croissants und Eiern im Glas mit Schnittlauch. Und essen das. Dafür trinken sie als Tribut an das gute Gewissen Karottensaft mit Ingwer, auch wenn er für Sodbrennen sorgt. Und natürlich weißen Tee aus Taiwan – tötet freie Radikale – oder speziell gerösteten Kaffee mit aufgeschäumter Mandelmilch, wobei ja ehrlich gesagt Mandelmilch kein echtes Naturprodukt ist. So hält sich auch in Tagen, in denen halb Deutschland an entengrützengrünen Smoothies nuckelt in der Hoffnung, potent, schlank und federnd 90 Jahre alt zu werden, und sich nachts Nutella reinhaut, die Institution des deutschen Frühstücks wie das Fettgewebe um die Hüften von 40 Millionen Deutschen. Denn mehr als die Hälfte von ihnen sind übergewichtig, Tendenz steigend.

Dass das deutsche Frühstück definitiv nicht vom Aussterben bedroht ist und wie die Institution des französischen Menüs von der UNESCO als immaterielles Kulturgut geschützt werden muss, beweist eine Neuerfindung der deutschen Ingenieurskunst, der Verkaufsschlager auf deutschen Bäckertheken: das Brötchenmesser, auch Sägemesser genannt. Es ist ein mit geriffelter Klinge und Schreifarben-Plastikgriff ausgestattetes Messer, das die Kruste jedes deutschen Brötchens – ob Weißmehl, Dinkel oder wildestes Vollkorn – durchschneidet wie eine Motorsäge eine deutsche Eiche im Vorharz. Sauberer Schnitt, wenig Krümel. Selbst in eleganten Haushalten mit klassischem Silber oder in Lofts mit Design-Edelstahlbesteck hat sich dieses Billigmesser eingenistet und hockt eigensinnig im Brötchenkorb. Bis der geklebte Griff sich löst und schnell ein neues hermuss. Denn es ist in den letzten Jahren eine echte deutsche Institution geworden und hat leider das Buttermesser ersetzt. Mit dem Ergebnis, dass die durchschnittliche deutsche Butterdose aussieht wie ein psychedelisches Marmeladengraffiti. Wie die Deutschen, die doch ihre Hobbykeller voller Spezialgerät haben, über all die Jahrzehnte zuvor ihre Brötchen auseinanderbekommen haben? Keine Ahnung. Aber meine Tante Hildburg hätte niemals etwas so Spießiges wie ein Brötchen-Aufschneidemesser benutzt. Sie haute ihre alten, verbeulten Silbermesser mit den stumpf gewordenen Klingen in die Frühstücksbrötchen nur so rein, dass es krachte und bröselte. Und biss zu. Mit 90 Jahren starb sie. Nach einem anständigen Frühstück.

Fressen, mit oder ohne Kerzenlichtlein

DK

Gibt es das „Das deutsche Frühstück“ wirklich? Hat es das jemals gegeben? Wird es das auch in Zukunft noch geben? Um diese Frage zu beantworten, träume ich mich zuerst nach Süden und nach Westen. Oft erkennt man sich selbst ja nur, wenn man in andere Länder sieht. Also: Der Italiener frühstückt nicht zu Hause, auf seinem Weg zur Arbeitsstätte stellt er sich an den Tresen einer Bar, bekommt einen Cappuccino oder einen Espresso, den er *caffè* nennt, und isst ein Cornetto. Und wenn er sich verwöhnen möchte, gibt's eins mit Vanille-Füllung. Ähnliches kennen wir vom Franzosen, auch wenn er es Croissant nennt und meistens einen Café au Lait dazu trinkt. Jenseits des Kanals freut sich sowohl der Londoner Banker als auch der professorale Fellow aller Oxbridge Colleges an einem Morgenmahl, das für Männer gedacht zu sein scheint, die danach zum Holzhacken in den Wald ziehen. Sie nennen es „English Breakfast“ und unterscheiden dabei das „Full“ vom „Continental“.

Das klassische „Full“ entfaltet sich in dieser Reihenfolge: Orangensaft oder eine halbe Grapefruit, *Porridge*, Spiegel- oder Rührei, *Bacon*, Würstchen, gegrillte Tomaten, gebratene Champignons. Durch die Amerikaner kamen dann irgendwann *Baked Beans* und/oder *Hash Browns* dazu. In jedem Fall wird Toast und Tee – schwarzer *Breakfast Tea* oder *Earl Grey* – getrunken. Nach dem warmen Essen und zur zweiten Tasse Tee gibt es wieder Toast mit gesalzener Butter und Marmelade. Bei vielen dieser Bestandteile des „Full“ hat es mittlere Glaubenskriege gegeben. Schon die lokalen Variationen (*Black Pudding* in Yorkshire und Lancashire, *White Pudding* in Irland und Schottland) sind beachtlich, ebenso die Diskussionen darüber, ob *Kippers* (gesalzene Räucherheringe) oder *Cod* (Kabeljau) schon auf nüchternen Magen serviert werden dürfen. Richtig heftig kann es werden, wenn es um die Frage geht, ob man den Tee auf die Milch gießt oder umgekehrt. Solche Entscheidung spaltete das Vereinigte Königreich in Verfechter von MIF („*Milk-In-First*") oder von TIF („*Tea-In-First*"). Wer sich zur *upper middle class* oder gar *upper class* zählt, wird sich der TIF-Partei zurechnen. Auf die schleichende Invasion von Kaffee auf den britischen Frühstückstisch soll hier gar nicht eingegangen werden, selbst Cappuccino soll dort schon gesichtet worden sein. Das „Continental" ist vergleichsweise schlicht: Fruchtsaft, Tee, Toast mit Butter, *marmalade* (Orangen, Zitronen oder Limetten) als auch *jam* (Erdbeeren, Himbeeren), *porridge*, Cornflakes, Müsli.

Wo in diesem europäischen Frühstücks-Wirrwarr steht nun „der Deutsche"? Immer noch hält sich in deutschen Landen die feste Überzeugung, dass es sich beim Frühstück um die wichtigste Mahlzeit des ganzen Tages handelt, was den Italiener und Franzosen und selbst den Engländer mit seinem Full Breakfast sprachlos macht. Für sie alle ist das Abendessen die wichtigste Mahlzeit des Tages, schon weil da die tägliche Konversation über den Tagesablauf und die Weltläufte stattfindet. Dass die digitalen Medien auf der ganzen Erde hier vieles in Unordnung gebracht haben, steht außer Frage. Mögen die Mahlzeiten zu Mittag und am Abend in allererster Linie eine Frage der Klassenzugehörigkeit und des jeweiligen Milieus innerhalb der Klassen sein, beim Frühstück scheinen wir es in Deutschland mit einer alle Klassen und Milieus übergreifenden Veranstaltung zu tun zu haben. Egal, ob es Leberwurst, Mettbrötchen mit Zwiebeln („Feuerwehrmarmelade"), Honig, Müsli, Lachs oder Salami gibt: Es steht vor allem sehr viel auf den deutschen Frühstückstischen, ob mit oder ohne Kerzenschein. Und das seit Jahrhunderten.

Beobachten wir etwa einmal deutsche Gelehrte aus der bürgerlichen Oberschicht im August 1895. In einem Restaurant im schottischen Inversnaid, in einem Hotel, das 1790 als Unterkunft für den Duke of Montrose für die Jagdzeit gebaut wurde und heute noch steht. Der 31-jährige Ordinarius für Nationalökonomie an der Universität Freiburg Dr. Max Weber und seine 25-jährige Ehefrau befanden sich auf Hochzeitsreise durch England und Schottland. Über das zweite Frühstück (Lunch) in eben diesem schottischen Hotel berichtet der brave Sohn an die „Liebe Mutter“ in Charlottenburg: „Die Welt ist übrigens doch auch in Großbritannien ein Dorf; sollte man es glauben, daß wir hier Berliner Bekannte trafen? Auf dem Dampfer auf Loch Katrine bemerkte ich plötzlich an einem Pier unter den sich zum Einsteigen Drängenden mit ihren scharfen englischen Mündern, das germanistische Bardengesicht Gierkes und dann die zierliche Tochter und die wie immer etwas schmuddelige Frau. [...] Das Zusammentreffen mit Landsleuten wirkt doch seltsam: sonst sind wir hier schon so weit akklimatisiert, daß wir uns dem allgemeinen Flüsterton anbequemen, thun, als sähen wir die Menschen zur Rechten und Linken nicht und nur, wenn gefragt, kurz und sehr höflich antworten, immer etwas weniger von Allem essen, als wir möchten (ich wenigstens), und dabei auch die Schnute so wenig weit wie nur möglich öffnen, auch selbst bei hörbarem Knurren des Magens mit dem Löffel in der Suppe herumplätschern, als läge uns an dem Fraß nichts. Kaum aber waren Deutsche in der Nähe – so erhob sich schon in Stronachlachar beim Warten auf die nachkommende Coach ein solches Gelächter unter uns, daß alles Englische heraneilte, die Barbaren zu sehen und ich hörte, wie Jemand auf der Coach ‚merry Germany‘ sagte. Und vor dem Abschied in Inversnaid hielten wir einen Lunch, an den die Kellner dort denken werden. Gierke begann ein Fressen, wie im Teutoburger Walde und ich machte nach. Die bestürzten waiters brachten, als stets Alles wieder verschwand, schließlich übermenschliche Quantitäten Roast-beefs, Salmen etc., vermutlich fürchtend, wir würden sonst nach den Menschen schnappen. Zu Dreien umstanden sie unseren Tisch, als aber Gierke, anstatt zwischen ‚Marmalade‘ und ‚Cheese‘ zu wählen, sich erst die erstere ‚genehmigte‘ und dann auf denselben Teller Käse packte, öffnete sich der Mund des Chors und entsetzt starrten sie auf die Trümmer ihrer Habe, offenbar erleichtert, als endlich das Dampfschiff schellte und dem Fressen ein Ziel setzte."

Wer je in einem deutschen Hotel das Frühstücks-Büfett beobachtet hat, weiß, dass sich an solchem Verhalten nicht sehr viel geändert hat. Immer noch geht es zu wie im Teutoburger Wald. Wir sehen die Müsli-Yoghurt-Obstsalat-Fraktion, wir beobachten die Würstchen-Bacon-Rührei-Spiegelei-Lachs-Gemeinde, die sich mit den Salami-Schinken-Käse-Fans heftige Verdrängungskämpfe liefert. Es ist selten geworden, dass ein Hotel dem Gast eine Frühstückskarte anbietet, von der dann am Tisch serviert wird. Zuletzt habe ich das im „Hotel Elephant" in Weimar erlebt. Was für eine Wohltat im Vergleich zum Gedrängel zwischen unentschlossenen Mitmenschen am Büffet.

Was also ist „das" deutsche Frühstück? Alle Freunde, die ich befragte, einigten sich auf Brötchen – wahlweise genannt Semmeln, Schrippen, Wecken, Rundstück – mit Süßrahmbutter, Marmelade, Honig, Schinken, Wurst, Käse, Ei in unterschiedlicher Verarbeitung. Dazu gibt es Filterkaffee mit Milch und Zucker oder Tee. Ein Obstteller kann dazu gehören. Und das alles auf einem schön dekorierten Tisch mit Kerzen und Blumen. Mögen auch an Werk- und Schultagen das Schoko-Müsli und die Cornflakes aus der Papierschachtel auf dem Frühstückstisch gesiegt haben, am Wochenende sieht es aus wie in der TV-Werbung für Orangensaft oder Margarine. Und wenn es anstatt des Filterkaffees lieber ein Espresso, Cappuccino, Latte macchiato oder Caffè macchiato aus der zischenden Espresso-Maschine sein soll, so bleibt es doch ein deutsches Frühstück, das man so in keinem anderen Land findet.

DIE DEUTSCHE KIRCHENMUSIK

Luther, Bach und Händel

„Wenn ich länger im Ausland lebe, empfinde ich eine Sache als wirklich deutsch. Und die bringt mich zum Heulen. Der Sound von Bach ist mein Zuhause. Überall."

„Ja, ja, der Leipziger Kantor ist der Meister der berühmten deutschen Innerlichkeit. Aber der blieb auch sein Leben lang drinnen, in der Provinz. Ganz anders sein sächsischer Kollege, der Londoner Opernunternehmer Händel."

Der brennende Bach in Quarantäne

SvW

Am besten kann ein Isländer die deutscheste aller Musiken singen. Wobei es natürlich eine deutscheste Musik nicht gibt, so wie das grünste Gras oder den weißesten Schnee. Jeder Mensch sieht Farben anders. Es gibt ja schon mehr als 50 *Shades of Grey*. Betörend, bedrückend, langweilig, nervig: So empfindet jeder die Linien von Musik und die Nuancen, in denen Töne zusammengesetzt sind, anders. Wenn Musik dazu mit der im 19. Jahrhundert propagierten seltsamen Idee einer kollektiven Volksseele verbunden wird, dann wird es so kompliziert, dass man die Frage nach der deutschen Musik am liebsten gleich ganz lässt, aus dem Zimmer geht und draußen endlich einmal das Unkraut aus den Terrassenfugen pult.

Aber der Gedanke bleibt: Ein Isländer singt die deutscheste aller Musiken am schönsten. Alle, die am Karfreitag des Corona-Jahres 2020 den isländischen Tenor Benedikt Kristjánsson gehört haben, wie er in der leeren Leipziger Thomaskirche die Johannes-Passion sang, begleitet von einem crazy Ensemble aus Schlagwerk – Marimba, Vibraphon, Klappern, Ratschen –, dazu Cembalo und virtuell zugeschalteten Bach-Chören aus der ganzen Welt, wird Bach nie wieder in einen Sarg stecken. Und den Deckel draufhauen. Denn vor dem Wort „Bach-Choräle" haben ja manche Menschen richtig Angst, so wie vor Steuerprüfungen oder Zahnwurzelbehandlungen. Zugegeben, das Wort klingt steinig schwer. Verstaubt und todernst. Nach urlangweiligen Sonntagen in einer kalten Kirche mit ein paar Betweiblein, dem ungekämmten Organisten mit schwarzpockiger Aktentasche und einem Musiklehrer, der einen den Quintenzirkel aufsagen lässt, auch wenn man viel lieber Hip-Hop auf dem koreanischen Instagram-Account ansehen will. Dafür können aber die armen Bach-Choräle nichts. So wie die ganze Musik Bachs, in der einfach das ganze Universum steckt: Irdische und himmlische Passion. Beginn und Ende des Lebens. Sonne, Mond und Sterne. Die

Stille, die aus Pausen entsteht. Und das Donnern der Endzeit. Erlösung des Menschen. All das kann man beim Hören der Musik auch spüren, wenn man weder in der Kunst des vertikalen Notenlesens geübt ist noch Ahnung von der Bibel hat. Und auch nicht so genau weiß, wo Eisenach, Arnstadt oder Ohrdruf liegen, Wirkstätten des Komponisten in der ersten Hälfte des 18. Jahrhunderts.

Denn den Barockstar Bach kann man auch 300 Jahre nach seiner Uraufführung flüstern, schreien, rappen, ratschen, schlagen. Egal ob in einer Studentenbude oder einer jener Leipziger Kirchen, für die Bach Liturgiemusik schrieb. Für das geisterhafte Corona-Konzert am Karfreitag 2020 nahmen die jungen „Malaysia Bach Festival Singers and Orchestra" in Kuala Lumpur seine Passion mit Metronomklopfen in den Headphones auf – die dann mit den Knaben des Thomanerchores zu einer virtuellen Passion montiert wurde. Die Thomaner, die seit 800 Jahren die Chormusik pflegen, sangen den Choral „Wer hat Dich so geschlagen". Nicht in schwarz-weißen Chorgewändern, sondern in beschrifteten T-Shirts, vor Sneaker-Regalen daheim. Derweil las die Cembalistin die Noten von ihrem iPad ab. Im Pandemie-Confinement musizierten für dieses Projekt auch die Mitglieder des kanadischen „Ottowa Bach Choir" den Choral „Oh große Lieb". Jeder im eigenen Wohnzimmer, und zu sehen waren alle danach in einem Briefmarken-Puzzle auf dem Bildschirm.

Dass der ganz in schwarz gekleidete Bischofssohn Kristjánsson mit der Surferfrisur alleine Partien übernimmt, die sonst von mehreren Solisten oder einem ganzen Chor gesungen werden. Einen zeitgenössischen Sprechgesang statt der gewohnten Koloraturen bringt. Das sonst von einem Chor geschrieene „Kreuzigt ihn" stumm deklamiert. Den dramatischen Schlusschor „Ruhet wohl" wie ein schlichtes Solo-Abendlied aufführt. Und das alles vor dem Grab des Komponisten stehend, mit ausgebreiteten Händen, die in die Corona-Geisterkirche zeigen. Dass das funktioniert, liegt an der meisterhaft vertonten klaren Sprache des deutschen Protestantismus. Der schlichten Innerlichkeit, die sich nur aus der Musik und dem Text speist.

Vielen Zuschauern kamen die Tränen, als sie die 90 Minuten dieser wohl ungewöhnlichsten Johannes-Passion aller Zeiten sahen, die Feuilletons waren voll der Lobeshymnen. Bachs Musik verband an diesem Karfreitag um 15 Uhr und danach über Youtube alle Generationen auf der ganzen Welt, die in Corona-Quarantäne hockten. So wie diese Musik durch deutsche Revolutionen und Diktaturen gekommen war, wurde sie in der Corona-Zeit zu einer Insel für viele Menschen. Und sie zeigte im Umbau der Aufführungspraxis ihre Überzeitlichkeit. Ja, Singen ist Ausatmen in schön. Und während Millionen Menschen in ihren Häusern eingesperrt waren, befreite Bach. Verband Bach. Von Leipzig aus und von Kanada und von Malaysia. Ein Fels, auf den sich die Menschen retteten. Eine Klammer, als alles auseinanderzufallen drohte.

Wenn man sich überlegt, dass diese Passion am Karfreitag in einem entchristianisierten Land – denn Ostdeutschland ist eine Region, in der so wenige Menschen einer Religionsgemeinschaft angehören wie sonst nirgends auf der Welt – eine globale Strahlkraft entwickelte, dann kann man vielleicht verstehen, was Bachs Kirchenmusik immer noch für dieses Land bedeutet. Und egal, ob im Westen oder im Osten: Die Passionen Bachs zu hören, ist immer noch für viele ein Bedürfnis. Natürlich eher für die älteren und nachwachsenden Bildungsbürger, aber das sind ja nicht wenige. Bachs Musik kann eine Alternative zum Kirchgang sein oder ein musikalisches Event, das mit Kirche gar nichts zu tun hat. Eine Form des Gottesdienstes für Nicht-Gläubige. So wie beim Weihnachtsoratorium, das im Dezember im ganzen Land rauf- und runter gesungen wird und eines der jahreszeitlichen Rituale ist wie Bundesliga-Beginn und Bierfeste im Herbst.

Die Schönheit der deutschen Kirchenlieder liegt nicht allein in der Vertonung einiger Stücke durch den genialen Bach, der für seine Passionen die Berichte aus den Evangelien nahm und die

Luther-Hitparade aus den Gottesdiensten als Choräle einfügte. Mit der Dichtung der Kirchenlieder auf Deutsch gab der Reformator zu Beginn des 16. Jahrhunderts dem Kirchenvolk im wahrsten Sinne des Wortes eine eigene Stimme. Eine tragende Funktion in der Liturgie, die zuvor exklusiv auf Latein gehalten wurde und dem Klerus vorbehalten war. Deutsch zu singen, deutsch zu beten war eine demokratische Neuerung, denn viele konnten zu dieser Zeit nicht lesen und schreiben, geschweige denn auf Latein. Nun wusste das Volk, was es betete und sang. Und machte auch in der Kirche das Maul auf.

Heute ist Deutschland immer noch ein Singeland – oder wieder eines. Rund vier Millionen Menschen, meist Laien, singen hier in Chören, die überwiegend auch von Laien geleitet werden. Zum Vergleich: Der Deutsche Fußballverband hat sieben Millionen Mitglieder. Während Männerchöre und die altmodischen „Liedertafeln" langsam aussterben, gibt es immer mehr Pop- und Gospelchöre, ehrgeizige geistlich oder weltlich ausgerichtete Kammerchöre, singende Flash Mobs gehören in großen Städten zur Alltagskultur – und eben auch Bachchöre im Umfeld der Musikhochschulen. Kaum einer der „Singenden Müllmänner" oder Musical-Teenager denkt wohl daran, dass es Martin Luther war, der die erste große deutsche Singbewegung schuf, bevor später im 19. Jahrhundert das Singen in der Arbeiterschaft und Bürgertum Teil des demokratischen Befreiungskampfes wurde. Sprache und Musik waren eng mit der zunehmenden Emanzipation der deutschen Bauern, Arbeiter und Bürger gegenüber den Eliten von Klerus und Adel verbunden.

Für Luther muss die eindringliche Sprache, in der er Musik dichtete, auch Spiegel seiner oft verzweifelten Seele gewesen sein, die er hinausschrie. Gottverzweiflung, Menschenverzweiflung, Gesundheitsverzweiflung, Vaterverzweiflung. Halt das, was jeder Mensch kennt, egal, ob er im Jahr 1500 oder 2000 geboren ist. Für Luther wäre eine Corona-Krise Pillepalle gewesen. Im Jahr 1527 überlebte er die Pest, die in Wittenberg wütete und wo er dennoch als Seelsorger und Dozent arbeitete. Ständig war er selber krank, sorgte sich um seine leidende Familie. Besonders wichtig waren dem von vielen Zweifeln gepeinigten ehemaligen Augustinermönch, der in der ersten Hälfte des 16. Jahrhunderts die Kirchenmusik revolutionierte, die Osterlieder. Es heißt, er habe sich zur Ermutigung auf den Tisch oder an die Wand geschrieben: „Vivit! Jesus lebt" – so wie wir heute auf gelben Post-its an den Kühlschrank kleben: „Morgen ist ein neuer Tag! Atme!"

Durch die Reformation kam es zu einer Explosion an neuen deutschen Liedern: Viele Melodien waren, neben frischen Kompositionen, bekannte weltliche Volksweisen, auf die ein neuer Text gesetzt wurde. Spiel- und Bänkellieder dichteten Luther und seine Zeitgenossen einfach um, andere wurde aus dem Lateinischen übersetzt. Für Luther war das Singen die Verkündigung der Frohen Botschaft. Und mit der Zeit wurden die deutschen Hits aus den Kirchen Teil der häuslichen Frömmigkeit des Jahreskreislaufs. So wie das Lied „Ein feste Burg ist unser Gott", das zum protestantischen Kampflied wurde. Auch wenn sich heute viele Menschen eine maßgeschneiderte frohe Botschaft für ihr eigenes Leben aus allerhand Religionen und Lebensführungsbüchern selber zusammenklauben, ist die Musik des Reformators Teil dieses postmodernen Happiness-Kanons geworden. Man findet seine Lieder im Internet unter den „Top 10 Kirchenliedern zum Mitsingen" neben Michael Jacksons „Will you be there" und Josh Grobans „You raise me up". Denn Grau, nein, das ist die Musik Bachs wirklich nicht. Auch wenn manche Menschen seine Musik für verstaubt halten. Er ist Rot. Dior-Rot, Ferrari-Rot, Ochsenblutrot, Refektoriumsrot, Purpurrot. Und die deutsche Sprache blutet, brennt und blüht mit dieser Musik.

Drinnenbleiben oder Rausgehen: Zwei deutsche Wege führten zu Weltruhm

DK

Jetzt könnte ich es mir ganz leicht machen und in den Jubelgesang meiner Co-Autorin einstimmen. Auch ich sah und hörte diese denkwürdige Johannes-Passion aus der Leipziger Thomaskirche am Corona-Ostern des Jahres 2020. Und mir erging es ebenso. Denn auch ich, wie so viele Deutsche, habe meine eigene Bach-Kirchenmusik-Geschichte. Meine eigene musikalische *Love Story* begann mit meiner Zeit im Kirchenchor der Himmelfahrtskirche in München, geleitet von einem besessenen Schüler des Bach-Fanatikers Karl Richter, dem Leiter des Münchner Bach-Chors. Meine Liebe zu JSB setzte sich fort in den langen Jahren meines Singens im „Marburger Konzertchor" unter der Leitung von Siegfried Heinrich, auch einem Kruzianer, ebenso wie Karl Richter. Der Höhepunkt jenes Lebensabschnitts waren für mich Auftritte mit der Matthäus-Passion in der Alten Oper in Frankfurt. Das können nur Chorsänger nachempfinden, wie es ist, wenn 120 Stimmen „Jauchzet, frohlocket" juchzen.

Bach hat mich vor allen entscheidenden Stationen meines wissenschaftlichen Lebens – Diplomprüfung, Rigorosum und Habilitationsvortrag – getragen. Ich hörte vor dem Verlassen des Hauses die beiden Kantaten „Ich will den Kreuzstab gerne tragen" und „Ich habe genug" und schöpfte Kraft daraus. Denn wer das nur als bedrückende Todessehnsucht Bachs versteht, hat nicht sonderlich viel kapiert. Hier begegnet einem ein Mensch, der mit sich im Reinen ist, weil er den Kern und Quell gefunden hat. Wer das Ewige, Gute, wer Gott gefunden hat, braucht sich nicht mehr aufzureiben im Leben – oder weiß sich zumindest trotz dieses Aufreibens sicher gehalten in der Ewigkeit. Sogar meinen sehr bescheidenen Weg in einige Seitenpfade des Jazz fand ich durch die Platte „Play Bach" mit Jacques Loussier, Christian Garros und Pierre Michelot. Und so könnten wir es nun gut sein lassen mit der von uns – und noch ein paar Millionen Menschen – geteilten Begeisterung für den „Fünften Evangelisten“, der die Kirchen und Konzertsäle füllt. Wie sagte der Kölner Komponist Maurizio Kagel: „Es mag ja sein, dass nicht alle Musiker an Gott glauben, an Bach jedoch glauben sie alle.“

Jedoch, die Charakterisierung „die deutscheste aller Musiken“ weckt meinen Widerspruchsgeist. Oder genauer: Sie lässt mich kritisch hinschauen. Denn diese Bezeichnung bekam Bach schon einmal verliehen, auch wenn er da bereits 250 Jahre tot war: beim „Reichs-Bachfest“ 1935 in Leipzig. Die Nazis erhoben Johann Sebastian Bach zum „Deutschesten der Deutschen“. Seinen Wiederentdecker Felix Mendelssohn Bartholdy jedoch verkleinerten sie zum unerfreulichen „Zwischenfall“ der deutschen Musikgeschichte. Wer weiß denn, ob wir heute unseren Bach überhaupt hätten, hätte es diesen 20-jährigen Klavierschüler von Carl Friedrich Zelter in der Berliner Singakademie nicht gegeben. 1829 führte er an Zelters Singakademie die Matthäus-Passion auf – es war die erste öffentliche Wiederbelebung des komplexen Werks seit Bachs Tod. Im überfüllten Saal saßen der preußische König und sein Hof. Die Intelligenz war mit Hegel, Schleiermacher und Heinrich Heine vertreten. Dass der durchschlagende Erfolg dieser einen Passion eine Bach-Renaissance einleitete, war allein Mendelssohns Verdienst. Und das passte den Nazis überhaupt nicht. Denn sie wollten den „Deutschesten der Deutschen“ – neben Richard Wagner – von diesem jüdischen Makel befreien. Mendelssohns Eltern waren zwar zum Protestantismus konvertiert und hatten ihren Sohn taufen und konfirmieren lassen, was jedoch nichts daran änderte, dass Felix Mendelssohn für die Rassenfanatiker des „Dritten Reichs“ ein Jude blieb. In einer deutschen Kunst und einer deutschen Kultur, die auch als Ausweis diente, um die Vormachtstellung der arischen Rasse zu bezeugen, hatten jüdische „Fremdkörper“ keinen Platz. Ab 1933 wurde damit begonnen, Mendelssohns Musik von den Spielplänen zu streichen. Seine Verdienste um Bach wurden kleingeredet. In Leipzig, wo dieser bedeutende Romantiker als Kapellmeister des Gewandhauses gewirkt und die erste Musikhochschule Deutschlands gegründet hatte, wurde das ihm gewidmete Denkmal in einer Nacht-und-Nebel-Aktion entfernt. Proteste, selbst der Unmut des Oberbürgermeisters Goerdeler (der später zum nationalkonservativen Widerstand gegen Hitler zählte), fruchteten nichts. Während Mendelssohns Musik aus dem deutschen Kulturleben verschwand, stieg der Stern der Musik von Bach in der Nazi-Zeit.

Die NS-Rhetorik von deutscher Überlegenheit und jüdischer Bedrohung stiftete dafür die ideologische Matrix. Zwar wehrte sich die „Neue Bachgesellschaft" (NBG) dagegen, den Dachorganisationen des NS-Kulturbetriebs zugeschlagen zu werden, dennoch trieben Bach-Feste und Konzertübertragungen im Radio, dem „Volksempfänger", die Popularisierung des Großen Johann Sebastian voran. NS-Abstammungslehren rühmten Bachs hohe Musikalität als „Ergebnis einer gelungenen Inzucht". Musikwissenschaftler steuerten willig ihren Beitrag zu Bachs Arisierung bei, da wurde dessen Polyphonie dann auf die Lurenmusik der Germanen zurückgeführt, und man betonte das Volksliedhafte in Bachs Chorälen. Nach dem Ende der NS-Zeit begegnet uns Bach mit seiner Musik erneut als Objekt der Vernutzung eines gemeinsamen deutschen Kulturguts. Die Bachpflege in den beiden deutschen Staaten, der BRD und der DDR, ist eines der sonderbarsten Kapitel deutscher Geschichte. Die „Neue Bachgesellschaft" blieb – wie ja auch die Goethe-Gesellschaft – eine gesamtdeutsche Einrichtung. Es gab eine kollektive Leitung, alle Gremien wurden paritätisch mit Vertretern aus Ost und West besetzt, die „Bach-Feste" fanden abwechselnd in der DDR und der BRD statt. Auch das *Bach-Jahrbuch*, seit 1904 das Organ der Bach-Forschung, war eine gesamtdeutsche Unternehmung. Fast so sonderbar, wie wenn die NVA und die Bundeswehr nach 1945 unter dem gemeinsamen Dach einer Organisation „Deutsches Militär" kooperiert hätten. Mit den Soldaten wäre das nicht möglich gewesen, die waren ja

Feinde, noch dazu eingebunden in militärische Bündnisse, die sich die Welt nach dem Zweiten Weltkrieg aufgeteilt hatten. Aber bei Bach – wie bei Goethe – funktionierte das gut, wenn auch mit unterschiedlichen Akzenten. In Westdeutschland wurde sicherlich der Akzent stärker auf die theologischen Inhalte gelegt, in Ostdeutschland eher auf die musikalischen.

Bach ist schon lange nicht mehr „deutsch“, weder Ost noch West. Die nicht mehr überschaubare Internationalisierung des Komponisten und seiner Musik führt heute eher zum Eindruck, dass die Nicht-Deutschen die Herrschaft über das musikalische Erbe Bachs gewonnen haben. Man denke allein an Nikolaus Harnoncourt, Philippe Herreweghe, John Eliot Gardiner, Ton Koopman, Masaaki Suzuki oder Jos van Veldhoven. Also schlage ich vor, wir lassen das für immer mit der „deutschesten“ aller Musik.

Dennoch ist es mir ein Anliegen, das Wirken dieses Heiligen Johann Sebastian mit dem Leben eines anderen gleichalten Musikers – ebenfalls aus Sachsen – zu kontrastieren. Ich meine Georg Friederich Händel aus Halle – aus dem George Frederick Handel in London wurde. Bach lebte in Eisenach, Ohrdruf, Lüneburg, Weimar, Arnstadt, Mühlhausen, Weimar, Köthen und Leipzig. Aber Händel in: Halle, Hamburg, Florenz, Rom, Neapel, Venedig, Hannover und London. Hören Sie diesen ganz anderen Klang? Der eine Sachse kam sein ganzes Leben lang aus seinem mitteldeutschen Revier so gut wie nie raus und die höchste Position, die er je eroberte, war die des „Hochfürstlich Anhalt-Köthenischen Kapellmeisters“, bevor er dann ganze 27 Jahre lang als Kantor an der Thomaskirche und der Nikolaikirche in Leipzig für Gottesdienste, Taufen, Hochzeiten und Begräbnisse komponierte. An der h-Moll-Messe, die als ultimative Krönung seines Schaffens gilt, arbeitete er ganze zwanzig Jahre. Und trotz dieser langen Zeit hat er vermutlich selbst nie deren komplette Aufführung erlebt. Beim Dresdner Hof hatte der Sohn des Stadtpfeifers aus Eisenach nie wirklichen Erfolg erzielt. Er war und blieb der Kantor, abhängig von den Anweisungen des Leipziger Magistrats.

Nachdem Bach im Juli 1750 in Leipzig gestorben war, wurde er auf dem dortigen Johannisfriedhof beerdigt. Erst 1950, anlässlich des 200. Todestages, wurde sein Sarkophag in den Chor der Thomaskirche überführt – wobei wissenschaftlich nicht zweifelsfrei ist, ob es wirklich seine Gebeine sind, die unter der Bronzeplatte liegen. Gleichermaßen wissen wir nicht, wie viele Menschen am Grab des Thomaskantors versammelt waren, außer seiner Witwe und seinen Söhnen. Aber wir wissen, dass sein Nachlass aus 382 Talern in Münzen und Schuldverschreibungen, aus Silbergeräten, Musikinstrumenten, Zinn-, Kupfer- und Messinggegenständen, Kleidern, Hausrat und Büchern im Wert von rund 1.120 Reichstalern bestand. Das genügte für ein solides Auskommen der Witwe Anna Magdalena.

Vergleichen wir diese Geschichte mit der Biographie des anderen Musikers aus Sachsen, Georg Friedrich Händel. Als der Sohn einer Mutter aus protestantischem Pfarrhaus und eines Vaters, dem „Leib Chirurgo" des Herzogs August von Sachsen im April 1759 in London starb und in der Westminster Abbey beigesetzt wurde, in der die Könige von Großbritannien und Nordirland gekrönt und beigesetzt werden, begleiteten angeblich dreitausend Menschen diese Zeremonie. Sein Erbe belief sich auf mehr als 20.000 Pfund. Für sein Grabmal hatte George Frederick Handel noch zu Lebzeiten 600 Pfund in seinem Testament verfügt.

Mir geht es hier nicht um die enormen materiellen Unterschiede zwischen diesen beiden sächsischen Musikern. Es geht mir auch nicht so sehr um den extrem unterschiedlichen Ruhm der beiden Komponisten. Im Gegensatz zu Bach brauchte Händel keinen „Wiederentdecker", er war schon zu Lebzeiten ein national bekannter Musiker. Er war und blieb bis heute der Schöpfer eines im ganzen britischen Imperium alljährlich an Karfreitag aufgeführten Oratoriums: seit 1876 singt die Royal Choral Society seinen „Messiah“ in der Royal Albert Hall mit der Begleitung des Royal Philharmonic Orchestra. Und beim „Hallelujah“ steht dann der ganze Saal auf. Und das nicht nur in der Royal Albert Hall, sondern in tausenden von Kirchen und Konzertsälen. Und nicht nur der „Messiah“ machte Handel schon zu Lebzeiten zum Klassiker. Der Komponist aus Halle schuf Musikstücke, in denen die englische Nation zu sich selbst fand, die „Coronation Anthems“ – allen voran „Zadok the Priest“ – und die Te-Deum-Kompositionen, die sich mit Utrecht und Dettingen, den Orten erfolgreicher Friedensverhandlungen und siegreicher Schlachten verbanden und die regelmäßig mit Hunderten von Sängern bei Chorfesten und zur Feier des Königshauses aufgeführt wurden.

Lassen Sie uns allein in die Hallelujas dieser beiden Musiker hineinhören: jenes gegen Schluss der Kantate „Christ lag in Todesbanden“ und dann das triumphale aus dem „Messiah“. Klar, der Leipziger Stadtrat hatte Bach aufgegeben, „Musik nicht zu lang und nicht zu opernhaft“ zu komponieren. Und dass sie vor allem „zur Andacht anleiten“ solle. Aber selbst, wenn es diese Anweisungen nicht gegeben hätte, bezweifele ich, ob der Kirchenmusiker aus Eisenach eine ebenso grandiose, opernhaft beschwingende Musik überhaupt hätte denken können, selbst wenn man ihm Kastraten bewilligt hätte, wie sie seinem gleichaltrigen Landsmann in London zur Verfügung standen.

Wer zu diesen beiden Schöpfern aus der Zeit des Barocks dann noch das deutsche Kunstlied – „the lied“ – nimmt, stößt auf ein Thema, das weit über das deutsche Kirchenlied hinausgeht. Man muss ja nicht gleich bis zu Thomas Mann und seiner Rede „Deutschland und die Deutschen“ aus dem Jahr 1945 gehen, um sich mit jenen Gedanken auseinanderzusetzen, die von der „vielleicht berühmtesten Eigenschaft der Deutschen“ raunen, „die man mit dem schwer übersetzbaren Wort ‚Innerlichkeit‘ bezeichnet: Zartheit, der Tiefsinn des Herzens, unweltliche Versponnenheit, Naturfrömmigkeit, reinster Ernst des Gedankens und des Gewissens, kurz alle Wesenszüge hoher Lyrik mischen sich darin". Was die Welt dieser angeblich so deutschen Innerlichkeit verdanke, sei, laut Thomas Mann, „die deutsche Metaphysik, die deutsche Musik, insonderheit das Wunder des deutschen Liedes, etwas national völlig Einmaliges und Unvergleichliches, waren ihre Früchte."

Auch in Bach und Händel begegnen uns zwei Möglichkeiten: das Deutsche als etwas Einzigartiges beim Leipziger Kantor – und das Universale beim Londoner Opernunternehmer. Wenn man genau hinsieht, erkennt man in den Lebenswegen dieser beiden Deutschen eine Gabelung, bei der beide Pfade für Schönheit in Deutschland stehen. Der eine ging den Weg der Innerlichkeit, der andere ging nach draußen. Man kann drinnen bleiben. Man kann rausgehen. Und sowohl drinnen als auch draußen Größtes schaffen.

POTSDAM

Monopoly und die Russen

*„Vergessen Sie Sanssouci!
In Potsdam wird Monopoly gespielt, seitdem die Sowjetsoldaten
mit den Maschinenpistolen weg sind."*

„Erobernder westdeutscher Kapitalismus allein wäre ja noch auszuhalten. Aber in manchen Häusern, in denen sich die Schönen, Klugen und Reichen Berlins eingenistet haben, spukt noch immer der Geist eines russischen Lord Voldemort. Gehen Sie in die Leistikowstraße und sehen Sie sich die Folterzellen an!"

Geld küsst Nostalgie

DK

Mein erster Besuch Potsdams war ein gruseliges Abenteuer. Im Oktober 1985 hatten Kollegen der Akademie der Wissenschaften der DDR zu einem Symposium in das damalige FDGB Erholungsheim in Linowsee bei Rheinsberg eingeladen. Ich machte mir keine neuen Freunde, als ich zum Thema: „Max Weber und Georg Lukács: Episoden zum Verhältnis von ‚bürgerlicher' und ‚marxistischer' Soziologie" vortrug.

Unter den handverlesenen Gästen aus dem Westen waren zwei deutsche Emigranten, von denen der eine die US-amerikanische, der andere die kanadische Staatsangehörigkeit besaß. Sie waren von Berlin mit einem Leihwagen gekommen und fragten mich, ob ich nach Potsdam mitfahren wollte, um Stadt und Sanssouci anzusehen. Der Westdeutsche in mir hatte Bedenken, die beiden Freunde lachten sie weg, ich stieg ein. Das Lachen blieb uns im Halse stecken, als wir bei der ersten russischen Kontrollstation angehalten wurden. Der Wachsoldat mit Pelzmütze und umgehängter Maschinenpistole winkte uns durch, wir fuhren durch endlos erscheinende russische Militäreinrichtungen. Meine Erinnerung an Stadt und Schlosspark zeigt mir nur graue Bilder, aber vielleicht verdüstert meine damalige Sorge vor den russischen Soldaten auf dem Rückweg mein Kopfkino. Ich hatte schlichtweg Angst, denn für diese Fahrt hätten wir offensichtlich Passierscheine gebraucht.

Seit 2014 lebe ich in Potsdam. Eine Stadt umgeben von Wasser. Manche Babelsberger, wenn sie über die Humboldtbrücke fahren, sagen: „Wir fahren auf die Insel". Das ganze Gebiet westlich von Berlin bis nach Brandenburg an der Havel ist ein einziges Gewirr von größeren und kleineren Seen. In der Mitte der Wasserlandschaft liegt diese Stadt mit ihrer einzigartigen Geschichte, ihren Schlössern und Gärten, seit 1990 gelistet von der UNESCO als Weltkultur- und Naturerbe der Menschheit. Über 200 Jahre lang diente diese Stadtlandschaft den preußischen Königen als Residenzstadt, die an ihrem Hof bedeutende Künstler, Architekten und Landschaftsgestalter versammelten. Auch darum ist die ganze Stadt und ihre Umgebung ein einziges Freilichtmuseum mit Zeugnissen des Barock, des Rokoko, des Klassizismus und der Gründerzeit.

Es wäre wunderschön, wenn nur nicht so viele Leute durch diese Pracht flanieren würden. Vor bald 20 Jahren hatte ich das Glück, eine Führung des Architekten Stephan Braunfels durch seine Pinakothek der Moderne in München mitmachen zu dürfen, bevor diese offiziell für das Publikum eröffnet wurde. Noch kein einziges Bild hing an den Wänden, es stand noch keine einzige Plastik. Das Haus war weiß und leer. Im Zentrum der beiden Treppenanlagen stand ein euphorischer Schöpfer, die zweischalige Rotunde im Inneren des großen Baukörpers hallte von seiner von sich selbst begeisterten Stimme. Am liebsten, so gestand er, wäre es ihm, das Haus bliebe so, wie es ist: einfach leer. Ginge es ganz allein nach dem Willen der „Stiftung Preußische Schlösser und Gärten", sollten vermutlich die Schloss- und Gartenanlagen von Sanssouci und dem Neuen Garten mit Marmorpalais und Schloss Cecilienhof nicht nur einfach eingezäunt werden, so wie jetzt. Die Gattertore sollten auch tagsüber abgeschlossen werden. Die Stiftung hätte sicher keine Einwände gegen abgeschlossene Schutzzäune um Schloss und Park Babelsberg. Damit die Horden von Touristen und von Einheimischen, die glauben, sie könnten sich einfach so auf die Rasenflächen legen und Picknick machen, diese Schönheiten nicht ständig bedrohen. Den Massen bliebe ja immer noch die Stadt: Wenn die Busse ausgeladen sind, flanieren deren Insassen am „Neuen Stadtschloss" vorbei, betrachten die Nikolaikirche und das Alte Rathaus, essen Poffertjes, Pannekoeken und Käsekuchen im Holländischen Viertel. Wenn sie dann bei „Café Heider", dem „Wohnzimmer der Stadt", Kaffee trinken, finden sie Potsdam wunderschön. Und sie haben recht.

Wer jedoch in dieser Stadt lebt, sieht nicht nur die Postkartenmotive. Er entdeckt Risse, die dieses Ost-West-Gemeinwesen in der Nähe der deutschen Hauptstadt zuweilen recht aufregend machen. Jedem, der sich auf die komplexe historische Archäologie dieser Stadt einlässt, dem kann die Geschichtsträchtigkeit fast jeden Hauses und jeder Straße leicht zu viel werden.

Überall strömen die Schichten preußisch-deutsch-deutscher Geschichte ineinander: 1660 zur zweiten Residenz der preußischen Kurfürsten neben Berlin erhoben, entwickelte sich diese Garnisons- und Residenzstadt erst unter Friedrich II. zu jener Pracht, die auch heute noch die Menschen zum Staunen bringt. Dann kam das Ende der Könige und Kaiser. Dann die Weimarer Republik. Es folgten die Nazis. Der „Tag von Potsdam". Der Luftangriff der britischen Royal Air Force in der „Nacht von Potsdam" am 14. April 1945. Die Sowjets. Die SED. Dann die „Wiedervereinigung". Es wurde keine Vereinigung. Stattdessen kam es an vielen Stellen zur Übernahme durch sehr vermögende Männer aus Westdeutschland, bei denen eine Sehnsucht nach Preußen durchzuschimmern scheint. Und diese Sehnsucht ging eine Allianz mit bereits Vorgedachtem ein, sie konnte sich in ein gemachtes Bett aus Träumen von Preußen legen.

Dabei sollte doch das Kontrollratsgesetz Nr. 46 vom 25. Februar 1947 das endgültige Aus für Preußen gebracht haben. Der Alliierte Kontrollrat hatte dekretiert: „Der Staat Preußen, seine Zentralregierung und alle nachgeordneten Behörden werden hiermit aufgelöst." Der vermeintliche Hort des deutschen Militarismus und der Reaktion sollte für immer von der Landkarte verschwinden. Sowohl die Weimarer Republikaner als auch die Nazis als auch die Kommunisten taten alles, um aus dem ehemaligen Königreich Preußen allenfalls einen Freistaat, einen Gau und schließlich die Zerlegung in drei Verwaltungsbezirke zu machen. Erst im Jahr 1990 wurde das deutsche Bundesland Brandenburg gegründet, ein kleiner Rest des ehemaligen Königreichs Preußen.

Inzwischen hat der rote Adler den Kopf unter sein Gefieder gesteckt: In einer Stadt, die über Jahrhunderte fast vollkommen von militärischen Einrichtungen beherrscht gewesen war, sieht man heute überhaupt nichts mehr davon. Seit der Zeit der preußischen Kurfürsten bis ans Ende des Deutschen Reichs wurde deutsches Militär von Potsdam aus kommandiert. Sowohl die Bonner Republik unterbrach diese Tradition – die Bundeswehr wurde von Bonn aus gesteuert – als auch die DDR, in der die NVA ihre Kommandozentrale in Strausberg bei Berlin hatte. Heute ist im Raum Potsdam allein die Henning-von-Treskow-Kaserne in Geltow von Bedeutung, in der das Einsatzführungskommando stationiert ist, das die Auslandseinsätze der Bundeswehr befehligt. Das dortige Kommando steht hinter den Einsätzen auf drei Kontinenten, an denen circa viertausend deutsche Soldatinnen und Soldaten in Afghanistan, Mali, Bosnien-Herzegowina, Libanon, Sudan und im Mittelmeer im Einsatz sind. Ansonsten wurde Potsdam entmilitarisiert, in den vielen ehemaligen Kasernen sind schöne Wohnungen entstanden, die sich allerdings nur wenige leisten können.

Wer genau hinsieht, erkennt zwischen allen zeitlichen Schichten viele Risse. Zwischen Kurfürsten- und Königszeit. Zwischen Königszeit und Kaiserzeit. Zwischen Kaiserreich und Weimarer Republik. Zwischen Weimarer Republik und Nationalsozialismus, wozu aktuell sowohl die Turbulenzen um die Potsdamer „Hof- und Garnisonkirche“ als auch die Restitutionserwartungen der Hohenzollern gehören. Dann kamen die Risse zwischen NS und DDR, als aus dem „Adolf Hitler-Platz“ der „Platz der Nationen“ gemacht wurde. Und aus dem Untersuchungsgefängnis des Volksgerichtshofs das Untersuchungsgefängnis des sowjetischen Geheimdienstes wurde, bevor es als Untersuchungsgefängnis des Ministeriums für Staatssicherheit diente.

Um die Risse zwischen DDR und BRD zu sehen, stellen wir uns auf den Alten Markt, den „Historischen Stadtkern“. Um uns herum gruppieren sich drei große Gebäude: die evangelische St. Nikolaikirche, das Stadtschloss und das Palais Barberini. Alles ist „wiederaufgebaut“ und so sieht es auch aus. Die Kirche, nach den

Plänen von Karl Friedrich Schinkel, fand ihr jetziges Aussehen erst im Jahr 2010. Im neu erbauten, ehemaligen Stadtschloss, nach einem Entwurf von Georg Wenzeslaus von Knobelsdorff, tagte der Brandenburgische Landtag im Januar 2014 zum ersten Mal. Nach sieben Jahren heftigen Streits fand es seine endgültige Form. Erst, nachdem der SAP-Milliardär Hasso Plattner 20 Millionen dafür spendete, unter der Bedingung, dass die historische Fassade wiederhergestellt wurde. Und auch das Palais Barberini verdankt nicht nur seine aktuelle Gestalt dem Babelsberger Bürger Plattner, sondern seine ganze Existenz: Es ist sein Museum, für seine eigene Sammlung und die seiner internationalen Freunde. Beim Luftangriff im April 1945 weitgehend zerstört, in der SBZ-Zeit abgerissen, dann als Parkplatz und Grünfläche genutzt, wurde das Gebäude nach historischem Vorbild im Jahr 2017 als Museum eröffnet.

Soweit, so gut und schön, möchte man sagen. Denn dieses Museum, zu dessen „friends" ich zähle, wie auf meiner Mitgliedskarte steht, ist unstrittig eine Bereicherung dieser Stadt. Und die meisten Ausstellungen bisher erfreuten auch mich, wobei ich zugebe, dass mich manches der DDR-Kunst mehr freut als der Heuhaufen von Claude Monet, den Hasso Plattner im Mai 2020 für 110,7 Millionen US-Dollar bei Sotheby's in New York ersteigerte. Die *Süddeutsche Zeitung* behauptete, dass jeder der gemalten Halme einen Dollar gekostet habe. Bei der Präsentation seiner Auktionsbeute ließ Plattner sich als Retter des Bildes feiern, der verhindert habe, dass das Bild ansonsten „irgendwo in China" hätte verschwinden können. Und nun kann es jeder Besucher in Plattners Museum bestaunen. Und die Halme zählen.

Wer allein die riesige Baugrube vor diesen drei Neubauten sieht, auf deren Gelände die ehemalige Fachhochschule gestanden hatte, kann nicht erkennen, was hier geschieht: Es handelt sich um ein Zusammentreffen der sehr besonderen Art. Es trafen und treffen sich einige sehr reiche Männer aus der alten BRD mit den Wunschvorstellungen einer Gruppe von Denkmalpflegern und

Kulturmenschen aus der ehemaligen DDR, die schon vor dem Fall der Mauer an einem Konzept gearbeitet hatten, durch das die Potsdamer Altstadt vor dem endgültigen Verfall gerettet werden sollte. Zugleich sollte verhindert werden, dass die Sprengtrupps, Abrissbagger und Planierraupen der staatssozialistischen Genossen auch noch die letzten Reste des Erbes Preußens abräumten. Frauen und Männer, die sich um den Kunsthistoriker Hans-Joachim Giersberg scharten, der 1975 mit einer Arbeit „Zur Rolle Friedrichs II. von Preußen als Bauherr und Baumeister“ an der Humboldt Universität promoviert wurde und ab 1978 als Direktor der Schlösser in Potsdam wirkte. „Suchet der Stadt Bestes“ war das Motto dieser Gruppe, allein es fehlte sowohl die politische Unterstützung seitens der SED als auch – und das vor allem – das Geld. „Gebt uns unser Erbe wieder“ war die Parole dieser Menschen, doch es gab keine realistische Perspektive der Verwirklichung dieser Ideen. Der Kampf um Potsdams Innenstadt wurde zur Folie des Traums einer Bürgerrechtsbewegung von einem „Dritten Weg“: Weder der SED-Sozialismus noch der BRD-Kapitalismus sollten den öffentlichen Raum bestimmen dürfen.

Dazu kam eine, in der Bundesrepublik kaum ernstgenommene Wendung der DDR-Interpretation der gesamten preußischen Geschichte. So erschien beispielsweise 1979 eine Biographie über Friedrich II. aus der Feder von Ingrid Mittenzwei, einer Mitarbeiterin der Akademie der Wissenschaften der DDR. In ihr wurde eine Neubewertung des Königs und der gesamten preußischen Geschichte propagiert. Ganz allgemein entdeckte die DDR Persönlichkeiten in der deutschen Geschichte und wich von ihrem bisherigen Standpunkt ab, Geschichte bestimme sich allein aus Klassenkampf und sei daher entpersonalisiert darzustellen. Es gelte, auch diese Periode der DDR-Vergangenheit als „Erbe“ anzunehmen.

Alle diese Bausteine muss man zusammensetzen, um zu verstehen, was seit dem Fall der Mauer in Potsdam geschieht: Die Pläne der Wiederbelebung des historischen Erbes, deren wertkonservativer und restaurativer Charakter erkennbar ist, schlummerten wie Blaupausen in den Köpfen und Schubladen, bis nun eine ganze Stadt, vor allem auch ihr Herz, zur Spielwiese einer kleinen Zahl von sehr reichen Männern aus der alten Bundesrepublik wurde. Männer, die diese Stadt schön machen wollen, nach ihren Ideen, die sich jedoch erstaunlich gut mit den Ideen der Restaurations-Fans aus der DDR decken. Da war es schon sehr praktisch, dass diese Menschen das Sagen in der Stadtverordnetenversammlung hatten. Und dass sie sich störten an den architektonischen Erinnerungen an die DDR: das Interhotel – ein sozialistischer Turm – und die Plattenbauten rund um den Alten Markt. Das Wegräumen der DDR unter der Regie westdeutscher Großkapitalisten in Zusammenarbeit mit einer Stadtregierung unter der Führung der SPD, die von den nostalgischen Träumen der 1980er Jahre zehrt, schreitet flott voran. Funde von eingebautem Asbest halfen schon in Berlin beim Abriss des Palasts der Republik, um Platz zu schaffen für die Replik des Hohenzollern-Schlosses. Auch in der Potsdamer FH fand sich viel Asbest.

Wer genau hinsieht, erkennt, dass in dieser Stadt eine kleine Zahl von Männern aus Westdeutschland Monopoly spielt, wobei das ein wenig übertrieben ist. Sie kaufen ja keine ganzen Straßen, sondern nur Häuser, wenn auch viele. Es ist nicht Hasso Plattner allein, der hier seinen Lebenstraum von Schönheit und Stilempfinden in steingewordene Wirklichkeit umsetzt. Der ehemalige Springer-Vorstand Mathias Döpfner hat auf dem Pfingstberg die Villa Henckel und die Villa Schlieffen gekauft. Wenn man den Pfingstberg – der seine Bewahrung dem Hamburger Unternehmer Werner Otto verdankt – hinabgeht, schlendert man die Bertinistraße am Jungfernsee entlang, wo sich von der Villa Jacobs bis zur Meierei eine Perlenkette von Landhaus-Villen für ehemalige Industrielle und jüdische Bankiers entlangzieht. König Friedrich Wilhelm IV. hatte seinen Architekten Schinkel und den Landschaftsarchitekten

Peter Joseph Lenné beauftragt, dort eine Panoramastraße zu gestalten. Wer heute die Klingelanlagen der gut gesicherten Einfahrten studiert – falls da überhaupt Namen stehen –, erkennt, dass sich hier bürgerliche Neureiche aus dem alten Westberlin und Westdeutschland ihre Residenzen gesichert haben.

Wer aber bestimmt eigentlich, was schön und gut ist? In ganz Potsdam scheint ein sehr kleiner Kreis von sehr vermögenden Wessis bestimmen zu können, was als schön empfunden werden soll. Und diesen Ideen folgend gestalten sie die brandenburgisch-preußische Landeshauptstadt. Es sind die Herren Kai Diekmann, Mathias Döpfner, Günther Jauch, Wolfgang Joop und Hasso Plattner, die das auch recht öffentlich machen, wohingegen die Wohnungsbauunternehmer Wolfhard Kirsch und Theodor Semmelhaack eher im publizistischen Hintergrund bleiben. Diese Männer machen aus Potsdam ihre Stadt, sie gestalten ein historistisches Disney-Ensemble, in dem die Plattenbauten nur noch als störend und hässlich wahrgenommen werden. Die Eroberung schreitet rasant voran. Ich verstehe, wie es manchen alten Potsdamern aus der DDR-Zeit geht, wenn sie erleben, wie ihre Stadt zu einem Downton Abbey auf märkischem Sand an schönen Seen gemacht wird.

Und wenn sie diese erobert haben, verteidigen sie sie auch. Als einfacher Spaziergänger scheitert man an den Absperrungszäunen, die verhindern, dass Flaneure den Uferweg am Griebnitzsee benutzen, weil das die Ruhe der denkmalgeschützten Villen auf den Seegrundstücken stören würde. Einer der 20 Kläger berichtete am Rande des letzten Prozesses, er allein habe 45.000 Euro für seinen Anwalt aufgewandt. Sollte es je wieder zum Uferweg kommen, müssten die Grundstückseigentümer entschädigt werden. Der Bebauungsplan veranschlagte dafür im Jahr 2012 knapp vier Millionen Euro. Da die Grundstücke in Potsdam seither wesentlich teurer geworden sind, könnte sich diese Summe erheblich erhöhen. Dennoch möchte man hoffen, dass die Stadt sich dazu durchringt, aus dem ehemaligen Uferweg wieder eine öffentlich zugängliche Promenade zu machen.

Es gibt ein Haus, an dem das alles besonders gut ablesbar ist: die Villa Kellermann an der östlichen Seite des Heiligen Sees in der Berliner Vorstadt. Monatelang hatte ich Günter Jauch um dieses große Haus herumgehen gesehen. Nun befindet sich ein Restaurant des Berliner Zwei-Sterne-Kochs Tim Raue im Erdgeschoss und in den oberen Stockwerken gibt es neun Mietwohnungen. Ich kannte es noch als reichlich heruntergekommenes, halb verfallenes großes, graues Haus. In diesem Zustand befand es sich, als darin ein Teil von „Babylon Berlin" gedreht wurde. Geld, viel Geld und eine halbe Armee von Bau- und Gartenarbeitern haben einen Neubau und einen Minipark mit Rollrasen geschaffen.

Die Geschichten dieses Hauses lesen sich wie Jahresringe eines alten Baumes: 1914 für den königlich-preußischen Zeremonienmeister Wilhelm von Hardt gebaut, eine noble Villa mit Speisenaufzug und Fahrstuhl, auf einem großen Grundstück mit eigener Tankstelle und einem 750-Liter-Benzintank und Zapfsäule. Nach Hardt bezog der jüdische Bankier Emil Wittenberg das Gebäude, bevor er aus Deutschland vertrieben und sein Haus von den Nazis „enteignet" wurde. Nun bezog die Heeresleitung der Wehrmacht die schönen Räume. Ab 1945 wurde es durch den „Kulturbund zur demokratischen Erneuerung Deutschlands" übernommen, öffnete sich damit der Bevölkerung und bekam den Namen des Schriftstellers Bernhard Kellermann, der durch seinen Roman *Der Tunnel* bekannt wurde.

Nach der Wende kaufte es der westdeutsche Investor Johannes Rey aus dem hessischen Oberursel. Der „Plattmacher vom Heiligen See", der ursprünglich ein Casino aus der Villa machen wollte, wurde bekannt durch einen jahrelangen Streit mit dem Gastwirt Maximilian Dreier, der bis 2009 das im Hause befindliche italienische „Ristorante Villa Kellermann" betrieb, eine Kultstätte im gastronomisch sehr kärglichen Potsdam. Durch die Zwangsversteigerung gelangte das ganze Haus 2005 in den Besitz des Ehepaars Gisela und Hans-Joachim Sander, Erben des Kosmetikkonzerns „Wella". 2016 verkauften sie es an Günter Jauch. „Mir war es ganz wichtig, daraus wieder zu machen, was es früher einmal war: ein Restaurant", sagte er dem *Manager Magazin*.

Stuckprofile und Holzvertäfelungen, antike Türen und Böden, ein steinerner Kamin mit maßgeschneiderten Einbauten, moderne Leuchten und Teppiche, modernes Porzellan sowie Vintage-Geschirr und Silberbesteck vom Trödelmarkt bilden die neue Bühne für das Essen. Torquato Tasso kommt dem Besucher, der zum ersten Mal die Räume betritt, in den Sinn: „und wenn sie auch die Absicht hat, den Freunden wohlzuthun, so fühlt man Absicht, und man ist verstimmt." Talmi bleibt Talmi, Falschgold. Und auch das Essen schmeckte irgendwie falsch: Bei „Omi Raues Königsberger Klopsen" fehlten mir mehr Kapern und der gewohnte säuerliche Geschmack. Mir war es einfach zu süß und Rote Beete mag ich dazu nicht sonderlich. Und mit Bienenstich als Dessert habe ich es auch nicht so. Aber das ist sicher alles reine Geschmackssache.

Als mich die Frau eines Bekannten aus Westberlin vor der Villa Kellermann fragte: „Ja, wollen Sie etwa das hässliche Abrisshaus zurück? Wäre Ihnen das wirklich lieber als diese schöne Villa?", wusste ich keine Antwort. Aber ich sehe und spüre die Risse, die sich durch die Stadt ziehen, in der ich leben darf. Es ist eine sehr eigenartige Situation entstanden: Der Kuss des Geldes traf auf Sehnsüchte nach der Wiederauferstehung preußischer Glorie in den geretteten Gebäuden Potsdams. Man denkt unwillkürlich an den österreichischen Lyriker H. C. Artmann, der mit seinen Texten der „Sehnsucht nach einer besseren Vergangenheit" entgegentreten wollte.

Nicht alle Potsdamer träumen von einer besseren Vergangenheit, es gibt auch viele, die über die ganze Richtung, in der sich ihre Stadt entwickelt, unglücklich sind. Die bei Wahlen ihre Kreuze an Stellen machen, über die dann diejenigen die Köpfe schütteln, die

die Stadt doch nur schön machen wollen. Ihren Nachbarn aus der Berliner Vorstadt, der so gerne Entenkrawatten trägt, Eberhardt Alexander Gauland, freuen genau diese Kreuze. Denn auch er spielt Monopoly, wenn auch nicht mit Häusern und Grundstücken wie seine Landsleute mit dem dicken Geld, er spielt mit politischen Allianzen, seit seiner Zeit in der hessischen CDU über die „Wahlalternative 2013" bis zur AfD. Und er ist dabei bislang nicht ohne Erfolg gewesen. Für einen Soziologen jedenfalls ist Potsdam ein großangelegtes Sozialexperiment bei lebendigem Leib. Ausgang ungewiss.

Fratzen in der schönen Puppe – Russische Spuren in der Residenzstadt

SvW

Wenn es um Prachtentfaltung eines Nationalstaats geht, wenn politisch gewollter Glamour Menschen beeindrucken soll, dann gelten weltweit ähnliche Regeln. Wie bei Bauernkindern, die die Trecker ihrer Väter vergleichen und stolz sind, wenn der eigene den fetteren hat. So nutzen Herrscher die Architektur als Symbole der Macht. Umso besser, wenn sie dazu ihre Weltläufigkeit mit ausländischen Stilelementen beweisen, die gerade en vogue sind.

Die Hohenzollern – die im diplomatischen Schachspiel mit den großen alten Dynastien eher Parvenüs waren – hatten ab der ersten Hälfte des 18. Jahrhunderts in der royalen Ville Nouvelle Potsdam ein holländisches Viertel gebaut, Schloss Sanssouci nach französischem Vorbild errichtet, das Chinesische Teehaus dort in Gold strahlen lassen und auf den Pfingstberg eine antikisierende Anlage wie in Griechenland gesetzt. Neben diesen Einflüssen im königlichen Multikulti-Legoland auf märkischem Sand war jedoch die Verbindung zum zaristischen Russland über Cousinage und Steine besonders stark. So ließ der preußische König Friedrich Wilhelm III. aus Anlass des Todes des russischen Zaren Alexander I., der ein Freund und Verbündeter gewesen war, in Potsdam eine Siedlung im russischen Stil erbauen. Das ganze Vorhaben war in etwa so, wie wenn heute Angela Merkel mitten in Berlin eine „Monde Chirac" bauen lassen würde, mit 13 französischen Häusern und großen Gärten, für Militärmusiker der Grande Nation. Genau das tat der Preußenkönig tatsächlich im Jahr 1826, und dazu ließ er noch eine goldglänzende, russisch-orthodoxe Kirche als Hommage an den Verstorbenen bauen. In der Zarenkolonie namens Alexandrowka wohnten dann russische Sänger aus dem Potsdamer 1. Garderegiment. Das Ensemble erinnerte an das russische Militärdorf Glasovo in der Nähe von Sankt Petersburg, und passte somit gut zum Charakter der Garnisonsstadt. Noch heute künden dicke Holzbalken und Sägearbeiten der erhaltenen Wohnhäuser vom östlichen Einfluss, die Besucher wandeln mit ihrem offiziellen Russen-Viertel-Stadtplan in der Hand durch diese Anlage wie durch ein Volkskundemuseum, essen Borschtsch, trinken Wodka und kaufen die ja wirklich schöne und rührende Russen-Story.

In unmittelbarer Nachbarschaft des zaristischen Andreaskreuzes verblasst ein weit weniger schönes Kapitel deutsch-russischer Beziehungen. Es spielt hinter Stacheldraht und unter Wachtürmen, in Kammern und Kellern – unweit der putzigen russischen Alexandrowka, vor der die Touristenbusse halten. Es ist ein Beispiel dafür, wie hier eine Besatzungsmacht Terror auf grausame Weise ausübte, der heute so gut wie vergessen ist. Die Gesichter Potsdams sind längst nicht so schön wie viele glauben, es tauchen – wie bei den ineinander gesteckten russischen Matroschka-Puppen – immer neue Verpuppungen auf. Manchmal sind es Fratzen, die wie in Harry Potters Magierschule Hogwarts die Anwesenheit des todbringenden Zauberers Lord Voldemort ankündigen: Geschichten von Grausamkeit, Folter und Tod, von Kampf und Qual. So wie nach dem Ende der Nazi-Diktatur, als die Rote Armee als „Befreierin" nach Potsdam kam und erst im Jahr 1994 die letzten russischen Soldaten abzogen.

Ab dem Jahr 1945 wurde zwischen Pfingstberg und Neuem Garten in den bereits dort stehenden Villen eine sowjetische Geheimdienststadt eingerichtet, die offiziell den niedlichen Namen „Militärstädtchen Nr. 7" trug. Was so nett nach Mütterchen Russland klingt, wurde eine verbotene Stadt auf einer Fläche von 16 Hektar in rund 100 Gebäuden. In ihrem Zentrum lag ein Geheimdienstgefängnis, eine Filiale des Gulags auf deutschem Boden. Wie so oft in der Kriegsgeschichte suchte sich die siegreiche Besatzungsmacht für das Alltagsleben die Filetstücke der Immobilen aus, die die bisherigen Bewohner verlassen mussten. Was genau im Sowjet-Potsdam passierte, im geheimen Dorf hinter den Wachzäunen, das wussten nicht einmal die Potsdamer. Die Westdeutschen wussten es schon gar nicht. Heute aber ist bekannt: In diesem Gefängnis wurden Bürger der DDR – bis 1955 – und der Sowjetunion – bis zum Mauerfall – unter menschenverachtenden Bedingungen rechtlos inhaftiert, verhört, gefoltert und zum Teil schließlich von dort aus nach Moskau zur Hinrichtung verschickt. Über fast fünf Jahrzehnte, bis ins Jahr 1991, war damit einer der wichtigsten KGB-Standorte an der Grenze zum Westen untergebracht, die Deutschlandzentrale der sowjetischen Militärspionageabwehr. Vermeintliche „Werwölfe" wurden Ziel der Verfolgung wie ehemalige Wehrmachtsangehörige oder NS-Funktionsträger. Später wurden dort sogar deutsche Teenager verhört und zum Tode verurteilt, weil sie etwa den in der SBZ obligatorischen Russischunterricht geschwänzt hatten. Rechtsbeistand gab es keinen, die der Spionage, konterrevolutionärer Verbrechen oder „Militärverbrechen" Angeschuldigten wurden drakonisch bestraft.

War es Ironie des Kalten Krieges oder ein bewusstes Signal? Das Gefängnis, das von vielen Insassen als Hölle erlebt wurde, war das ehemalige Pfarrhaus der einstigen Evangelischen Frauenhilfe. Im früheren Kinderzimmer fanden ab 1945 Verhöre statt, im einstigen Esszimmer, in dem zu Weihnachten der Tannenbaum gestanden hatte, wurde eine Sammelzelle eingerichtet, aus der Abstellkammer wurde der Stehkarzer. In der Apsis der einstigen Kapelle fanden die Militärtribunale statt, in denen über Leben und Tod entschieden wurde. Im ehemaligen Kaiserin-Augusta-Stift saßen die Führungsleute des KGB. Hunderte Häftlinge wurden aus dem Potsdamer Gefängnis in sowjetische Speziallager und in DDR-Gefängnisse gebracht, andere wurden zum Tod verurteilt, wieder andere verbrachten ihre Strafen in Gulag-Lagern der Sowjetunion. Die letzten Deutschen, die in den Gulags lebten und Zwangsarbeit geleistet hatten, wurden 1956 in die DDR entlassen. Sie durften nicht über ihre traumatischen Erfahrungen sprechen, sie bekamen keine Entschädigungszahlungen. Insgesamt gingen tausende Menschen durch die Folter in der Leistikowstraße. Für die dort stationierten

Sowjets und ihre Familien war die scharf bewachte Geheimstadt ein temporäres Zuhause in der Fremde: Villen beherbergten Militärs unterschiedlicher Dienstgrade. Es gab nicht nur Wohnungen und Hotels, sondern auch Krankenstationen, Veranstaltungsräume und Geschäfte, die Straßen bekamen russische Namen.

War es wiederum eine frivole Ironie des Schicksals oder bewusstes Zeichen, dass nach dem Abzug der Russen aus Potsdam in manchen von den KGB-Führern bewohnten Villen pensionierte Generäle der alten bundesrepublikanischen Bundeswehr einzogen, die einstigen Gegner aus der Zeit des Kalten Krieges? Weil sie, wie viele monarchistische, demokratische, kommunistische und Nach-Wende-Zeit-Eliten Potsdam immer noch als Idealbild einer Stadt in einer Parklandschaft ansahen, Geschichte hin oder her? Sie überschrieben mit ihrem neuen Alltag die Schrecken der Vergangenheit so gut, dass man von der KGB-Stadt nur weiß, weil in der Leistikowstraße eine Gedenkstätte eingerichtet wurde und ein Schilderpfad im Viertel auf die Geschichte aufmerksam macht. Doch auch nach dem Studieren der Ausstellung erscheinen einem die Berichte aus der Zeit des Terrors wie ein schlimmer Traum, wenn man heute durch die Straßen geht, in denen früher der KGB herrschte.

Vielleicht liegt das für eine Westdeutsche auch daran, dass Potsdam und die direkte Erfahrung mit sowjetischen Besatzungssoldaten nicht zum Teil einer gelebten, kollektiven Erinnerung an die Zeit bis 1989 gehört. Potsdam war in der Bundesrepublik ein abstrakter Mythos, ein intellektuell diskutierter Kraft- und Unheilsort deutscher Geschichte. Nicht der Pfad eines Sonntagsspaziergangs oder spontanen Wochenendausflugs. Dass die grausame Teilungsgeschichte Deutschlands und die Pracht der restaurierten Stadt, die für Heutige so schwer zusammenzudenken sind, sich in Potsdam so verdichten wie an kaum einem anderen Ort, gehört zu einem seltsamen spezifisch bipolaren, deutschen Gefühl. Zumindest für diejenigen Bürger, die die Zeit bis 1989 noch bewusst erlebt haben. Denn was wussten Westdeutsche schon wirklich von Potsdam außer den Geschichten aus Büchern und Fotos? Fast nichts. Die Osthälfte des Landes lag hinter hohen grauen Mauern mit ihren Selbstschussanlagen. Diese unscharfe Welt gehörte eigentlich „zu uns“, war aber so unerreichbar, dass sie auch auf einem anderen Planeten hätte liegen können. Selbst wenn man in West-Berlin zu Besuch war und zur Glienicker Brücke fuhr und man die Stadt von weitem ob ihres historischen Glanzes durch den Eisernen Vorhang beschwor – sie war im unfassbaren grauen Nebel des Ostens versunken, der von Grenzsoldaten bewacht wurde. Wo „die Russen“ stationiert waren, die wir im täglichen Leben nicht kannten, von etwaigen persönlichen Freunden der Eltern, die im Osten lebten, abgesehen. Was waren die Russen für die Westdeutschen? Breschnew, später Gorbatschow im Fernsehen, Angst vor den Panzern, die durch den „Fulda Gap“ in den osthessischen Raum eindringen würden. Die uns sehr viel bekannteren Nachfolger der siegreichen Besatzungssoldaten – Engländer, Amerikaner oder Franzosen – lebten auch in Westdeutschland in einer Parallelgesellschaft, in ihren Kasernen, mit eigenen Radios und Schulen. Es waren merkwürdige Nachbarn, da und doch nicht da. Friedlich, freundlich – sie hatten mit unserem Alltag nichts, aber auch gar nichts zu tun. Doch als Besatzer nahmen wir sie nicht wahr. Wir wussten: Sie schützten uns vor den Russen, die wir aber nie sahen, geschweige denn kennenlernen konnten. Und so ist einer Wessi dieses Russen-Potsdam tief im Inneren vollkommen fremd, es hat nichts mit eigenen Erinnerungen zu tun. Und so ist es auch, wenn man mitten im Holländischen Viertel auf dem sowjetischen Soldatenfriedhof steht, der an die toten Männer erinnert, die gegen Hitler-Deutschland kämpften. Die kyrillischen Buchstaben ihrer Namen können die meisten aus dem Westen stammenden Besucher nicht entziffern, anders als die auf den Grabsteinen der amerikanischen Soldatenfriedhöfe in England, Frankreich oder den Niederlanden.

GERMAN BEAUTY

Sie ist stolz und geheimnisvoll

„Klar gibt's die schöne deutsche Frau! Uta von Naumburg und Marlene Dietrich. Kühl und leicht entflammbar. Nur die Amis finden hairy legs *nicht so schön!"*

„Totaler Quatsch. Die *German Beauty* gibt es nicht. Und wenn, dann hat sie eine Zahnlücke und wirft ihren Dildo in den Müll."

Frau – schön – deutsch: Ein schwieriger Dreiklang

DK

Mit einer Frau darüber zu verhandeln, ob es die spezifische deutsche schöne Frau gibt, ist eine echte Herausforderung. Es ist ja schon nicht ganz einfach, mit einer Frau überhaupt darüber zu reden, was eine schöne Frau ausmacht. Egal, ob deutsch oder nicht-deutsch. Aus Erfahrung rate ich davon ab, in weiblicher Begleitung zu intensiv die schöne Frau am Nachbartisch zu betrachten. Oder gar zu sagen: „Findest Du die Frau da drüben nicht auch wunderschön?" Es könnte ein sehr unerfreulicher Restaurantbesuch werden. Ich selbst wurde noch monatelang geschimpft, weil ich dereinst bei einem Abendessen bei mir zu Hause sprachlos und entgeistert die Schwester der Freundin meiner damaligen Frau über den Tisch anstarrte, als die sich mit erhobenen nackten Armen ihre Haare ordnete: Ich fand das einfach nur schön. Ohne Begehren, einfach schön. Wie wenn man vor einem Kunstwerk steht und einem der Mund offenstehen bleibt.

Selbst, wenn Sie vergewissernd – und hoffentlich ernst gemeint – gesagt haben, dass Ihre Frau selbstverständlich für Sie die Schönste im ganzen Land ist, sollten Sie sehr behutsam sein, wenn Sie einfach nicht aufhören können, von der hellen Haut, den roten Wangen und den schwarzen Haaren des Schneewittchens am Nachbarschaftstisch zu schwärmen. Sonst landen Sie in einer dieser zähen Diskussionen, dass das ganze Konzept von weiblicher Schönheit sowieso nur ein blödes und hinterhältiges Produkt der nie ruhenden Schönheitsindustrie ist. Und früher oder später kommt dann der Hinweis auf die fetten Weiber bei Rubens, die früher mal als schön galten. Oder auf Twiggy, jenes dürre britische Fotomodell aus den Swinging Sixties in London, die auch mal als schön für die *Vogue* fotografiert wurde. Oder Sie hören sich einen Vortrag über den Goldenen Schnitt an. Oder über den Charme von Symmetrie oder Asymmetrie. Beim Thema weibliche Schönheit gerät man als Mann nicht nur leicht in den Strudel des Relativierens, sondern auch in eine endlose Diskussion über Kleidermode und über die sündhaft teuren Fummel jener machistischen Modemacher, die dürre und langbeinige Frauen als lebende Kleiderständer auf die Laufstege treiben. Und ganz schnell führt die Diskussion dann auch noch unter die Klamotten, also zur Stigmatisierung von Cellulite und Körperbehaarung. Doch selbst da hört's noch nicht auf, denn heute mischt sogar die Pornoindustrie bei der Produktion von Schönheitsvorstellungen mit, der Markt für Vaginalstraffung und *Anal Bleaching* wächst.

In den 1950er Jahren stand der Begriff „Frauleinwunder" für junge, attraktive, moderne, selbstbewusste westdeutsche Frauen, denen vor allem die US-amerikanischen GIs hinterherpfiffen, wenn sie diese mit Perlonstrümpfen und *Chewing Gum* an ihre Seite locken wollten. Das Berliner Mannequin Susanne Erichsen, das 1950 im Alter von 24 Jahren die erste Miss-Germany-Wahl der Bundesrepublik in Baden-Baden gewann, verkörperte diesen Frauentyp. Franz Spelman, dem damaligen München-Korrespondenten des *Time-Life Magazin*, verdanken wir den Begriff. Er gehört zum Arsenal der Wunder-Begriffe der westdeutschen Nachkriegszeit, ebenso wie Wirtschaftswunder und Wunder von Bern.

Alle diese Schönheitsvorstellungen würden heute nicht solche Wirkung und solchen ökonomischen Erfolg haben, wenn es nur die Hochglanzmagazine gäbe oder nur Heidi Klum als Dompteuse ihrer „Mädchen". Den eigentlichen Resonanzboden erzeugen mittlerweile die Influencer auf den Plattformen von Instagram, Youtube & Co: Die Fashion-Influencerin Olivia Palermo in den USA zählte zuletzt mehr als sechs Millionen Menschen, die ihre Empfehlungen verfolgten. Da stehen die deutschen Influencerinnen Pia Wurtzbach mit ihren über neun Millionen und Julia Fröhlich (xLaeta) mit über zwei Millionen auch nicht ganz schlecht da. Millionen Mal wird gepostet, was schön ist. Scrollt man durch die hinter diesen Namen stehende Bilderflut, ist da nichts speziell Deutsches zu erkennen. Bei Pia und Julia gibt es keinen besonderen *German Style*. Schon die Fotos von den beiden signalisieren das Globale: Es sind Bilder von Paris, London und New York und keines von Stuttgart, wo Pia zur Welt kam. Wo bleiben Fotos aus Herdecke, Bebra oder Rostock-Lichtenhagen? Gibt es denn da keine schönen Frauen?

Frau-Schön-Deutsch: ein schwieriger Dreiklang.

Obwohl gerade in meinem Fach, der Soziologie, die Gender-Forschung einen besonders großen Platz erobert hat, bleibe ich für mich persönlich bei der elementarsten, biologisch-medizinisch-genetischen Definition: Eine Frau ist für mich ein Mensch, der über das Chromosomenpaar XX verfügt. Dadurch wird die Ausbildung jener primären und sekundären Geschlechtsmerkmale ermöglicht, die dazu führen, dass diese Menschen in der Regel in der Lage sind, von der Pubertät bis zur Menopause schwanger zu werden und Kinder zu gebären.

Und klar, man kann sagen, dass jeder Mensch schön ist. Und damit auch jede Frau. Aber, wie wir alle wissen, so einfach ist die Sache nicht. Denn es gibt auch Hässliches. Ein großer Chronist des Hässlichen war der Österreicher Manfred Deix. Dieser im Jahr 2016 verstorbene Grafiker, Cartoonist, Musiker und Krimiautor, der heute in einem Ehrengrab auf dem Wiener Zentralfriedhof ruht, gestaltete in seinen Bildern einen Menschentyp, der sogar Eingang im Duden gefunden hat: die „Deixfigur". Diese gezeichneten Menschen sind einfach hässlich, die Männer, die Frauen, selbst die Kinder. Unbestreitbar hässlich. Und ich stehe dazu: Solche hässlichen Menschen sieht man auf den Straßen, in öffentlichen Verkehrsmitteln, in Restaurants, auf Spielplätzen, in Wartezimmern, in Amtsstuben, in Hörsälen. Man sieht überall hässliche Menschen, auf der ganzen Welt.

Wie komme ich dazu, zu sagen, die Bilder von Deix zeigen hässliche Menschen? Weil Deix sie als hässlich zeigen wollte, seine österreichischen Mitmenschen, die er in einem von ihm als faschistoid und bigott wahrgenommenen Land vorführen wollte. In einem Interview wurde er gefragt, warum er nicht mal „schöne" Menschen zeichne, die „Jeunesse Dorée" des Wiener Opernballs beispielsweise, die „Beautiful People". Seine Antwort: „Die Beautiful People, also die meide ich, weil ich mich zutiefst unwohl unter denen fühle. De san mir zu uninteressant und zu fad, obwohl sie die Macher san. Die san die eigentlich Verantwortlichen an dem Pech der kleinen Leute … Die ham Schuld daran, daß die anderen so aussehen, wie ich sie zeichne." Auf den Deix-Blättern sieht man katholische Würdenträger und Familienväter, die sich an kleinen Kindern vergehen. Politiker, die noch hässlicher gezeichnet sind, als sie in Wirklichkeit waren. Ganz normale Paare, die wollüstig übereinander herfallen oder Juden und Ausländer verhöhnen. Und alle sind einfach zu fett. Sie haben übergroße Kloben als Nasen, sie haben Wurstfinger, sie zeigen kaputte Zähne, sie grinsen. Der ehemalige österreichische Bundeskanzler Bruno Kreisky, den Deix oft karikierte, sagte über ihn: „Seine Karikaturen sind so deutlich, daß sie jeder versteht und er macht die Leute so häßlich, daß viele von ihnen sich mit ihrer Häßlichkeit versöhnen. Manchmal verschönert er seine Opfer. Dazu gehöre ich."

Wenn wir zur weiblichen deutschen Schönheit zurückkommen, dann rattern in meinem Kopfkino ganze Bilderfolgen: Uta von Naumburg, die Loreley vom Rhein, Marlene Dietrich aus Berlin, Veronica Ferres aus Solingen. Ich sehe die Monsterfrauen der Germania auf dem Niederwalddenkmal oberhalb von Rüdesheim und der Bavaria oberhalb der Theresienwiese in München. Ich schlendere durch die Schönheitengalerie im Münchner Schloss Nymphenburg, die sich König Ludwig I. von seinem Hofmaler Joseph Karl Stiegler anfertigen ließ. Unter den 38 Portraits sortieren wir die Irin Elizabeth Rosanna Gilbert aus, die sich Lola Montez nannte und als 25-jährige die Geliebte und das Verhängnis des 60-jährigen bayerischen Königs wurde. Aber die restlichen 37 Schönen waren alles deutsche Frauen. Die aus dem Chiemgau stammende

Schusterstochter Helene Kreszenz Sedlmayr gilt bis heute als Inbegriff der schönen Münchnerin.

Gibt es einen gemeinsamen Nenner für diese schönen Frauen aus Deutschland jenseits ihrer Epochenabhängigkeit und ihrer so unterschiedlichen sozialen Herkunft? Wenn ich dieses Bildkarussell um mich herumkreisen lasse, fallen mir vor allem zwei Begriffe ein: stolze und ein wenig geheimnisvolle Schönheit. Egal, ob es eine askanische Markgräfin aus dem 11. Jahrhundert oder die Tochter eines westfälischen Kohlen- und Kartoffelhändlers aus dem 21. Jahrhundert ist: Stolz stehen sie alle da. So verschieden sie auch sind. Ich verstehe Umberto Eco, als er Uta von Naumburg nannte, nachdem er gefragt wurde, mit welcher Frau in der Kunstgeschichte er am liebsten essen gehen würde. Wie leicht hätte dieser gebildete Italiener die Mona Lisa nennen können oder die Aphrodite von Botticelli. Nein, er entschied sich für diese deutsche Ikone aus dem Westchor des Naumburger Doms.Und wieder stecken wir mitten im Dilemma: Es gibt mehrere Vor-Bilder der Bilder von der schönen deutschen Frau. Und neben stolz und geheimnisvoll fallen mir auch noch kühl und leicht entflammbar ein.

Gehen wir in den Dom von Naumburg und schauen hinauf auf die farbige Steinfigur. Der Mantel wird von innen durch die rechte Hand der Frau gehalten, sein Kragen zieht sich schützend bis zur halben Gesichtshöhe hoch. Die linke Hand hält den restlichen Mantel an ihren Leib. Ihr Blick scheint in die Ferne zu schweifen. Die Edle strahlt Stolz und Souveränität aus. Bis zum Jahr 1914 herrschte ein allgemeines Desinteresse an dieser eher unscheinbaren Stifterfigur, bis dann eine Nachbildung auf einer Messe das „deutsche Volkstum“ symbolisieren sollte. „Frau Uta“ verkörperte ein Ineinander von Liebreiz und abweisend Schroffem (Wolfgang Ullrich), das geradezu zu einem „Uta-Kult“ nach dem Ersten Weltkrieg führte. Suche nach Erhabenheit, mystisch-einsame Versenkung, nationalistische Verklärung, Sentimentalität und Schwermut wurden nun nicht mehr nur dieser Uta von Ballenstedt mit ihrem hochgeschlagenen Mantelkragen zugeschrieben, sondern der deutschen Frau schlechthin. Die Nazis trieben diese Bildinterpretation dann auf die Spitze, indem sie die Uta-Ikone als Gegenbild missbrauchten, mit dem die Frauendarstellungen eines Otto Dix oder Emil Nolde als „entartet" verächtlich gemacht werden sollten. Im NS-Propaganda-Film „Der ewige Jude" von 1940 stand diese Frauenskulptur stellvertretend für die überzeitliche Reinheit der deutschen Frau, die es wiederherzustellen galt, notfalls mit Gewalt. Das keusche Mädchen, die edle Frau und die gebärfreudige Mutter des Volkes zugleich, die NS-Konstruktion einer imaginierten mittelalterlichen Vergangenheit projizierte sich vollkommen auf dieses Bild. Der Naumburger Dom St. Peter und Paul in der Mitte Deutschlands wurde zur „Halle deutscher Innerlichkeit" und „Herzkammer der deutschen Nation" gemacht, zum Tempel des „Ewigen Deutschland".

Irrte Umberto Eco also, als er diese schöne Frau nannte? Gewiss nicht. Denn es ist unstrittig das Gesicht einer schönen, stolzen Frau, die nicht darum weniger schön ist, nur weil die Nazis ihr Bild missbrauchten. So auch das Bild von der großen blonden deutschen Frau. Ein Schweizer Kollege, befragt, woran er bei schönen Frauen aus dem großen Kanton im Norden seines kleinen Landes denkt: „Ich denke zuerst an Claudia Schiffer und dann an blonde, gradhaarige, schlanke Frauen mit einem strahlenden Lachen – solche, die mit schicker Tasche über den Ku-Damm laufen."

„Dein goldenes Haar, Margarete": Von Fausts Gretchen über die Loreley bis zu Claudia Schiffer und Heidi Klum zieht sich dieses Klischee von der blonden deutschen Frau durch die Geschichte. Entweder mit wallender Mähne oder gebändigt im umlaufenden Zopfkranz, wie bei Helmut Newton und seiner Big Nude I. Wer die ultimative Illustration zu diesem Motiv sehen will, schaue sich jene Szene aus dem Film „Rossini" von Helmut Dietl an, in der Veronica Ferres mit langen blonden Locken auf das italienische Restaurant in München-Schwabing zugeht. In dem sie dann darauf hofft, dass ihr der Regisseur Uhu Zigeuner die Rolle der Lorelei anbietet. Im richtigen Leben bekam diese Schauspielerin die Rolle als Lebenspartnerin von Helmut Dietl für immerhin ganze neun Jahre. Und das, obwohl sie nicht wirklich blond ist. Und erneut durch Sönke Wortmann zum blondgefärbten „Superweib“ gemacht wurde. In diesem Film tauchte auch die Alternative zum Titel „Superweib“ auf: „Das Mega-Titten-Weib“. Auch dieses Motiv – neben groß und blond – wird häufig genannt bei deutschen Frauen. Genug der Klischees.

Noch drei deutsche Frauen möchte ich auf die Bühne stellen: Zwei preußische Prinzessinnen und Marlene Dietrich.

In der Alten Nationalgalerie in Berlin, da stehen sie, die beiden Mädchen. Die Kleinere legt ihren Arm um die Hüfte der Größeren, diese legt ihren Arm auf die Schultern der Kleineren. Die Kleinere fasst die Hand der Schwester auf ihrer Schulter. Luise und Friederike von Mecklenburg-Strelitz, die beide zwei Prinzen von Preußen heirateten. Als der Bildhauer Johann Gottfried Schadow die beiden Mädchen abbildete, war Luise 17 Jahre alt, Friederike 15.

Der Künstler schrieb: „Weibliche Büsten sind eine der schwersten Aufgaben in der Kunst; diese zu lösen, habe ich mir immer unglaubliche Mühe gegeben. Ähnlichkeit mit Anmut zu vereinigen [...] erfordert ein zartes Kunstgefühl und einen, möchte ich fast sagen, an List grenzenden Beobachtungsgeist.“ Ob es eben diese List seines Beobachtungsgeistes gewesen war, die Schadow dazu bewegte, die beiden Teenager auf dem Weg zum Bad im Unterkleid abzubilden? Der heutige Betrachter jedenfalls darf sich schon ein wenig wundern, wie sichtbar sich die jugendlichen Brüste der beiden Mädchen unter dem dünnen Stoff abzeichnen.

Nachdem der eigentliche Auftraggeber, König Friedrich Wilhelm II. gestorben war, missfiel seinem Sohn, König Friedrich Wilhelm III., diese Abbildung seiner Frau und ihrer Schwester und das Fehlen jeder hoheitsvollen Pose und die sehr deutliche Darstellung der Körperformen unter den faltenreichen Gewändern. Sein Urteil über das Standbild soll gelautet haben: „Mir fatal!“ An versteckter Stelle in einem Gästezimmer des Berliner Schlosses wurde die Figurengruppe lange untergebracht, bis sie erst im 20. Jahrhundert ganz allmählich im Bewusstsein der Menschen wiederauftauchte. Und heute im Museumsshop tausendfach als Replik und auf Postkarten verkauft wird. Man kann sie sogar aus Schokolade kaufen.

Ganz anders wirkt neben den Prinzessinnen aus dem heutigen Mecklenburg-Vorpommern die über hundert Jahre später geborene Marie Magdalene Dietrich aus Berlin-Schöneberg. Bis heute ist diese Schauspielerin, die ihre internationale Karriere als „Marlene“ Dietrich verfolgte, für viele der Inbegriff der schönen deutschen Frau. „Der blaue Engel“ (1930), „Marokko“ (1930), „Zeugin der Anklage“ (1957) und „Schöner Gigolo, armer Gigolo“ (1978) sind die zentralen Stationen dieser erfolgreichen Strecke. Ihre langen Beine, die sie als femme fatale „Lola-Lola“ übereinanderschlägt, ihre rauchig-erotische Stimme, mit der sie gesungen hat, und die von ihr getragenen Hosenanzüge haben sie für Millionen Menschen zur deutschen Ikone der internationalen Filmleinwand gemacht.

Bei den Hosenanzügen und den von ihr gerne getragenen Smoking-Anzügen kommen wir zu einem Thema, das mir für die Abrundung meines Lobgesangs auf die Schönheit deutscher Frauen bisher fehlt. Nicht nur, dass die Dietrich nicht blond und mit ihren 1,68 eher klein war, sie spielte auch mit ihrer Geschlechtszugehörigkeit in vielfältiger Weise. Mal mit Strapsen, Pumps und Zylinder als Vamp im „Blauen Engel“, mal im Smoking eine andere Frau küssend, mal im Zweireiher mit Krawatte und Zigarette und dann wieder in ihren legendären „Nacktkleidern“ aus einem eigens in Italien gefertigtem Gewebe namens „Souffle“. Der englische Theaterkritiker und Autor brachte es auf den Punkt: „She has sex but no positive gender.“ Vielleicht ist es dieses Durchbrechen des simplen XX- oder XY-Geschlechtsdimorphismus, das auch Bestandteil der Schönheit mancher Frauen aus Deutschland wurde, von Uta von

Naumburg bis heute. Eventuell meinte mein Freund und Kollege Stephen, der in Südflorida forscht und lehrt, auch das, als er auf meine Frage, was ihm zu deutschen Frauen einfällt, antwortete: „Hairy legs". Er meinte damit nicht schön. Aber selbstbewusst. Und deutsch.

Die Deutsche Schönheit gibt es nicht

SvW

Die Frage, ob es eine *German Beauty* gibt, ist total bescheuert. Als Frau sieht man da einen Mann vor sich, der ein Claudia-Schiffer-Pin-up anstarrt wie ein Dreijähriger einen Weihnachtsbaum. Oder einen Siebenjährigen, der im Katalog der Zauberstäbe für den Besuch in Hogwarts blättert. Damit wäre die Frage beantwortet. Und wir können weiter über die deutsche Seele, den deutschen Wald und die Märchen der Brüder Grimm sinnieren. Aber so einfach ist es nicht.

Ich denke seit drei Jahrzehnten über diese Frage nach. Und habe immer noch keine Antwort. Lange Zeit lehnte ich das Denken in der Kategorie „Nationalschönheiten" ab. Ich fand es sexistisch, erniedrigend, rassistisch, ja politisch gefährlich: einen Menschen – egal ob Frau oder Mann – auf die Struktur seiner Wangenknochen, seine Haarfarbe und Hautbeschaffenheit zu reduzieren. Name dafür, Stempel drauf. Fertig. Es erinnerte mich zu sehr an die willkürliche Arier-Definition der Nazis, die sich in meiner Vorstellung von *German Beauty* mit Hugh Hefners wilden Pool-Parties mischten. Halbnackte Playboy-Bunnies, die fetten alten Typen Drinks auf dem ausgestreckten Po servieren. Oder Miss-Germany-Wahlen, nach denen die armen Mädchen als Kühlerfiguren von Rennautos endeten und einen windigen Parkhaus-Investor heirateten statt Mikrobiologie zu studieren wie ihre weniger windschnittigen Klassenkameradinnen. Und das war lange vor Harvey Weinstein und der MeToo-Debatte.

Zudem arbeitete der Hochglanz-Mainstream mit Altersdiskriminierung: *German Beautys* waren aus dem Kokoon der Pubertät geschlüpfte Mädchen. Die deutschen Schönheiten schienen mit Mitte, Ende 20 ihr Leben auszuhauchen. Wo gingen all diese Frauen nur hin, die vorher als Beauty gegolten hatten? Von einem Unterdruck-Sauger in einem unsichtbaren Land verschluckt, mit Camouflage-Capes versehen, auf einem Friedhof der Kuscheltiere verscharrt? Außerdem hatten die schönsten deutschen Schönheiten, die ich kannte, portugiesische und türkische Wurzeln und sahen nun wirklich nicht aus wie die ostfriesische Freya vor 300 Jahren.

Aber je mehr ich den Begriff der *German Beauty* ablehnte, umso mehr flog er mir im Ausland wie ein Bumerang um die Ohren. Denn ich war in England fasziniert von den in meinen Augen so typischen Gesichtern der *English Roses*, diesen Frauen mit ihren Milch-und-Honig-Teints, hellen Haaren, blauen Augen und Sommersprossen. Auch wenn ich in London mehr dunkelhaarige und dunkelhäutige Frauen sah, deren Vorfahren aus Indien, Pakistan und Afrika gekommen waren. Immer wenn ich die Frauen aus der Familie meiner walisischen Freundin Debbie erblickte – 11, 40 und 70 Jahre alt – murmelte ich innerlich: *English Rose, English Rose, English Rose.* So geht es mir auch, wenn ich die über 90-jährige Queen mit ihrer leicht gepuderten weißen Haut bei einer ihrer Fernsehansprachen sehe.

Nach den *English Roses* entwickelte ich eine Obsession für *La Française*, besonders die Pariserin, die ich natürlich im Ausland überall sofort erkannte. Das liegt wahrscheinlich vor allem an ihrem betont lässigen Look, der cool aussieht, egal, was sie sich überstülpt – vielleicht weil sie gute Dessous anzieht und eine innere sexy Haltung hat, die mit dem Bewusstsein ihrer weiblichen Macht einhergeht. Und das ist kein Vorurteil von in die Idee der *Parisenne* verknallten Ausländern, sondern offizieller Teil der französischen Staatsräson. Der schönen französischen Frau an sich wird in Frankreich die höchste Macht zugesprochen: Sie verkörpert in der Figur der Marianne nichts weniger als das gesamte Volk. Männer und Frauen und Kinder. Das Volk ist die schöne Frau – und die schöne Frau ist das Volk. In jedem Rathaus thront die Büste der Marianne als Symbol der stolzen Republik. Für diese Köpfe standen immer wieder berühmte französische Schönheiten Modell: Brigitte Bardot, Mireille Matthieu, Catherine Deneuve, Inès de la Fressange und Laetitia Casta. Als French Beauty verewigt zu werden, gilt im Land der Freiheit, Gleichheit und Brüderlichkeit als höchste Auszeichnung.

Die Nation in eine schöne Frau gegossen. Eigentlich eine ungeheuerliche Konstruktion. Auch wenn es die Idee dieser Verkörperung einer Nation bei den Deutschen in Form der Germania gab, die auf Bildern gerade im 19. Jahrhundert immer wieder erschien. In Deutschlands Rathäusern steht heute jedoch eher eine alte Zimmerpalme als eine Germania, die die Züge von Iris Berben, Diane Kruger, Christiane Paul oder Karoline Herfurth trägt. Wie sexy dagegen ist die berühmte Darstellung der National-Marianne im aus dem Jahr 1830 stammenden Delacroix-Bild: In ihm stürmt sie als breithüftige, barbusige Brünette mit lässig hochgesteckten Haaren unter der phrygischen Mütze während der Julirevolution mit in die Luft gestreckter Trikolore über gefallene Männer. Als eine solche starke französische Schönheit erkannte ich meine erste Pariser Vermieterin Anne, von deren Kraft und Schönheit ich so beeindruckt war, dass ich sie unbedingt als Freundin gewinnen wollte. Mit ihren dunkelbraunen Haaren, dem sehr aristokratisch-entschlossenen Gesicht und tiefblauen Augen, ihrer geschliffenen Sprache und ihrer beeindruckenden Tatkraft war sie für mich der Inbegriff der französischen Schönheit. Ihre *beauté* packte mich wie eine Urgewalt, und das hatte nichts Sexuelles. Ich wollte sie immer ansehen, ihr Strahlen begreifen. Auch meine andere schöne Pariser Freundin Hélène hat dieses klassisch symmetrische Gesicht, das für mich französisch ist, dazu dunkelbraune Haare, blaue Augen. Und eine große innere Würde und Energie. Diese beiden Freundinnen sind die einzigen Menschen, denen ich bei jedem Treffen sagen will: „Ich bewundere Deine Schönheit. Du bist meine Marianne." Bei keiner einzigen deutschen Frau geht es mir so. Ich habe keine bewunderte Germania.

Vielleicht hat es etwas mit der Zimmerpalme in deutschen Rathäusern zu tun: Ich selber würde im Ausland eher ungern als deutsche Frau klassifiziert werden, denn dabei kommt eher die Assoziation zur praktischen Kindergärtnerin auf, die eine Brotdose dabei hat – oder an eine schicke Düsseldorferin, die so perfekt und auftakelt ist, dass sie langweilig wirkt. Eine deutsche Schönheit wäre für mich am ehesten eine coole Lesbe der 1920er Jahre, androgyn, in einem schwarzen Anzug mit weißem Hemd und Manschettenknöpfen. Aber deutsche Frauen haben ja keinen Einfluss darauf, ob sie von anderen als Deutsche, gar als *German Beauty* gesehen werden.

Mir selbst flog das Konzept von Nationalschönheit in meinem eigenen Land das erste Mal richtig um die Ohren, als ich eine 20-jährige Volontärin war. Ich hatte für die Zeitung ein Interview mit einem 82-jährigen Maler in seinem Haus verabredet, wir kannten uns nur vom Telefon. Ich fahre also hin, mit Block, Stift und Kamera, stehe vor dem Haus, klingele, die Tür geht auf. Der kleine schmale Künstler steht darin, sieht mich an, sieht mich an, sieht mich an, lange kein Wort. Dann sagt er, ohne Begrüßung, ein wenig ungläubig, verwundert, träumerisch: „Sie sehen aus wie die Mädchen meiner Heimat, in Mähren. Sie sind eine Schönheit der Vergangenheit."

Natürlich konnte er nicht wissen, dass meine Familie aus dem ehemaligen Habsburgerreich stammte und die Vorfahren in Prag, Wien und im Sudetenland gelebt hatten. Bis zum heutigen Tag war mir eine Begrüßung nie unheimlicher als in dieser Sekunde, in der der Künstler in mein Gesicht und damit in mich sah. Dass sich in den Monaten nach dem Interview eine tiefe Freundschaft zwischen mir, einer Studentin, und einem sehr alten Mann entwickelte, die bis zu seinem Tode hielt, hatte nichts damit zu tun, dass er in mir die Mädchen seiner Jugend erkannte. Aber eine Vertrautheit muss für ihn da gewesen sein vor meinem ersten Wort. Und ja, diese Begrüßung ohne Filter berührte mich und setzte den Ton zwischen uns: eine völlig unbefangene Direktheit. Ich habe ihn leider nie gefragt, was er denn genau damit meinte, dass ich aussah wie ein mährisches Mädchen. Es muss der Gesichtsschnitt, Haut- und Haarfarbe und vielleicht auch die Figur gewesen sein, was ihn in das Prag der 1940er zurückversetzte. Ich hatte nur so eine Ahnung, dass ich nicht unbedingt aussah wie eine typische Hamburgerin, die meine Mutter in den 1990er Jahren immer „eine englische Flotte“ nannte – eine eher große, knochige Frau mit hellem, dezent gepuderten Teint, die stolz hereingesegelt kam mit Schottenrock, teurer Bluse, Aigner-Handtasche und Haarreif. Dazu eine wohltönende, aber eher laute Stimme und ein für das ganze Leben geltendes Selbstbewusstsein, auf einem Überseeschiff garantiert nicht seekrank zu werden.

Als ich nach Paris zog, wurde ich von den Franzosen nie als Deutsche erkannt. Man schrieb mich dort allerhand Ländern zu: Nordspanien, Belgien und Russland. Doch eines Tages unterhielt ich mich mit meiner Pariser Freundin Clotilde darüber, die lange in Wien gelebt hatte. Sie sagte: „Aber das ist doch klar: Du und Katharina habt doch *ces visages autrichiens*!“ Ihr habt so österreichische Gesichter! Wie man mich denn für eine Nordspanierin halten könnte, das sei doch so was von klar, dass ich aus Richtung Habsburgerreich käme. Aber wie bitte schön eine Österreicherin aussieht, das konnte sie auch nicht definieren. Wobei sie recht hatte: Ich hatte beim ersten Anblick meiner aus Wien stammenden Pariser Nachbarin Katharina in ihrem Gesicht ein erstaunliches Spiegelbild des meinen gesehen, umgeben von all den Französinnen. Ein fast sprachlos machendes Erkennen. Nicht gerade: Wir kommen aus demselben Stall. Aber doch so ähnlich.

Ohne die Gender-Keule rauszuholen: Mir ist ein Rätsel, warum es in Diskussionen um deutsche Schönheit immer nur um Frauen geht und selten um Männer. Würde man zu einem Mann sagen: „Der ist eine *German Beauty*“? Und bis auf Helmut Berger fällt mir auch nach langem Nachdenken keiner ein, dafür aber schöne Italiener oder Franzosen en masse. Aber ich weiß etwas anderes. Wenn ich darüber nachdenke, ob Deutschland eine Frau oder ein Mann ist – so wie Paris für mich eine Frau und Stockholm ein Mann ist –, bin ich mir sicher: Deutschland ist kein Mann. Deutschland ist eine Frau.

Die moderne schöne Germania ist ein wenig rund wie die Bavaria, kein Hungerhaken mehr, denn sie isst gerne einen Rhabarber-Käsekuchen nach dem Yoga. Die *German Beauty* dieser Tage hat eine kleine Zahnlücke wie Vanessa Paradis und die blauen Augen von Heike Makatsch. In ihre flammend roten Teresa-Bücker-Haare mischen sich ein paar graue Strähnen, die sie an manchen Morgen ausreißt und an anderen nicht. Germania hat Sommersprossen, die in den zunehmend heißeren Monaten immer stärker werden. Sie hat nach der Insolvenz ihres ersten Start-ups eine zweite Firma gegründet, zeigt die eigenhändige Renovierung des Landhauses in Brandenburg ihrer erstaunlich großen Instagram-Gemeinde. Über tote Männer stürmt sie nicht so wie die Marianne des Delacroix im 19. Jahrhundert. Sie holt ihren Mann oder ihre Frau mit dem E-Bike aus dem Coworking Space ab, ruft mit ihrer leicht rauen Stimme die Kinder zum Essen und hat heute Abend gerade keine Lust mehr, Mutter für alle zu sein. Sie bestellt Design-Dildos online, die sie nach zwei Versuchen in den Müll schmeißt und fragt ihre Mutter, wie sie es 50 Jahre mit ihrem Vater ausgehalten hat. Und diese ist mit ihren 80 Jahren eine echte *German Beauty*. Denn sie hat zwei Chemotherapien überlebt und sieht an guten Tagen aus wie eine russische Großfürstin und an schlechten wie ein vergilbter Schatten ihrer Jugendbilder. Sie lässt sich Freitags die weißen Haare in eleganten Wellen fönen, fährt mit ihrem Zwiebelporsche auf den Markt und kauft bei ihrem Lieblingstürken Melonen. Abends lernt sie Französisch und schreibt ihren Enkelkindern lustige E-Mails darüber, was sie auf der Straße vor ihrem Fenster sieht. Sie schreibt an einem Testament, das mehr nach Rilke als nach Notar klingt, und schimpft auf ihr Ipad. Sie lebt und sie lacht.

DAS DEUTSCHE PORZELLAN

Schildkrötentassen für Ingwer-Shots

„Die Sachsen haben den Chinesen das Porzellan abgeschaut. Eigenes erfunden, wild damit angegeben. Heute ist der Markt fast weg. Die Hoffnung sind die superreichen – Chinesen."

„Ach, Chinesen und Sachsen! Für mich gibt es nur die Bayern. In Nymphenburg war ein genialer Schweizer der bis heute bedeutendste Künstler. An den kommt kein Chinese und auch kein Sachse heran."

Kitt in der Generationenkette: Wie die Rote Rose aus Meissen den Krieg überlebte

SvW

So einen Anruf macht man nur einmal im Leben. Den Eltern erzählen, dass sie endlich und erstmals Großeltern werden:

„Es wird ein Mädchen, Mama!"

„Ein Mädchen!"

Tiefes Luftholen.

„Dann bekommt sie die Rote Rose!"

Zugegeben: Ich war etwas irritiert, dass meine Mutter nicht zuerst gefragt hatte, wie es mir denn gehe. Oder dem Kind. Oder ob wir das Baby Penelope, Thyra oder Olympia nennen wollten. Ob es katholisch oder evangelisch getauft werden sollte. Aber irgendwie fand ich es doch ganz normal, dass dem Menschlein in meinem Bauch zu allererst mit voller Wucht Meissner Porzellan zugesprochen wurde.

Die Rote Rose. Dieser Name, der für Nicht-Porzellan-Menschen wie ein Geheimcode für eine militärische Invasion klingen mag oder an die Weiße Rose der Geschwister Sophie und Hans Scholl erinnert, schoss aus meiner Mutter wie ein Reflex am Knie hervor. Daran mag man erkennen, welche Bedeutung in manchen deutschen Familien Meissner Porzellan hat. Porzellan ist Teil des Clans und seines Selbstverständnisses. Ein Erbe, das auf Erben wartet. Kitt in der Generationenkette. Jedoch: Solche Rote-Rose-Reflexe sterben aus, sterben ab. Die Zahl der Single-Haushalte liegt in Deutschland bei 42 Prozent, Tendenz steigend. Die meisten von ihnen essen abends lieber Takeaway-Pizza aus dem Karton, als einen Eintopf aus der Deckelterrine zu schöpfen. Große Kaffeekannen benutzt in Zeiten von Nespresso eh keiner mehr. Der Latte Macchiato wird aus einem billigen Glas getrunken – und wer will schon so etwas Überflüssiges wie Untertassen mit Goldrand per Hand abwaschen?

Wenn die Deutschen heute Meissner Porzellan mit einem der legendären Dekore erben – Zwiebelmuster, Streublümchen, Weinranken, Mingdrachen oder eben die Rose –, finden sie den Look meist ebenso antörnend wie die gerahmten historischen Landkarten und Pferdestiche ihrer Großeltern. Eine ganze Generation verkauft Tonnen an einstmals kostbarem Geschirr zu Schleuderpreisen. Auf eBay wird ein 24-teiliges Service – unbenutzt – für 1.000 Euro angeboten, sechs Suppentassen sind für 490 Euro zu haben. Experten von Auktionshäusern lächeln mitleidig, wenn man ihnen Geschirr anbietet. Denn auch wenn heute ein großer handbemalter Speiseteller in der Manufaktur neu 400 Euro kostet, zeigt das Angebot im Internet, dass es keinen heißen Verkäufermarkt dafür gibt, wie man ihn von anderen Luxusprodukten wie Handtaschen, Seidentüchern oder Uhren kennt. Sich verschulden für Meissen? *Never ever*.

Zugegeben: Unsere Meissner-Schildkrötensuppentassen mit den feinen Deckelchen waren selbst in den 1970er Jahren etwas speziell. Auch wenn sie nie für Brühe aus Kröten verwendet wurden, sondern nur für die Markklößchensuppe aus der Lacroix-Dose. Und das nur an Heiligabend. Aus diesen Tassen schmeckte selbst die Industriesuppe himmlisch. Der Auftritt der Roten Rose zu Weihnachten in meiner Familie war mehr als eine deutsche Weihnachtsshow. Die Tafel mit dem schimmernden Porzellan war auch ein Zeichen von Zähigkeit, Trotz und Resilienz. Und, ja, auch Stolz. Die ersten Stücke der später über 160 Teile umfassenden Kollektion hatten den Zweiten Weltkrieg überlebt, in dem so gut wie das ganze Vermögen des mütterlichen Clans enteignet worden war. Die ersten Tassen und Teller bekam meine Mutter 1939 von ihrer Patentante zur Taufe, die letzten kaufte sie im Jahr 2015.

Das Reden über Meissner Porzellan entwickelte sich zu einer familiären Geheimsprache, die eng mit der deutschen Geschichte des 20. Jahrhunderts verwoben war. Einige Teller ohne Goldrand – wegen der Goldknappheit im Krieg – und zwei Tassen stammen „aus der alten Zeit“. Großmama hatte – die Vertreibung aus dem Sudetenland vor Augen – Wege zu Leuten gefunden, die den kostbarsten Besitz sicher nicht umsonst aus Nordböhmen, „nach drüben“, also nach Sachsen schmuggelten. Wie das empfindliche Porzellan von dort nach Blankenburg im Harz kam, wo die Familie nach Kriegsende einquartiert war, ist nur noch zu ahnen. Vielleicht hatte die findige Oma ihre Netze ausgeworfen, Flüchtlinge halfen sich untereinander. Selbst in der Sowjetischen Besatzungszone waren diese Stücke mit der leuchtenden Rose in bitterster Armut und Hunger jedenfalls da. Und die Großmama schickte sie vor der erneuten Flucht der Familie aus dem Osten im Jahr 1952 per Paketpost nach West-Berlin, peu à peu in das neue Zuhause. Immer nur wenige Stücke, damit die Kommunisten in der DDR nichts von ihren Fluchtplänen ahnen konnten. In den 1960er Jahren gehörte die Rote Rose zur bescheidenen Aussteuer meiner Mutter, und in den kommenden Jahrzehnten sammelte sie immer wieder neue Stücke hinzu. In den 1980er Jahren, als es im Westen nur wenige Teile zu kaufen gab, da die Manufaktur als nunmehriger VEB in der DDR lag, waren besondere Unikate, die unerwartet in den Meissen-Verkaufsstellen auftauchten, eine Sensation. So entdeckte meine Mutter im Beisein der böhmischen Großmutter im Kaufhaus KaDeWe einmal eine mehrstöckige Etagere für Konfekt, die sie hinreißend fand. Als sie meinte, na ja, ein solch teures Stück kaufe man doch nicht einfach im Vorbeigehen, sagte die Großmama: „Wer weiß, ob irgendwann noch einmal eine Etagere aus der Zone rüber kommt in Deinem Leben! Nimm sie und Du wirst Dich ein Leben lang dran freuen!“

Heute kann man die „Meissner Rose“ ganz einfach online bestellen. Und jene persönlichen Risiken, die Menschen für das Weitergeben dieses Porzellans auf sich nahmen – und die politischen Kämpfe darum –, erscheinen wie Geschichten von einem anderen Stern. Fast kabarettreif klingt es, dass die Manufaktur im Jahr 1946 im Zuge der deutschen Reparationsverpflichtungen als Filiale der sowjetischen Aktiengesellschaft „Zement“ übernommen worden war und bis 1950 als „Staatliche Aktien-Gesellschaft für Baustoffe ‚Zement‘ Porzellan-Manufaktur Meißen“ geführt wurde. Für das Volk der DDR – der Ideologie nach Eigentümer dieses Betriebes – war das Porzellan unerreichbar. Nur wer Beziehungen hatte oder zu den rund 2.000 gut bezahlten Angestellten der Manufaktur zählte, die „Deputat“ bekamen, konnte Meissen erwerben – und regen Schwarzhandel damit treiben. Bis zu 90 Prozent der Meissen-Produktion wurden als Devisenbringer in rund 30 Länder im Westen exportiert, es war begehrtes Geschenk für Staatsgäste und wurde westlichen Künstlern als Teil ihrer Gage angeboten. Das so oft als „Weißes Gold“ titulierte Geschirr wurde im real existierenden Sozialismus eine krisensichere Zweitwährung wie der US-Dollar. Das Geschäft boomte so sehr, dass noch kurz vor der Wende überlegt wurde, das Personal von 2.000 auf 3.000 Arbeiter aufzustocken. Die Manufaktur war damals auch deshalb wirtschaftlich so erfolgreich, weil die Löhne im internationalen Vergleich niedrig waren. Das hatte zur Folge, dass nach der Wende Meissen im Westen rund 25 Prozent teurer wurde, nachdem die Löhne sich in Richtung Westniveau bewegt hatten.

An Geschichten von Überleben, Schmuggel und Wiederanfang denken beim Stichwort Meissen heute wahrscheinlich nur wenige Menschen. Im Jahr 2000 lag der Umsatz noch bei 42 Millionen Euro, acht Jahre später waren es nur 31,5 Millionen Euro, im Jahr 2018 waren es wieder 38 Millionen. Allein 2017 lag das Minus bei rund fünf Millionen Euro. Auch mit der Mitarbeiterzahl der Porzelliner ging es seit der Wende ständig bergab: Von 1.800 Mitarbeitern im Jahr 1989 auf 400 im Jahr 2020. Finanzielle Dramen brachten wechselnde Manager und Aufsichtsräte seit der Wendezeit beinahe um den Verstand. Externe Stylisten konnten dabei nur Zwischenhochs schaffen, wie im Jahr 2001 das Hamburger Designer-Paar Thomas Kuball und Peter Kempe. Peter Kempe nahm sich Karl Lagerfeld als Vorbild, der über Jahrzehnte Chanel mit

Genialität und preußischer Disziplin erfolgreich führte, und schuf mit seinem Partner Kuball in Sachsen einen punktuellen Relaunch: Die beiden Stylisten ließen den berühmten Ming-Drachen in neuen starken Farben auf großen Teeschalen erscheinen, statt Omi-Blümchen sah man nun poppiges Küchengemüse auf Kaffeetassen. Sie führten Mugs ein und eine Handwaschkumme von 1720 wurde so geschnitten, dass sie als Milchcaféschale, Müslischüssel oder Sushi-Platte eingesetzt werden kann. Der Staub war weg. An seiner Stelle leuchtete Glamour in kräftigen Farben.

In den Jahren 2008 bis 2015 ergab sich jedoch ein dramatisches Zwischenspiel mit dem neuen Geschäftsführer Christian Kurtzke, der aus der Manufaktur ein neues Meissen-Universum namens „Meissen Couture" schaffen wollte. Das ging krachend schief. Die Idee, einen Rundumeinrichter mit Tapeten, Teppichen, Tischen, Schmuck und Mode zu formen, und das mit einer weltweiten Vertriebszentrale von Italien aus, war größenwahnsinnig und provinziell zugleich. Selbst die angepeilten Chinesen und Russen fanden die Produkte öde. In den acht Jahren des Kurtzke-Regimes liefen 26 Millionen Euro Schulden auf. Zu einem Skandal ersten Ranges wurde im Jahr 2010 Kurtzkes Idee, Altbestände an Porzellan im Wert von 2,6 Millionen Euro zu vernichten, also unverkäufliches Porzellan zu zerschlagen. Das Bild, das in den Köpfen der Menschen hängenblieb: Meissner Kulturgut gehört in den Schredder. 2015 musste der vom *Manager Magazin* als „Narziss mit Goldrand" betitelte Geschäftsführer Kurtzke gehen. Um sich die kulturhistorischen Werte der Manufaktur zu sichern, gründete der Freistaat Sachsen im Jahr 2014 die Meissen Porzellan-Stiftung, die der Staatlichen Porzellan-Manufaktur sämtliche Modellformen, Rezepturen und Museumsobjekte für sechs Millionen Euro abkaufte. Der Freistaat Sachsen zahlte weitere 28 Millionen Euro aus dem Staatssäckel für die Modernisierung in Produktion und Gebäude. 2017 kam das ODEEH-Modedesignerpaar Otto Drögsler und Jörg Ehrlich als Kreativdirektoren in die sächsische Stadt. Die beiden entwarfen eine günstigere und spülmaschinenfeste Mix&Match-Kollektion mit von Maschinen bedruckten Dekoren. Doch diese Aufweichung nach unten wird in der Szene als Fehler gesehen, da damit das Alleinstellungsmerkmal Meissens als von Hand gemachtes Porzellan auf einmal wegfiel.

Meissen hat seit seiner Gründung im Jahr 1710 durch den sächsischen Kurfürsten August den Starken als erste Manufaktur auf europäischem Boden ein stetiges Auf und Ab erlebt. So hatte das Unternehmen schon zu Beginn des 19. Jahrhunderts nach Revolutions- und Kriegszeiten mit finanziellen Schwierigkeiten zu kämpfen, da die ruinierten Fürstenhäuser andere Sorgen hatten, als riesige Services für Hochzeiten oder Prunkvasen als diplomatische Geschenke zu bestellen. Zum hundertjährigen Jubiläum der Firma im Jahr 1810 gab es sogar ernsthafte Überlegungen, die Manufaktur zu schließen. Und auch schon damals wurden deren altmodische Designs kritisiert. So schrieb Goethe nach einem Besuch der Manufaktur im April 1813: „Es ist eigen und beynah unglaublich, daß man wenig darin findet, was man in seiner Haushaltung besitzen möchte." Und es klingt wie das Urteil eines heutigen Stylisten, wenn man Goethes Beschreibung des Angebots liest: „von allem, was nicht mehr gefällt und nicht mehr gefallen kann, und das nicht etwa eins, sondern in ganzen Massen zu hunderten, ja zu tausenden."

Meissen wurstelte sich bis heute immer irgendwie durch, während andere Manufakturen in den Kleinstaaten des Heiligen Römischen Reiches Deutscher Nation, in dem jeder noch so kümmrige Mini-Potentat den Anspruch hatte, eigenes Porzellan herzustellen, starben: Hoechst, Frankenthal oder Ludwigsburg mussten schließen. Während der Restaurationszeit folgte in Meissen sogar eine Blütephase durch die Konzentration auf deutlich bürgerlichere, einfachere Porzellane – und durch die Erfindung des Glanzgoldes, für das man weniger Edelmetall brauchte. Schließlich brachte die Kreation des berühmten Unterglasurgrün und des Weinkranzmotivs einen Renner für die bürgerliche Kundschaft. In der zweiten Hälfte des 19. Jahrhunderts lebte das Zwiebelmuster auf, ab 1871 folgte eine dem Zeitgeschmack folgende Phase des historisierenden Produzierens. In dieser Zeit verstärkte sich der Glanz Meissens als Teil der deutschnationalen Erzählung: Das Erfinderteam des Porzellans um den Alchemisten Johann Friedrich Böttger, der unter Lebensgefahr auf der Albrechtsburg bei Meissen das harte weiße Geschirr ab 1708 durch das Hinzufügen von Kaolin hervorgezaubert hatten galt als deutsche Heldenmannschaft, die Romantisch-Geniales und Tapferes in sich vereint hatte.

Was aber ist heute noch romantisch-genial? Tapfer? Zeitgenössisch und innovativ? Dass keiner der weltweit agierenden Luxuskonzerne wie Kering oder LVMH oder Richmond bisher wirkliches Interesse an einer Übernahme Meissens gezeigt hat – wie das im Fall der italienischen Porzellan Manifattura Ginori durch Kering 2013 war, die dort den Gucci-Designer Alessandro Michele einsetzte – liegt wohl daran, dass der Umsatz von rund 35 Millionen Euro pro Jahr nicht groß genug für die Mühen einer Übernahme ist. Solche Konzerne kaufen Manufakturen meist nur, wenn sie das Ergebnis um ein Vielfaches erhöhen können, etwas, was bei Meissen derzeit schwer vorstellbar erscheint.

Welche Aussage in der globalen Design-Welt hat also Meissen heute? Das weiß niemand so recht. Denn zwischen Druckdekoren im Collagen-Stil werden in der Masterpiece Collection Stücke nach historischen Vorbildern angeboten, die gut und gerne 30.000 Euro kosten können – aber manchmal in Auktionen für die Hälfte auf den Markt kommen. Der riesige Fundus an Formen und Dekoren sorgt im Sortiment eher für Verwirrung, und das Spotlight wird nicht immer so gesetzt, dass eine klare Linie zu erkennen ist. Dazu fehlt die eigene gestalterische Leistung, die auf dem umkämpften Luxusmarkt sowohl in Frankreich, Macao oder Indien ankommt. Reste von Ost-Kreativität reichen dafür nicht aus. Selbst Frauen, die Luxusmode konsumieren, haben kein komplettes Meissner

Porzellan mehr und scheinen auch keines haben zu wollen. Nur Kunden, die Einrichter beschäftigen wie in den USA oder in arabischen Ländern, kaufen noch Geschirr-Ensembles und arbeiten dann vielleicht eher mit modernen Porzellandesignerinnen wie der Pariserin Marie Dâage. In diesem Bereich ist die nach Meissen zweitälteste deutsche Porzellanmanufaktur Fürstenberg erfolgreicher: Sie setzt auf ein kleines Sortiment und verpflichtet sich überwiegend modernen Formen und Dekoren.

Richtig fettes Meissen stellen heute nur noch die neuen Geldkönige im Fernen Osten auf ihre Tafeln. So wie jene taiwanesische Familie – von der Peter Kempe erzählt –, die acht Einrichtungshäuser betreibt und für die es nicht ungewöhnlich ist, dafür Meissner Porzellan im Wert von fünf Millionen Euro zu bestellen. Das wird dann auf Prunkkommoden präsentiert. In der dortigen Kultur ist es außerdem üblich, bei Familienfesten den Tisch mit Meissner Porzellan für 12 Personen zu decken – und ein 13. besonders prunkvolles Ensemble für ein verstorbenes Familienmitglied aufzulegen. Nicht umsonst heißt es in den Meissner Werkstätten bei Sonderbestellungen heute: „Mal drauf, was drauf geht, das ist für Taiwan." Warum also soll man heute noch an Meissen glauben? „Die Menschen fasziniert Handwerk", argumentiert der Stylist Peter Kempe, „man muss Scheinwerfer auf wenige gute Dinge richten und über Social Media internationale Kunden mit *Signature Pieces* erreichen, die in allen Kulturen funktionieren". So wie Schildkrötensuppentassen für kleine Buddha Bowls oder Mugs für Rote-Beete-Ingwer-Shots. Die passen farblich perfekt zur Roten Rose.

Eine italienische Stegreifkomödie und Vasen für die Reichskanzlei

DK

Hören Sie mir doch auf mit Ihren Chinesen und Sachsen. Letzten Endes geht's doch um Kindheits-Erinnerungen an schöne Dinge! Bei Ihnen stand also die Rote Rose aus Meissner Porzellan auf dem Tisch. Was es bei meinen Großeltern war, weiß ich leider nicht mehr. Meine Mutter jedenfalls sparte sich ab für das Motiv „Brombeer" der Krister Porzellan-Manufaktur, einem der ältesten niederschlesischen Porzellanhersteller, gegründet 1831 vom Porzellanmaler Carl Krister, im damaligen Waldenburg. Den richtigen Aufschwung nahm das Unternehmen erst nach 1921, als Rosenthal & Co die Aktienmehrheit übernahm. Mit Gebrauchsporzellan für Haushalte, Hotels und Kantinen wurde bis 1971 gut Umsatz gemacht. Ich mochte das Geschirr nie besonders gern, es wurde mir immer zu viel Gewese um diese blassblauen Brombeeren mit Goldrand gemacht. Dennoch decke ich es immer noch auf, wenn es ganz besonders zugehen soll. Für den Tagesgebrauch gibt es „Vieux Luxembourg" von Villeroy & Boch.

Denke ich heute an Porzellan, kommen mir keine Teller, Tassen und Schüsseln in den Sinn. Ich denke an Figuren. Ich denke an Nymphenburg. Der Nymphenburger Schlosspark und der daneben liegende Botanische Garten waren mein Kindheits- und Jugendrevier. Ich sehe die riesigen Papageien des Joseph Wackerle aus Porzellan im Schmuckhof des Botanischen Gartens. Aber noch vor diesen großen und bunten Vögeln taucht in meinem inneren Heimkino ein Theaterensemble auf: die „Commedia dell'arte" des Bildhauers Franz Anton Bustelli aus Nymphenburger Porzellan. Für mich gehört dieses Ensemble zum Schönsten, was deutsches Porzellan zu bieten hat. Zu meinem 60. Geburtstag schenkten mir liebe Freunde den Capitano, die Leda und die Corine. Erst als Erwachsener hatte ich die Liebe zu dieser legendären Figurinengruppe entdeckt. Niemand prägte die künstlerische Ausrichtung der

Porzellan Manufaktur Nymphenburg so sehr wie dieser Figurist aus Locarno, der 1754 mit seiner Arbeit begann, kurz nachdem es erstmals auch in München gelungen war, Porzellan herzustellen. Binnen kürzester Zeit wurde Bustelli Modellmeister der Manufaktur und verhalf ihr mit seinen elaborierten Rokoko-Entwürfen zu Weltruhm, der bis heute anhält. Bis zu seinem Tod 1763 arbeitete Bustelli und hinterließ nach seiner knapp neunjährigen Schaffenszeit rund 150 Entwürfe. Zu seinen bedeutendsten und auch heute noch produzierten Figuren zählen neben seinen Chinoiserien die grandiose Portraitbüste des Grafen Sigmund von Haimhausen, dem Leiter der Manufaktur, sowie eine Kreuzigungsgruppe, deren Kruzifix zu den außergewöhnlichsten Porzellanfigurationen jener Zeit gehört. Am berühmtesten jedoch war und blieb sein kunstvolles Figurenensemble der 16 Charaktere der „Commedia dell'arte", die 1760 erstmals in der Geschichte der Manufaktur genannt wurden und bis zum heutigen Tag nach seinen Vorlagen gefertigt werden.

Heute fristen diese Bustelli-Figuren zumeist in Glasvitrinen ihr bruchsicheres Dasein, gedacht waren sie jedoch als Dekoration der höfischen Speisetafel. Sie waren die haltbaren Nachfolger des Tischschmucks aus Zuckerwerk, immun gegen Ungeziefer und Nässe. Sie regten an zum Plaudern bei Tisch und boten als auffallende *conversation pieces* Anknüpfungspunkte für manche Galanterie: Immerhin sind es acht Paare, die den speisenden Herrschaften Anregungen lieferten. Hat die Dame es bei ihrem heutigen Tischherrn mit einem reichen, aber geizigen Pantalone zu tun oder dem Charmeur Scaramuz? Bedeutet der bebende Busen der Lucinde eine Einladung zum anschließenden Stelldichein?

Darüber plaudere ich heute gerne mit den ausgewählten Besuchern, für die ich meine drei Bustelli aus der Vitrine im Esszimmer nehme und auf den Tisch stelle. Es geht nicht nur um äußere Schönheit oder gar nur um Geschmack. Man muss schon etwas über diese Komödie aus dem 16. Jahrhundert wissen. Über den habgierigen Kaufmann, die frivole Zofe, den (ein-)gebildeten

Doktor oder den stürmischen Liebhaber. Liebeslust und Liebesleid, Intrigen, Verwechslungen und Satire, über alles das wusste der Figurist Bustelli Bescheid und verlieh seinen Figuren allein in der Körpersprache ihren Charakter. Wer das kitschig findet, weiß eben einfach zu wenig Bescheid. Am immer wieder zu hörenden Spruch, dass sich über Geschmack nicht streiten lässt, ist schon etwas Wahres dran. Aber auch nur bis zu einem bestimmten Punkt, den man gut mit Immanuel Kant ausmachen kann. Wenn „De gustibus non est disputandum“ heißen soll, dass man sich zwar darüber streiten kann, aber niemals den Anderen zum eigenen Empfinden für Schönheit überreden kann, dann sollte man das beherzigen. Disputieren, also argumentieren lässt sich wohl. „Kitschig“ ist dann kein Argument, sondern nur eine oft nur wenig durchdachte Meinung. Wem die genügt, den möchte ich dann aber auch nicht an meinem Tisch sitzen haben. Oder ich sperre die drei Schönen in den Schrank.

Dass die Bustelli-Comedia von zeitloser Schönheit ist, zeigte sich anlässlich des 260. Jubiläums der Nymphenburger Manufaktur im Jahr 2008: Als Sammlerobjekte wurden die 16 Figuren als eine auf 25 Exemplare limitierte Edition neu aufgelegt. Modedesigner wie Vivienne Westwood, Christian Lacroix, Emanuel Ungaro, Naoki Takizawa oder Elie Saab waren eingeladen worden, je einen der Protagonisten des italienischen Stehgreiftheaters neu einzukleiden. Ob Franck Sorbier, der den Pierrot ganz mit Noten und Violinschlüsseln gewandete, wohl wusste, was die „manu in fica“ bedeutete? Dass der mit bunten Punkten bemalte Schelm mit seiner „Hand in der Feige“ nach dem G-Punkt der Dame fingert? Die komplette Serie kostete im Jahr 2008 stolze 160.000 Euro, sie dürfte inzwischen ein Vielfaches wert sein.

Seit 260 Jahren fertigt die Porzellan Manufaktur Nymphenburg in Handarbeit Porzellan in nur einer einzigen Produktionsstätte. Mag schon sein, dass die Sachsen die Nase beim Kopieren der Chinesen vorne hatten, in Nymphenburg gelang es jedoch, ziemlich einmalig ein ganz besonders feines Porzellan zu produzieren, mit dem erst die Leichtigkeit der Bustelli-Figurinen möglich wurde. Das Ansetzen der Porzellanmasse nach geheimem Rezept aus Kaolin, Feldspat und Quarz, das Gießen der Porzellanteile, bis hin zum Bemalen, Vergolden und Polieren von Hand sind bis heute das Markenzeichen der Nymphenburger. In einer Zeit, in der manch anderer Hersteller Maschinen einsetzt, die in der Stunde ein paar Hundert Teller ausstoßen, wird bis heute jedes Objekt von Menschen gemacht. Manufactum war die Parole, sehr lange bevor es das Markenzeichen eines „Warenhauses der angeblich guten Dinge" aus Waltrop wurde.

Von Anfang an stellte die Münchner Manufaktur Fachleute an, um die Entwicklung der Produktion voranzutreiben. Mit dem Tessiner Franz Anton Bustelli gelangte sie zu Weltruhm. Im 19. und Anfang des 20. Jahrhunderts waren es vor allem Künstler wie Friedrich von Gärtner, Adelbert Niemeyer, Josef Wackerle und Wolfgang von Wersin, die das Renommee der Manufaktur auch über finanziell schwierige Zeiten hinweg weiterbeförderten. Im Jahr 1888 wurde die Manufaktur von den Wittelsbachern verkauft und unter Federführung der Familie Bäuml als offene Handelsgesellschaft weitergeführt.

Zwar endete die Zeit der königlichen Herrscher über Bayern mit dem Tod des letzten Wittelsbacher Königs Ludwig III. im Oktober 1921, aber bald danach erschienen ganz andere Herrscher, jene also, die nicht zuletzt von München aus ihren Siegeszug über Deutschland antraten. Diese neuen Machthaber in der „Hauptstadt der Bewegung" wollten nicht nur von Bunzlauer Keramik essen, so urdeutsch das auch aussehen mag. Auch die Nazis wollten wie die Fürsten speisen, also fand die Porzellanmanufaktur Nymphenburg neue Kundschaft, die gar nicht so lange vorher im Männerwohnheim im Wiener Stadtviertel Brigittenau gelebt hatte. Im Katalog der „Großen Deutschen Kunstausstellung 1942", die im „Haus der Deutschen Kunst" zu sehen gewesen war, findet man die Anzeige der „Staatlichen Porzellan-Manufaktur Nymphenburg“ mit der Abbildung einer großen „Vase für die Reichskanzlei“. Da wird man sich gefreut haben in Nymphenburg über diesen Auftrag. Wie auch über die zahlreichen Aufträge, die die Architektin Gerdy Troost für die Raumausstattung der diversen Wohnsitze von Adolf Hitler initiierte, in München, für den „Berghof“ am Obersalzberg, für den Speisewagen im „Führersonderzug“, für die Berliner Reichskanzlei und den Münchner „Führerbau“. Dem Vorbild des „Führers“ folgend, avancierte die Nymphenburger Manufaktur zum Hauptlieferanten mancher NS-Größe, allen voran der Münchner SA-Obergruppenführer und Gauleiter Adolf Wagner.

Als die US-Armee auch die zertrümmerte „Hauptstadt der Bewegung“ von der braunen Horde und ihren Mitläufern befreite, hätte das auch das Ende der Nymphenburger Porzellanmanufaktur werden können. Doch es kam anders: Ab 1975 wurde sie vom Wittelsbacher Ausgleichsfonds gepachtet, ab 1996 stand sie unter dem Patronat des Herzogs Franz von Bayern, im Oktober 2011 übernahm sie Prinz Luitpold von Bayern. Heute firmiert sie als „Königliche Porzellan Manufaktur Nymphenburg GmbH & Co. KG“.

Gegenwärtig werden Stücke aus Nymphenburg in den weltweit bedeutendsten Designsammlungen gezeigt. Es ist die Faszination des Hand-Werklichen, die manche Menschen ganz besonders anzieht, auch in Zeiten bester Qualität der maschinellen Massenfabrikation. Möglicherweise könnte ein Hightech 3D-Drucker eine Bustelli-Figur fabrizieren, ich jedenfalls würde sie nicht haben wollen. Denn das echte Werkstück aus Nymphenburg macht mich demütig, wenn ich an die Menschen denke, denen man bei einem Besuch der Manufaktur zusehen darf, wenn sie bis zum heutigen Tag in den historischen Räumen dieses empfindliche Material mit ihren Händen formen und bemalen. Wer auch nur ein einziges Mal dem Porzellanmischer Dieter Zeus zugeschaut hat, wie er die rohe Porzellanmasse auf das rotierende Blatt der Massemühle knallt, der betrachtet auch den schlohweißen Salzstreuer des Designers Konstantin Grcic mit Ehrfurcht. Demütig machen die Erzeugnisse der Nymphenburger nicht nur in handwerklicher, sondern auch in materieller Hinsicht. Der neun Zentimeter hohe Grcic-Salzstreuer kostet im Laden 210,00 Euro. Weder der noch die Weißwursterrine für 2.010,00 Euro würde mich übermäßig freuen. Das Service „Adonis" des Wolfgang von Wersin – entweder mit schwarzen Zacken oder in Biskuit – dagegen schon. Vor allem Millionäre aus China, Russland und Arabien gönnen sich heute solche Kostbarkeiten, sogar in der Sonderanfertigung für die Yacht. Sie sichern damit ein deutsches Kulturgut, denn dieses hochspezialisierte handwerkliche Können ist in steter Gefahr.

BEATE UHSE

Fliegende Feministin oder Pornoqueen?

„Können Sie sich überhaupt vorstellen, welche Ängste Worte wie Unzucht, Kuppelei und Reizkondome in der Bundesrepublik der 1950er Jahre auslösten? Und dass dabei der damalige Paragraph 184 Strafgesetzbuch angeführt wurde, der erst im Jahr 1975 umgeschrieben wurde. Und wie mutig Beate Uhse war, die heute nur noch als Erfinderin von Sex-Shops gilt? Dabei wollte sie doch vor allem die Lust von Frauen befreien."

„Mutig? Kann ja sein. Aber ich verbinde den Namen Beate Uhse mit klebrigen Pornokabinen aus den 1980ern und kratziger Reizwäsche. Was das mit erotischer Emanzipation der deutschen Frauen zu tun haben soll, ist mir ein Rätsel."

Beate Uhse, Hauptmann der Luftwaffe, befreite die sexuelle Lust deutscher Frauen

DK

Alle Menschen haben sexuelle Bedürfnisse. Die allermeisten jedenfalls. Auch Frauen. Männer ebenso wie Frauen wollen erobern und erobert werden. Guter Sex ist eine wichtige Spielart der Liebe zwischen Menschen, macht glücklich und verlängert das Leben.

Dass man das heute in Deutschland ohne jede Scheu sagen kann, verdanken wir vor allem einer deutschen Frau, die aussah wie eine Erdkundelehrerin in der Oberstufe und die aus der Welt der Erotik einen Weltkonzern machte. Wie Beate Rotermund-Uhse das anstellte, ist eine spannende Geschichte. Eigentlich sind es zwei Geschichten, die gleichzeitig erzählt werden müssen: Die Heldinnen-Geschichte mit einer Frau, die Abenteuerin, Kämpferin, Ehefrau und Mutter war und zur erfolgreichen Unternehmerin wurde. Und dann die kalte Business-Geschichte, in der eine Selfmade-Kapitalistin in Deutschland die frauenverachtende Pornofizierung der Gesellschaft vorantrieb.

Die Heldinnen-Geschichte berichtet davon, dass Beate Rotermund-Uhse den Westdeutschen der 1950er Jahre erstmals eine Landkarte erklärte, von der die meisten Frauen und ihre Männer keine Ahnung hatten. Sie leuchtete unter die Bettdecken abgedunkelter Schlafzimmer und machte klar, dass es mehr gibt als: „Licht aus, Licht aus / Mutter zieht sich nackend aus / Vater holt den Dicken raus / Einmal rein einmal raus / Fertig ist der kleine Klaus." Erst die ehemalige Pilotin Beate Uhse erklärte den weiblichen Orgasmus zur Normalität. Der „Kleine Tod" sei wichtig zum Leben, zum Atmen, zum In-die-Sterne-Gucken.

Die 1919 geborene Beate Köstlin – deren Mann, ihr ehemaliger Fluglehrer Hans-Jürgen Uhse, der im Mai 1944 tödlich verunglückte und von dem sie 1943 ihren Sohn Klaus bekommen hatte – eröffnete im Jahr 1951 mit vier Angestellten das „Versandhaus Beate Uhse" in Flensburg. Diese fünf Frauen verschickten im ganzen westdeutschen Raum Kondome und Bücher zum Thema „Ehehygiene". Und auch nach ihrer Verheiratung mit dem Kaufmann Ernst-Walter („Ewe") Rotermund, der seinen Sohn Dirk in die Ehe brachte – in die zudem der gemeinsame Sohn Ulrich geboren wurde –, führte sie ihre Firma als absolute Herrscherin weiter.

Entgegen anderslautender Legenden: Beate Uhse war keine Kampffliegerin, aber sie liebte das Fliegen, darum nahm sie Flugstunden mit einer „Heinkel He 72" und erhielt ihren Flugzeugführerschein pünktlich zum 18. Geburtstag. Es folgte das Training als Kunstfliegerin, sie nahm an Luftrennen teil, bekam eine Anstellung bei mehreren zivilen Flugzeugbaufirmen, für die sie fertige Flugzeuge überführte. Erst gegen Ende des Zweiten Weltkrieges übernahm die Luftwaffe der Wehrmacht sie im Rang eines Hauptmanns beim Überführungsgeschwader 1 mit Sitz in Staaken bei Berlin, wo sie zuletzt noch für die „Messerschmidt Me 262" geschult wurde, das erste deutsche in Serie gebaute Strahlflugzeug, ein Düsenjäger. Als die Rote Armee auf Berlin einmarschierte, packte sie ihren Sohn Klaus, das Kindermädchen und vier weitere Personen in ein ziviles Reiseflugzeug und landete über Zwischenstationen in Flensburg. Um die Engländer vom Beschuss abzuhalten, sang die kleine Besatzung im Funkverkehr „What shall we do with a drunken sailor."

Wer das Genie der Beate Rotermund-Uhse aus Köstlin in Ostpreußen verstehen möchte, muss sich in die Zeit bombenzerstörter westdeutscher Städte versetzen. Auch die „Trümmerfrauen" hatten das Bedürfnis nach Sex, vielleicht sogar mehr denn zuvor. Aber sie lebten in Situationen der elenden Wohnungsnot und der Angst vor ungewollter Schwangerschaft. Auch die aus den Gefangenenlagern zurückkehrenden Männer schrien nach Umarmung. Die Pille war in weiter Ferne, Kondome waren hüstelnd verkaufte Bückware in der Apotheke: Flüsternd musste man sagen, dass man „Pariser" kaufen wollte. Sie stapelten sich nicht wie heutzutage im Drehständer in den Drogerien. Und in genau diese Nachkriegssituation hinein verkaufte die ehemalige Kunstflug-Pilotin, der die Besatzungsmächte jede fliegerische Tätigkeit verboten hatten, die sich und ihren kleinen Klaus durch Schwarzmarktgeschäfte über Wasser zu halten suchte, ihre „Schrift X". In dieser wurde die sogenannte Knaus-Ogino-Verhütungsmethode – das „Tagezählen" – erklärt. 32.000 Exemplare wurden für 50 Pfennig versandt und verkauft. Das davon angesammelte Startkapital diente ab 1951 dem Aufbau ihres Versandhauses und ab 1962 der Gründung des „Fachgeschäfts für Ehehygiene".

Zu dieser Zeit verstand man in Deutschland unter Ehehygiene noch lange nicht das, was heute so simpel mit Sexshop bezeichnet wird. Es fing ganz banal an mit der Ermahnung zur täglichen Körperpflege der Geschlechtsorgane von Mann und Frau und kreiste um das Verständnis des gesunden Sexlebens. Was gilt es zu beachten in der Zeit der Regelblutung, was während Schwangerschaft und Wochenbett, was bedeuten Impotenz und Menopause? Sollte wirklich die Empfehlung des deutschen Reformators Luther – „in der Woche zwier", also zweimal in sieben Tagen – der Maßstab sein? Dass der ehemalige Augustinermönch sich selbst daran hielt, kann man annehmen. In acht Jahren zeugte er sechs Kinder. Luther war es, der wenigstens seinen Protestanten vermitteln wollte, dass Sex keineswegs nur der Fortpflanzung dienen sollte, sondern auch der Lustbefriedigung. Er sagte: „Die Begierde kommt ohne besonderen Anlass, wie Flöhe und Läuse." Deshalb dürfe eine Frau, sofern sie unwissentlich einen impotenten Mann heirate, einen Liebhaber haben.

Beate Köstlin wuchs nicht in einem sonderlich religiös geprägten Milieu auf, der Vater war Landwirt, die Mutter eine der ersten Ärztinnen in Deutschland. Schon sehr früh wurde in der Familie ganz offen über Sexualität gesprochen, die Internatsbesuche zweier reformpädagogischer Landerziehungsheime – „Schule am Meer" auf der Insel Juist und die „Odenwaldschule" – ergänzten diese freizügige Einstellung. Als praktizierende FKK-Anhängerin war sie von Jugend an gewohnt, keine Scheu vor dem nackten menschlichen Körper zu empfinden. Doch das Geschäftsmodell der Frau mit dem kantigen Gesicht, den prominenten Vorderzähnen und der burschikosen Bubikopffrisur entwickelte sich im Laufe der Jahre immer weiter weg von der Welt der „Ehehygiene“ und hin zur Freude an sexueller Lust. Klar, es ging ihr als erfolgreicher Unternehmerin auch um Umsatz und Gewinn und nicht so sehr um das Glück sexuell unterernährter Deutscher. Die so romantisch eingefärbte „Beate-Uhse-Story“, an deren Erzeugung diese Geschäftsfrau der deutschen Nachkriegsgeschichte sehr aktiv mitstrickte, ist nicht die ganze Geschichte. Doch neben den materiellen Zielen ging es ihr wohl doch auch darum, das Elend vieler Ehen und Paarbeziehungen zu mindern, die durch eine jahrhundertealte Kruste von Schuldgefühlen, Gewissensbissen und vor allem von Unwissenheit moralisch gefügig gemacht worden waren. Sie wollte weder von sich selbst noch von anderen vorgeschrieben bekommen, was in deutschen Schlafzimmern zu tun und zu lassen sei. Einer ihrer meistverkauften Kataloge titelte „Vergiß die Liebe nicht“.

Beate Uhse trug dazu bei, Sexualität von allen Unfreiheiten durch kirchliche und gesellschaftliche Zwänge zu erlösen. Und so tauchten in ihrem Warenangebot recht bald nicht nur Kondome auf, sondern auch die „Gligro-Spezialsalbe, die kleine Glieder größer werden läßt“ und Dildos, „Gummipeter“ genannt, auch in der Umschnallvariante als Penis-Prothese für Impotente. Bald wurde das beliebteste Produkt der Vibrator, mit poetischen Namen wie „Goliath“ und „Imperator“. 31 Zentimeter lang, sechs Zentimeter Durchmesser, pralle Eichel und üppige Hoden aus Kunststoff. Beinahe 300.000 Stück wurden ab 1969 von Flensburg an Adressen in der Bundesrepublik geschickt, in diskreter Verpackung. Was in Westdeutschland vielfach als unsittlich galt, war in der DDR verboten und konnte allenfalls entweder heimlich gebastelt oder in den Westpaketen unter die Kaffeebohnen geschmuggelt werden. Pornographie war der Inbegriff der Dekadenz der bürgerlichen Gesellschaften im Westen, Sexspielzeug war verboten, wie die Kulturwissenschaftlerin Nadine Beck in ihrer Marburger Dissertation zur 150-jährigen Geschichte des Vibrators gezeigt hat.

Abgesehen von mehr oder minder raffinierten Hilfsmitteln: Beate Uhse half nicht nur dabei, Selbstbefriedigung zu verschönern. Sie zeigte auch Schönheit dort, wo Schönheit vorher nicht gesehen wurde, im nackten Körper von ganz normalen Menschen. Noch lange vor der auch von ihr selbst mitbeförderten Pornofizierung von Sexualität hat Beate Uhse es gewagt, den Deutschen zu sagen und sogar zu zeigen, dass auch die sogenannten Geschlechtsteile schön sind. In ihrem Buch *Sex in der Partnerschaft* aus dem Jahr 1974 sieht man Fotos, die Menschen beim Sex zeigen, man sieht Genitalien, man sieht Cunnilingus und Fellatio, Sex am Strand und auf dem Küchentisch. Man sieht junge und alte Körper, keine Magermodelle oder Sixpack-Monster. Es geht um Sinnenfreude und es geht um Gleichberechtigung in der Paarbeziehung. Es geht um Liebe, die sich auch im Körperlichen artikuliert.

Wer anders als diese ostpreußische Pilotin hätte 1974 in Deutschland einen solchen Satz schreiben können: „Wohl dürfen wir mitteilen, wir hätten eine gute Zensur in der Schule bekommen oder einen besser bezahlten neuen Job, nicht aber dürfen wir verkünden, wir hätten gerade entdeckt, dass unsere Vulva oder unser Penis schön ist. So etwas tut man nicht!" Das war nicht nur vor bald 50 Jahren revolutionär, das ist es auch heute noch. Genitalstolz, Nahaufnahmen einer Vulva mit der Bildunterschrift „Liebesorgane sind nie ‚hässlich'", sind auch in Zeiten von *Body Acceptance* und *Body Positivity* alles andere als selbstverständlich. Mit ihrem tapferen und aufklärerischen Leben gegen Tabus hat diese deutsche Frau der körperlichen Schönheit einen hellen Weg bereitet. Dabei war ihr eigener Lebensweg alles andere als ein heller. Die frühe Verwitwung, ihr Schicksal als alleinerziehende Mutter, eine unglückliche Ehe mit einem untreuen Mann, die ständigen Prozesse und Anfeindungen, die permanente Angst vor der Insolvenz des Unternehmens, das ihren ersten Ehenamen trug, die üble Verleumdungskampagne ihres Ex-Ehemanns, die Liebesbeziehung zu einem 25 Jahre jüngeren schwarzen Lehrer aus New York, die im Streit endete, die Krebserkrankung, die ihrem Leben mit 82 Jahren ein Ende bereitete, das alles sind Stationen dieser deutschen Frau.

Selbst die sehr kritische, feministische Biografin Katrin Rönicke muss summierend schreiben: „So steht Beate mit ihrer Geschichte tatsächlich für ein sehr typisches deutsches Leben: Eine Frau, die lieber nicht so viel über die eigene Rolle während des Nationalsozialismus sprechen möchte, die dann nach dem Krieg auf Teufel komm raus versucht, Geld zu verdienen und mit wachsendem Erfolg daran arbeitet, die eigene Geschichte als DIE Geschichte hinzustellen. Langsam ein Mythos werdend, die Person hinter einer PR-Story, die sie vielleicht selbst langsam zu glauben beginnt."

Natürlich ist all das, wofür Beate Uhse kämpfte, heute in Deutschland Geschichte. Vor ungewollter Schwangerschaft schützt sich mehr als jede zweite Frau zwischen 18 und 49 Jahren mit der sogenannten „Antibaby-Pille", die ab dem Jahr 1961 unter dem Namen „Anovlar" in der Bundesrepublik erhältlich war. Nur wenige Nutzerinnen wissen heute, dass das Mittel am Anfang nur verheirateten Frauen mit mehreren Kindern verschrieben wurde und offiziell bei Menstruationsbeschwerden helfen sollte und deshalb Beate Uhses Kondome so wichtig waren. Die empfängnisverhütende Wirkung der Pille tauchte diskret in der Packungsbeilage als Nebenwirkung auf. Sie war jedoch bekannt: So nannte das Magazin *Stern* die deutsche Markteinführung als einen „historischen Tag" und „gewaltigen Schritt nach vorn". Beide christliche Kirchen protestierten vehement. Im Juli 1968 verurteilte der damalige Papst Paul VI. in der Enzyklika Humanae Vitae – „Über die rechte Ordnung der Weitergabe menschlichen Lebens" – die Geburtenkontrolle durch künstliche Verhütungsmittel. Darin heißt es, diese würden den außerehelichen Geschlechtsverkehr befördern und zur „allgemeinen Aufweichung der sittlichen Zucht" beitragen. Auch viele Ärzte warnten etwa in der „Ulmer Denkschrift“ von 1964 vor einer „wachsenden Sexualisierung unseres öffentlichen Lebens“.

Alles das hielt jedoch die „sexuelle Revolution“ der sogenannten 1968er Bewegung nicht auf, auch aufgrund der Pille wurde Sex offener diskutiert und praktiziert. Frauen setzten sich für das Recht ein, über ihren eigenen Körper frei verfügen zu können, und die Einführung der Pille führte dazu, dass Frauen auch in Ausbildung und Beruf unabhängiger wurden. Die Zahl der Abiturientinnen und Akademikerinnen stieg in den 1960ern sprunghaft an. Individuelle Autonomie wurde als immer wichtigerer Wert gesehen. War Selbstverwirklichung in der Bundesrepublik eher der Wunsch von zunehmend mehr Frauen, so war es in der DDR die gesellschaftliche Erwartung, die die Frauen in die Erwerbstätigkeit lenkte. Während man „Anovlar“ und seine Nachfolger im Westen gemeinhin „Antibabypille“ nannte, wurde ihr Gegenstück in der DDR als „Wunschkindpille“ bekanntgemacht. Ab 1965 war sie dort unter dem Markennamen „Ovosiston“ erhältlich und wurde ab 1972 kostenlos an sozialversicherte Frauen ausgegeben. Gleichzeitig wurde auch das Angebot an Krippen, Wohnungen für Familien und günstigen Krediten drastisch ausgebaut. Einen „Pillenknick“ gab es in der DDR nicht.

Beate Uhse war inmitten dieser sich extrem wandelnden Gesellschaft eine Geschäftsfrau mit aufklärerischem Gestus, aber sie war auch Feindbild, Hexe, galt als Zerstörerin der Moral, ließ sich jedoch davon nicht wirklich irritieren. Diese Entwicklung – und mit ihr Beate Uhse – wurde über Jahrzehnte von Funktionären des 1927 in Köln gegründeten „Volkswartbundes“, der ab 1951 als „Bischöfliche Arbeitsstelle für Fragen der Volkssittlichkeit“ firmierte, bekämpft. Konzertierte Kampagnen richteten sich keineswegs nur gegen die Flensburger Unternehmerin, sondern gegen alles, was „Sittlichkeit und Anstand“ im deutschen Volk bedrohte, wie Homosexualität, FKK, Pornographie in Literatur, Theater und Film. Erst im Jahr 2014 wurden der zuletzt umbenannten „Zentralstelle für Sozialethik" die Mittel als einer Trägereinrichtung der Jugendhilfe in NRW gestrichen.

Wenn heute deutsche Menschen, Frauen wie Männer, ganz entspannt im „Fun Factory Store" in der Münchner Reichenbachstraße, direkt neben dem Viktualienmarkt, auf zwei Etagen Dessous, Accessoires, erotische Literatur und Sextoys wie Bonbons kaufen können, verdanken sie das auch jener unternehmerischen Frau, die sich als Pionierin der Befreiung menschlicher Sexualität ihren Platz in den Geschichtsbüchern gesichert hat.

Mit Topfschnitt und halbnackten Barbie-Girls in die Deutsche Börse

SvW

Wäre sie heute eine gefragte Speakerin im blauen Blazer mit Queen-Brosche bei Veranstaltungen, die dafür werben, dass mehr Frauen in die Aufsichtsräte kommen? Eine etwas durch die Nase sprechende Mentorin bei weiblichen Empowerment-Seminaren für Start-Ups? Die andere Frauen beim Wein fragen, wie es wirklich ist, einen Börsengang hinzulegen – und die davon erzählt, dass ihr Vater sagte: „Mein Kind, wenn Du etwas wirklich willst, dann kannst Du es auch als Mädchen!"? Wäre sie als „Die Boss" ein Podcast-Star wie die ehemalige Siemens-Vorständin Janina Kugel, die Bahn-Cargo-Chefin Sigrid Nikutta oder Gruner+Jahr-Geschäftsführerin Julia Jäkel?

Das wissen wir leider nicht, denn Beate Uhse starb im Jahr 2001 vor dem Digitalisierungs-Boom der Wirtschaft und bevor sich die feministische Forderung nach absoluter beruflicher Gleichberechtigung heftiger denn je in der Politik widerspiegelte. Unbestritten: Aus dem Nichts ein eigenes Unternehmen aufzubauen, das Millionenumsatz macht – und dabei einen gesellschaftlichen Kampf zu führen für die erotische Gleichberechtigung von Frauen, das muss man erst einmal bringen. Aber: Vielleicht würde man sie dennoch heute zu all diesen hochklassigen Veranstaltungen nicht als Ikone einladen. Sondern sie wäre ein Hassobjekt in Zeiten der #MeToo-Bewegung, so wie sie es schon immer für die Zeitschrift *Emma* gewesen war. Denn wie soll man eine Frau bewerten, die nach einem beeindruckenden Kampf um das eigene Überleben und die Enttabuisierung der erotischen Lust nach dem Krieg in den 1980er und 1990er Jahren eine Porno-Produzentin für eindeutige Männervorlieben mit dem „Male Gaze" wurde und deren über hundert Filme nichts mit den heutigen feministischen Erotikgeschichten wie die einer Erika Lust zu tun hatten? Die Frauen als von Männern dominierte Lustobjekte zeigte, glatte Puppen, *wham, bam, thank you ma'am*?

Beate Uhse war keine Jeanne d'Arc, keine Weltretterin, vielmehr eine äußerst pragmatische, aber nicht gefühllose deutsche Frau ihrer Generation. Die die Kaltblütigkeit hatte, sich am Ende des Zweiten Weltkrieges den freundlichsten der 16 russischen Soldaten auszusuchen, die sie – zusammen mit drei anderen Frauen – alle vergewaltigen wollten. Sogar in dieser potentiell lebensgefährlichen Grenzsituation machte sie das Beste daraus, kam durch, in dem sie sich ihren Vergewaltiger selber wählte. „Vergleichsweise erträglicher als die Männer, die die anderen Frauen hatten, das war mein Ziel“, erklärte sie kühl ihre Strategie. „Ich bin eine Kämpfernatur. Wenn Du weißt, dass Du Angriffe kriegst, darfst Du nicht traurig sein“, sagte sie später.

Auch in Sachen Sex war die sportliche, hagere Frau mit dem Topfschnitt keine idealistische Entwicklungshelferin, sondern eine Businessfrau, der es eigentlich egal war, ob sie Pullover oder Gummipuppen mit Loch verkaufte. „Der Unterschied ist nur das Material – und dass die Kunden bei intimen Käufen etwas gehemmter sind“, kommentierte sie in ihrem sehr norddeutsch anmutenden *down to earth*-Ton. Arm wollte die gelernte Pilotin nie mehr sein und nach dem Krieg in ihrem neuen Geschäftszweig des Versandhandels einfach alles gut und richtig machen. „Ich hatte als Fliegerin von Mail Order erst gar keine Ahnung“, gab sie zu. Eine Mentalität, die mit dazu führte, dass Deutschland nach dem verlorenen Krieg das sogenannte Wirtschaftswunder erlebte.

Vorwürfe, die gerade ihr ab den 1980er Jahren gemacht wurden, Pornografie sei eine Literatur des Hasses auf Frauen – oder die Feststellung einer Elfriede Jelinek, die nach dem Schreiben des Buches *Lust* sagte, es gebe keine weibliche deutsche Sprache für Sex –, prallten an ihr ab. Die feministische Theorie, dass es auch in der Sexualität strukturelle Nachteile für Frauen gibt, interessierte sie nicht besonders. Sie sah als Geschäftsführerin, was lief und was nicht. Punkt. Gefragt, ob deutsche Männer und Frauen einen unterschiedlichen Geschmack bei Pornos hätten, verneinte sie mit Hinweis auf eine von ihr in Auftrag gegebene Studie. „Ich lese die Bedürfnisse der Menschen an den Verkäufen ab." Frauenfreundliche Pornos zu verkaufen, darum ging es ihr nicht.

„Wäre ich ein Mann gewesen, hätte ich es verdammt viel schwerer gehabt", gab sie zu. „Die hätten alle gesagt: ‚Kuck mal das dreckige Schwein! Aber so hatte ich es in der Branche sogar leichter'." Und Geld genug hatte sie durch ihr Business, das über manches hinwegtrösten konnte wie über ihre in den Medien ausgebreitete Scheidung von ihrem zweiten Mann, der das Kindermädchen bevorzugte. Als ein Flensburger Tennisclub sie nicht aufnehmen wollte, baute sie eben einen eigenen Platz, sie kaufte ein eigenes Flugzeug und ein Anwesen in Florida, später richtete sie in Hamburg ein Erotik-Museum ein, das zu einem Magnet für Touristen wurde. Geld ist Macht, gerade für Frauen.

Doch wo ist die Grenze zwischen sogenanntem „sauberen" Geschäftemachen und „schmuddeligem" Geld? Über diese Frage diskutierte die deutsche Gesellschaft erneut im Zusammenhang mit Beate Uhse ab dem Jahr 1978, als sie einen eigenen Filmverleih gründete. Und als aus dem die Gesellschaft liberalisierenden Business ein zunehmendes Hardcore-Bombengeschäft wurde, das ganz in Familienhand blieb, auch wenn das Imperium zwischen Mutter und den drei Söhnen formell geteilt wurde. Im Jahr 1981 übernahm Sohn Ulrich mit der Mutter die Läden, die Filmbranche und den Großhandel. Die Söhne Dirk und Klaus bekamen den Versandhandel und einen Verlag. Der Versandhandel ging zurück, die Shops und Kinos boomten. Nachdem im Jahr 1975 die Pornografie rechtlich freigegeben war (wenn auch nicht für den Versandhandel), wurden ihre Sexshops zu Orten, an denen man diese kaufen konnte. Schon seit 1972 hatte die Firma begonnen, in den Läden und dann in eigenen Kinos Pornofilme zu zeigen. Beate Uhses ikonisch aufgeladener Name stand immer mehr für die schmierigen

Video-Kabinen, in denen Männer masturbierten und mit rotem Kopf und hochgeklapptem Mantelkragen rauskamen. 1981 wurde die Firma eine Aktiengesellschaft. Die Pionierzeit war endgültig vorbei, aus dem eher soften, auch frauenverstehenden Geschäft, war ein Business geworden, das vor allem Männerinstinkte bediente.

Je älter die Gründerin Beate Uhse selber wurde – und sie war natürlich als Person immer in PR-Strategien eingesetzt –, desto extremer wurde der Unterschied zwischen ihr als sportlicher Familienmutter und den von ihr verkauften Produkten. Beim Börsengang 1999 erschien sie in Frankfurt im grauen Hosenanzug und dunkelblauer Rüschenbluse, hager, mit ihrem grauen Signature-Topfhaarschnitt. Sie sah aus wie eine resolute Handarbeitslehrerin. Neben ihr thronten aus den Nähten platzende, halbnackte Uhse-Bunnies mit roten Schärpen, die die Aktien symbolisieren sollten. Auch auf den Aktien selber waren halbnackte junge Frauen in roten Dessous zu sehen. Exemplarischer konnte der Unterschied von Chefin und Verkaufsware nicht sein. Auf der anderen Seite: Muss eine Bahnchefin wie eine Lokführerin aussehen? Dennoch wollte Beate Uhse selber nicht altern, spielte fanatisch Tennis und Golf, ließ sich von den Enkeln nicht mit „Oma", sondern mit ihrem Vornamen ansprechen und begann mit 76 Jahren das Tauchen. Am Ende ihres Lebens muss sie sich trotz Familie und Unternehmen allein gefühlt haben, denn sie nahm mit Mitte 70 Kontakt zu einer Partnervermittlung auf. Doch aus dem brieflichen Kontakt zu einem Herrn wurde nichts Konkretes. Die Frau, die unendlich vielen Deutschen Tipps für ihr Liebesleben gegeben hatte, starb einsam.

Später brach das Internet ihrem Unternehmen fast das Genick, denn um die Jahrtausendwende verlagerte sich das Konsumieren von Pornos ins Netz, dazu fielen die Preise dieser Produktionen. Im Jahr 2007 verzeichnete das Unternehmen ein Minus, und der damalige Chef der Firma, Otto Christian Lindemann, gab bekannt, dass die Beate Uhse AG ihre Sexshops in den Städten umbauen und dabei die Videokabinen entfernen wolle. Es folgten freundlicher eingerichtete Flagshipstores in Innenstädten, um auch Frauen als Käuferinnen anzuziehen und das Schmuddelimage abzulegen.

Damit kam das Unternehmen reichlich spät: Schon fünf Jahre zuvor hatte etwa Nathalie Rykiel, die Tochter der Pariser Modeikone Sonia Rykiel, im feinen Pariser Viertel St. Germain ein Boudoir mit Edel-Sextoys für Frauen eröffnet. Ein Zeichen, dass sich die Zeiten in Westeuropa total geändert hatten. Doch auch mit dem Trend zum Sex-Shopping für Frauen schaffte das Management es nicht, das Wechseln ins Online-Geschäft erfolgreich durchzuziehen. 2017 beantragte die Holding der Beate Uhse AG die Eröffnung des Insolvenzverfahrens, Ziel war eine Sanierung in Eigenverwaltung. Im Jahr 2018 kam es zur Zerschlagung der Tochtergesellschaften, ein Jahr später wurde die Beate Uhse AG in Erotik-Abwicklungsgesellschaft AG umbenannt. Rund 80 Prozent der Anteile sind heute in Streubesitz, 13 Prozent hält der Sparkassen- und Giroverband Schleswig-Holstein. Dann kaufte der Niederländer Eric Idema für einen einstelligen Millionen-Euro-Betrag die Markenrechte. Seitdem ist Beate Uhse Teil seines Onlinehandels „Erotic Distribution Company", die versucht, dem Unternehmen wieder eine klare Richtung zu geben, etwa mit einer weicheren Farbgestaltung der Marke. Der Online-Shop bietet unter dem Werbespruch „Freiheit für die Liebe" Vibratoren, Analduschen, Kondome, Peniskäfige, Nippelsauger, Erektionspillen, Bodypaint und BDSM-Kleidung, verkauft jedoch auch brave Calvin Klein-Unterhosen. Dazu gibt es moderne Technik in Form von 2.000 Euro teuren Sexpuppen in Echtgröße, die per App zu steuern sind. Man kann auf der Website erotische Geschichten lesen, lernen, wie der Busen straff bleibt, wie man seine BH-Größe berechnet und Blickkontakt auf einer Party richtig einsetzt. Also eine Mischung aus *Amorelie* und *Cosmopolitan* für die deutschen Frauen. Dazu bleibt der Name des Beate-Uhse Erotikkanals auf dem Privatsender Sky, der mit dem Slogan „Schärfer fernsehen" wirbt.

Bei Orion aber, dem Unternehmen, das neben der Marke Beate Uhse nach der Teilung zwischen den Söhnen im anderen Familienzweig weitergeführt wurde, gibt es eine Nachfahrin, die vielleicht eine Beate Uhse 2.0. werden könnte. Eine gelernte Businessfrau, mit Stallgeruch: Maike Rotermund. Diese Stief-Enkelin ist heute Unternehmenschefin von Versandhandel, Großhandel und internationaler Ladenkette. Die Tochter des Adoptivsohns Dirk studierte International Business und machte in England einen Abschluss als Wirtschaftsprüferin, wurde nach langem Zögern Nachfolgerin ihres Vaters, der Orion von 1991 bis 2014 geführt hatte. Als Kind wusste sie nach eigener Aussage lange nicht, womit ihre Familie Geld verdiente – dies war als Schutz gedacht, um anderen Eltern keine Gelegenheit zu geben, Anstoß am Hintergrund der Klassenkameradin zu nehmen. Die heute Mitte 40 Jahre alte Frau sagte dem Magazin *Emotion* im Januar 2019: „Durch unsere Social-Media-Kanäle ist eine Offenheit entstanden, die Anonymität zwar zulässt, aber gleichzeitig für Verbundenheit sorgt. Auf Instagram erklären unsere Kolleginnen zum Beispiel, wie bestimmte Produkte funktionieren, wobei auch oft gelacht wird. Wir bilden uns intern weiter und arbeiten mit Sexologen zusammen." Vielleicht ist sie eine Art neue Beate Uhse, obwohl das Unternehmen nicht mehr mit dem Namen verbunden ist.

Heute bekommt das Unternehmen Orion in Flensburg sogar Bestellungen aus China. Denn die Asiaten vertrauen den Produkten, die aus Deutschland geschickt und hier mit einem Prüfsiegel versehen werden, im Gegensatz zur Ware aus ihrem eigenen Land – auch wenn manche Produkte dort hergestellt werden.

Was bleibt als Fazit dieses ungewöhnlichen Lebens der Deutschen Beate Uhse, deren Geschäft und Leben über Jahrzehnte angefeindet, bewundert, beneidet oder bedauert wurden, und die die Gesellschaft zum Besseren – und Schlechteren – mitgeprägt hat? Vielleicht die Lektion, die sie im und nach dem Zweiten Weltkrieg gelernt hat und über die sie in Interviews immer wieder sprach:

ohne Furcht zu leben und auch als Frau den eigenen Weg zu gehen. „Ich hatte nach dem Krieg, als junge Frau keine Angst mehr davor, was die Leute über mich sagten, denn ich hatte als Flüchtling alles verloren. Alles war zu gewinnen!" Also doch eine Start-Up-Mentalität, die als Ideal des beginnenden 21. Jahrhunderts steht. Und ihr Name lebt weiter in hellroten Buchstaben und ist unbestritten Teil der von Frauen geprägten deutschen Nachkriegsgeschichte wie die von Jil Sander, Friede Springer und Marion Gräfin Dönhoff. Und vielleicht ist ihr Weg tatsächlich am besten mit dem Slogan der heutigen Beate-Uhse-Firma in den Niederlanden zu beschreiben, die unter den Namen der Gründerin schreibt: „be you".

HIDDENSEE

Das Anti-Sylt

„Die Insel Hiddensee ist für mich der Inbegriff von Freiheit: So zu leben, wie man wirklich will. Wenn man diese Sehnsucht konsequent zu Ende denkt, kann sie nicht nur ein einzelnes Leben, sondern ganze Staaten implodieren lassen. Nicht umsonst haben sich oppositionelle DDR-Bürger an diesen Grenzort geflüchtet."

„Ich finde viel interessanter, was man heute dort für gesellschaftliche Tiefenschichten findet unter all dem Mythos von Widerstand und Plumpsklo-Romantik!"

Takka-Tukka-Land mit Ost-Charme und Goldstaub

SvW

Der Sinn einer Insel ist, dass sie schwierig zu erreichen ist. Und je schwieriger eine Insel zu erreichen ist, umso inseliger ist sie. Und man selbst kann freier, extremer dort leben, nah an sich selbst. So zumindest die Hoffnung. Ein solcher deutscher Freiheits-Ort zwischen Sand, Wasser und Himmel war über fast hundert Jahre die Ostseeinsel Hiddensee. Auch wenn viele Deutsche – nach der wahrhaftesten Insel befragt – fast religiös eigensinnig auf ganz anderen Orten bestehen, die im Wasser schwimmen. Für manche ist die deutsche Inselseele auf dem mondänen Sylt zu finden. Oder dem Mittelklasse-Langeoog. Dem Schulfreunde-Juist. Oder dem legendären Usedom mit seinen Seebädern, die wieder zur Berliner Badewanne geworden sind. Doch das kleine, ein bisschen kratzige Hiddensee hat bis heute eine Sonderstellung. Denn hier, weit weg von röhrenden Maseratis oder Münsteraner Unternehmersfamilien in Ringelshirts, werden immer noch alternative Lebensweisen geprobt, wenn auch nur für kurze Zeit.

Verloren aber ist die Radikalität, für die Hiddensee einmal stand. Für unerhörte Freiheiten, die an anderen Orten undenkbar gewesen wären. Heute erscheint die Insel Kritikern, die nostalgisch an die Zeit der intellektuellen Hiddensee-Hexen, Haarewaschen in der Ostsee und DDR-Punkmusiker zurückdenken, als touristische Geldmaschine. Eingeklemmt zwischen Pferdekutschen-Business für Tagestouristen, kommunalpolitischen Scharmützeln und Immobilienspekulationen. Dass goldumkränzte Kulturprominente zu Zeiten der Vatermörderkragen hier ihr persönliches Takka-Tukka-Land fanden, ist nur eine, heute ein wenig abgelutschte Geschichte für die Reiseführer, so interessant sie auch ist.

Spezifisch deutsch ist die Inselgeschichte Hiddensees jedoch, weil sich hier in der zweiten Hälfte des 20. Jahrhunderts Weltpolitik, Privilegierungs- und Schikanierungsstrategien des real existierenden Sozialismus und persönliche Befreiungsbiographien zu einem seltsamen Amalgam mischten, zwischen harmloser Heide und Dünen. Diese Mischung ist bis heute subkutan spürbar. Das pommersche Unverständnis für jegliches Chi-Chi und eine immer noch vorhandene Closed-Shop-Mentalität von wenigen Fischerfamilien unter den 1.000 Einwohnern macht die Insel zu einem etwas knorrigen Pflaster, das die sich einmietenden Waldorf-Mamis vom Prenzlauer Berg mit ihren Lunas und Finns im Schlepptau als wohltuend anders empfinden. Vor allem, seitdem es in den Restaurants des von der nahen Insel Öhe stammenden Landwirts Mathias Schilling zeitgemäßes Bio-Essen im schicken Retro-Auftritt gibt und man nicht mehr nur auf die bärbeißig servierten Riesenwaffeln mit Sahnewolken im literarisch zu Ruhm gekommenen, aber heute zu bemitleidenden Lokal „Klausner" ertragen muss. Wegen des Essens kommt man definitiv nicht nach Hiddensee, so wenig wie man des Desserts wegen in ein protestantisches Pfarrhaus kommen sollte.

Interessant hier sind die Spuren, die die Politik hinterlassen hat. Denn es war die Politik, und zwar nicht nur die große – wie bei der Potsdamer Konferenz oder in Jalta, die Ortsnamen unsterblich machte –, die Hiddensee in einen bis heute einmaligen Platz verwandelte. Das Sammelsurium von individuellen Lebensgeschichten, die hier über Jahrzehnte geschrieben wurden, von Menschen, die sich innerlich und äußerlich bekämpften, aber in den Ferien auf engstem Raum freiwillig nebeneinanderlebten. In der Ära des geteilten Deutschlands wurde Hiddensee sowohl zum Ost-Sylt der DDR-Nomenklatura wie dem Stasi-Funktionär Markus Wolf als auch zum Fluchtort für Andersdenkende, die den ganzen sozialistischen Staat mit seinen Überwachungsmechanismen und scharf gesicherten Außengrenzen als riesige Gefängnisinsel erlebten und sich auf diese kleine andere Insel retteten. Menschen, die Ausreiseanträge in den Westen gestellt hatten und nun im Staat keinen Platz mehr hatten, Punks und Schriftsteller, Philosophen und Liedermacher, dazu Männer und Frauen, die die gefährliche Republikflucht über die See nach Dänemark oder Westdeutschland planten, zog es an den Vorzeigeort der Parteiführung, an dem diese sich wie in Wandlitz festsetzte.

Normale DDR-Bürger waren entweder auf die Vermittlung eines Ferienplatzes durch eine staatliche Institution oder ein Zimmer bei einer Familie angewiesen, denn Ferien musste man sich – lange vor der Erfindung von Social Credit Points in China – in den Augen des ostdeutschen Staates verdient haben. Für Hiddensee gleich dreimal so viele. Wem das nicht gelang, der musste sich eben hin mogeln. Und während Parteikader so selbstverständlich nach Hiddensee fuhren wie die Hamburger Kaufleute nach Kampen, so schmuggelten sich auch nicht-regimetreue DDR-Bürger halt auf das Insider-Eiland. So wie die Lehrerin Ingrid Taegner, die ihre Geschichte aus den 1970er und 1980er Jahren auf dem Zeitzeugenportal im „Haus der Geschichte" in Bonn erzählt. „Man hat in zwei Welten gelebt, am Festland und auf Hiddensee", erklärt sie. Sie bekam mangels Staatsbegeisterung keinen Urlaubsplatz über staatliche Institutionen, sicherte sich aber über viele Jahre Schlafplätze in Hühner- und Pferdeställen und über Waschküchen. Sechs heilige Wochen mit anderen nicht legalen Gleichgesinnten dort! Ein völlig befreites, nacktes Strandleben! Das ganze Jahr über nahmen die DDR-Oppositionellen vieles im Alltag in Kauf, denn es gab ja als Trost die großen Sommerferien auf Hiddensee, in denen über Jahrzehnte viele Freundeskreise entstanden, eine Art mehr oder minder informeller geheimer Clubs: „Lehrer und viele Ärzte, Mitarbeiter an der Akademie der Wissenschaften, und alle machten FKK", erinnert sich Ingrid Taegner. Sie alle einte das gemeinsame Glück, dem Staat auch mal ein Schnippchen schlagen zu können, etwa beim Austricksen des Dorfsheriffs, der die Meldescheine kontrollieren wollte (die sie nicht hatten). Die offiziellen Urlauber waren am Textilstrand im Westen, die Oppositionellen am Bessin. „Da waren die Aussteiger, die mit dem Staat nichts mehr zu tun haben wollten." Auf Hiddensee ließ der Staat die Menschen machen. Vielleicht weil sie an diesem gottverlassenen Ort mit ihren aufmüpfigen Ideen nicht so viel Unheil anrichten konnten wie in Leipzig oder Dresden.

Doch nicht nur unter den Gästen, auch unter den Kellnern und Hausmeistern waren viele promovierte Männer und Frauen, die einen Ausreiseantrag gestellt und im Staat keinen Platz mehr hatten. Sie versuchten, als sogenannte SKs, Saisonkräfte, hier durchs Leben zu kommen. Der Schriftsteller Lutz Seiler hat diese Gemeinschaft in der Auflösungsphase der DDR in seinem Roman *Kruso* beschrieben, eine männerbündische alternative Existenz von belesenen Drop-Outs rund um die Küche des Lokals „Klausner" im Norden, kurz bevor das Regime in sich zusammenbrach. Als das Buch im Jahr 2014 erschien und im Hiddenseer Gerhart-Hauptmann-Haus vorgestellt wurde, waren viele Einheimische nicht unbedingt begeistert, dass dieser Bestseller so viel Aufmerksamkeit auf ihre Geschichte und ihren Ort lenkte. Denn die Hiddenseer lieben und fürchten den Tourismus zugleich, die politischen Familiengeschichten und Gräben zwischen Staatstreuen und Staatsfernen waren dazu – wie in der Nazizeit – sehr unterschiedlich.

Hiddensee blieb zwar überwiegend eine reine Ost-Insel, doch über verschlungene Wege konnten auch wenige Westdeutsche dort Ferien machen. So wie die heute in Berlin lebende Tierärztin Christiane, deren Mutter im Jahr 1944 aus Ostpreußen geflüchtet war und deren Tante ein ererbtes Haus in Vitte besaß. So konnte Christiane auf dieser für andere Westdeutsche als terra incognita geltenden Insel ab 1955 immer Ferien machen – bis zur Wende und darüber hinaus.

Christiane reiste als Kind äußerst mühsam nach Hiddensee: erst nach West-Berlin, von dort über die Grenze nach Ostberlin, wo sie von einer Verwandten in Empfang genommen wurde. Dann ging es hoch an die Küste und auf das Schiff. Für sie war Hiddensee wie ein Zuhause, ein Ort, der Halt gab trotz der Umzüge der Eltern. Auch im Studium und später mit der eigenen Familie blieb die Insel ein Kontinuum ihres Lebens. Für das Kind aus dem Westen waren die Traumferien im militärischen Sondergebiet etwas vollkommen Normales. Marschierende Soldaten und Wachtürme am Strand, die Tag und Nacht besetzt waren, das Verbot, Luftmatratzen und Wassertier zum Baden mitzunehmen, denn man hätte damit ja über das Meer nach Dänemark fliehen können – wenn auch ein wenig anders als Sangriatrinken ihrer Altersgenossinnen in den großen Ferien in Spanien. In all den Jahren bis zur Wende lernte sie dort nie andere Westbürger kennen, die eine Reise nach Hiddensee theoretisch über die Staatsorganisation Intourist hätten buchen können.

Bis heute ist das Vitter Haus über die Stationen Ostpreußen, Kriegsende, DDR, Wende und Wiedervereinigung in der Familie geblieben, inzwischen führt es ein Vetter – dessen Schwestern nach dem Mauerbau 1961 mit falschen Pässen in den Westen gingen. Einmal probte der Staat jedoch die Einquartierung, denn der FDGB wollte das in Strandnähe gelegene Haus als Feriendomizil nutzen. Der Vetter riss sofort die Toilette aus dem Haus, als er davon erfuhr, und baute im Garten ein Haus mit Plumpsklo. So war die Familie die Sorge der Einquartierung los, und das Haus blieb weiter in Privatbesitz. Da die Insel in jedem Sommer sehr voll war, setzten sich die Besitzer der Veranda-Villa über die offiziellen Zuweisungen hinweg und nahmen immer mehr Leute auf als offiziell gestattet. Die Hausherrin hatte natürlich nur Gäste, auf die sie sich hundert Prozent verlassen konnte und die keine Spitzeleien betrieben. Sie kamen aus der ganzen DDR, eine Geigerin aus dem Gewandhaus-Orchester war dabei, ein Angestellter aus einem Chemiewerk, es kamen Menschen, die sich kannten und vertrauten. Der Ortssheriff – bei dem die Familie Aufenthaltsgenehmigungen für die West-Verwandten beantragen musste – war der Tante maßvoll wohlgesonnen und kam so gut wie nie vorbei. Einmal kam er aber doch, die Gäste sahen ihn aus der Ferne und – hop hop hop

– sprangen sie aus dem Fenster und versteckten sich. Bei einer Entdeckung hätten alle sonst massivste Schwierigkeiten bekommen.

Die Gäste kamen über Jahrzehnte. Die Rituale waren klar: Es wurde zusammen in einer gemeinsamen Küche gekocht, auf der großen Veranda und im Garten traf man sich zu Spielen und Schauspiel. Das gemeinsame Kreativsein der Feriengäste gehörte zu den wichtigsten Inhalten eines Aufenthaltes, nicht zuletzt, weil man außer Baden und Spazierengehen nicht so viele andere Möglichkeiten hatte. Hier entstanden Freundschaften fürs Leben, und für die dort in den Sommern aufwachsenden Kinder waren die Veranda-Gespräche über Regimekritik, Lebensträume und Opposition prägend. Die gegenseitige verschwörerische Hilfsbereitschaft zwischen den Menschen dieser Hiddensee-Veranda-Gesellschaft trug viele auch durch den Alltag auf dem Festland. Manche empfinden sie als eine größere, ganz andere Solidarität als die, die man unter den Menschen im Westen kannte und kennt. Bis heute ist deswegen für drei Generationen aus diesen und anderen Soziotopen Hiddensee eine Insel des Rückzugs und der Freundschaft geworden. Auf ihr werden in manchen Häusern Ideen und Rituale tradiert, die Außenstehenden einigermaßen unerklärlich erscheinen, wenn sie den Hintergrund nicht kennen und sich fragen, warum man unbedingt in Vorpommern Matjes auf Griebenschmalzbrot essen möchte. Wo man doch auf den Malediven tauchen könnte.

Wie Hiddensee gleichzeitig die Abenteuerinsel der Andersdenkenden als auch der DDR-Nomenklatura sein konnte, zeigte sich besonders gut an einer Geschichte, die von der Stasi und Punkmusikern handelt: So begab es sich, dass Markus Wolf – Leiter der Hauptverwaltung Aufklärung der Stasi – die Insel genauso schön fand wie die jungen Musiker der Ost-Berliner Anarcho-Punkband „Feeling B“ um den Sänger Aljoscha Rompe und die späteren Rammstein-Musiker Paul Landers und Christian Flake Lorenz. Im Zuge eines Verfahrens wegen Mitwirkung an dem als staatsfeindlich eingestuften *Bonzen-Angst-Kalender* wurde gegen den jungen Aljoscha Rompe im Jahr 1978 Haftbefehl erlassen. Als er drei Monate in Untersuchungshaft saß, gab es vermutlich einen Immobiliendeal zwischen seinen Eltern und der Stasi: Die Familie Rompe – der Physiker Robert Rompe war in der Zentralverwaltung verantwortlich für Hochschulen und Wissenschaft – verkaufte dem Ministerium für Staatssicherheit eines von drei Häusern aus dem stattlichen Familienbesitz in Kloster sehr günstig für 20.000 Ost-Mark, und Markus Wolf nutzte wohl bis zur Wende das Haus in den Ferien. Die Familie Rompe gehörte wie zuvor Gerhart Hauptmann zur Hiddenseer Ferien-Aristokratie, und der Rompe-Berg auf Hiddensee stammte wiederum von den Schweizer Großeltern Aljoscha Rompes, dem berühmten Rechtsphilosophen Arthur Baumgarten und seiner Frau Helene. Aktenkundig geklärt wurde der Deal zwischen den Eltern des Punkmusikers und der Stasi bis heute nicht, *honi soit qui mal y pense.*

Die alternative, innerlich-kontemplative Hiddenseer-Art, Ferien zu machen, zu der gerne immer noch eine gewisse Kargheit gehört, hat nach der DDR-Erlebnisgeneration neue Anhänger gefunden. So kommt etwa Matthias Dotschko, der Leiter der KPM-Porzellanmalerei in Berlin, Jahrgang 1978, seit mehreren Jahren nach Hiddensee. Sein Interesse war seit der Zeit geweckt, in der er als Lehrling in der Porzellanmanufaktur Meissen durch ältere Kollegen immer wieder vom Mythos der Insel gehört hatte. Vorstellungen von politischen und durch künstlerische Leistung errungenen Privilegien, auf Hiddensee Ferien machen zu können, mischten sich bei ihm mit der Faszination für die Findigkeit, die früher Hiddensee-Liebhaber haben mussten: etwa, in dem sie Sach- und Bauleistungen auf der Insel anboten, um kommen zu können. Seit seinem ersten Besuch ist auch er – dem die ganze Welt offensteht – dem kompliziert deutschen Charme der Insel verfallen. Seit Jahren kommt er immer wieder, wohnt eher bescheiden in einem Zimmer mit Gemeinschaftsküche bei einer Familie, deren Vorfahren bereits seit dem Jahr 1890 an Gäste vermieteten. Dafür nimmt er es auch in Kauf, das ganze Jahr über 50-Cent-Münzen zu sammeln, denn die Minuten-Dusche befindet sich in einem über einen Außenweg zugänglichen Extra-Bau. „Vielleicht ist es auch diese selbstverständliche Schlichtheit, die fasziniert, die Winzigkeit des Insellebens, und die Menschen, die hier ihre Fluchtgeschichten erlebt haben, warum ich immer wieder hierher komme. Das Unprätentiöse und Einfache, das dann aber nicht einfach ist“, sinniert er.

Auch die Immobilienszene spiegelt die politische Geschichte der Insel wider: Hier stehen historische reetgedeckte Häuser neben einfachsten DDR-Bungalows mit Schrott-Gärten neben schlichten Einfamilienhäusern und Neubauten, die eher an Sylt erinnern. Die Insel wird in den nächsten Jahren in einer Findungsphase sein, in der sich die Einwohner überlegen müssen: Wie möchten wir leben? Eins ist sicher: Hiddensee will keine Insel von Hausmeistern sein. Ihre Bewohner möchten nicht elf Monate lang auf schicke leere Ferienimmobilien reicher Festländer aufpassen, die nur einen Monat lang tatsächlich hier wohnen. Doch auch hier zeigt sich in der kleinen, aber seltsamen Immobilienszene der drohende Schatten des von vielen alten Bewohnern gefürchteten Raubtierkapitalismus. Wohnungen, die man kaufen kann, gibt es extrem wenige. Ein „sanierungsbedürftiges“ Haus mit 360 Quadratmetern Wohnfläche bietet sich aktuell für 1.600.000 Euro an. Selbst kleine Dreizimmerwohnungen sind nicht unter 200.000 Euro zu haben. Und für solche Preise hat man nicht einmal ein Krankenhaus auf der Insel. Manche Enkel der alten Familien werden das mit Freude verfolgen, denn mit dem erlösten Geld aus dem Hausverkauf von Opa und Oma könnten sie immer noch schöne Urlaube auf der Insel der Großeltern verbringen. Und sich dazu ein Loft in Berlin mieten.

Dafür sind immer wieder im Internet unerschlossene Heidegrundstücke zu kaufen, auf denen man weder bauen, zelten, noch einen Wohnwagen aufstellen darf. 540 Quadratmeter sind etwa für 8.000 Euro zu haben. Aber was macht man mit diesem Boden im

Naturschutzgebiet Dünenheide voller Flechten? Der Makler preist an: „Der Charme dieser Immobilie ist, ein Grundstück auf diesem Eiland zu besitzen... Sie erwerben einfach ein Stück Lebensgefühl, welches nicht nur im Kopf bleibt, sondern jederzeit zu begehen ist." Das muss es wohl sein. Das Lebensgefühl, das normale Koordinaten durcheinanderbringt. Das man hier halt fühlt. Oder nicht. So wie die Welt des Mann'schen „Zauberberg", den man heute oben in Davos suchen mag und nicht wirklich mehr findet.

Doch ebenso, wie man versuchen kann, dem Thomas Mann'schen „Zauberberg" im Hotel Schatzalp oberhalb von Davos mit seinen majestätischen Bergen nachzuspüren, genau so funktioniert auch hier der zeitlose Zauber der Natur. Über alle Moden und politischen Systeme hinweg, denn sie macht das Leben hier zu einem Privileg. Die Schönheit der Morgen- und der Abendküste, mit dem geborgenen Binnenmeer und der Abendseite zur offenen See, die etwas Unendliches, Hartes und Gefährliches haben kann. Und auf Heuböden und in Waschküchen verstecken muss sich hier keiner mehr. Für diejenigen, die die Insel mit Lagerfeuer-Idylle und dem Spielen von E-Gitarren mit Strom aus Autobatterien am Strand verbinden, wird die lange Reise mit dem Schiff vielleicht bald zu mühsam. Es wird weiterhin jedoch kein Spaßbad für übelgelaunte Kinder bei schlechtem Wetter und keine Barszene für Teenager geben, denn Hiddensee bleibt eine Insel, auf der man Anti-Ferien macht. Sich in eine Art inneren Lockdown begibt. Am iPad zeichnet, Bücher liest und schreibt. Sich ein bisschen langweilt. Nach Dänemark rüberblickt und nach Rügen. Auf den nächsten Tag wartet. Dem Wind zuhört. Das, was früher Sommerfrische hieß.

Fischer, Nazi-Pfarrer und Weltverbesserer: Soziologische Archäologie einer Insel

DK

Ich gestehe: Ich musste erst meine Deutschland-Karte absuchen, um zu sehen, wo genau diese berühmte Ostseeinsel in Seepferdchen-Form liegt. Und bevor Sie nun zu sehr Ihren Kopf über diesen dummen Wessi schütteln: Bestehen Sie den Test, auf einer Blanko-Landkarte die Roseninsel einzuzeichnen, jene bayerische, fast drei Hektar große Insel, die die österreichische Kaiserin Elisabeth so sehr liebte? Bei im Osten sozialisierten Deutschen hingegen muss man nur den Namen „Hiddensee" nennen und schon erklingt ein Lied. „Hoch stand der Sanddorn am Strand von Hiddensee": so beginnt der Schlager, den Nina Hagen 1974 trällerte. „Du hast den Farbfilm vergessen, mein Michael" ist bis heute ein Lied, bei dem man nur die erste Zeile aussprechen muss, und alle ehemaligen Bürger der DDR fangen an zu singen. Oder wenigstens zu summen. Es ist wie ein ostdeutscher Kniescheibenreflex.

Die damals 19-jährige Nina, angeheuert von der Rockband „Automobil", berichtet in diesem Lied von einem Ferienaufenthalt auf der Ostseeinsel Hiddensee mit ihrem Partner Micha, der keinen Farbfilm mitgenommen hatte, weshalb die Fotos von ihr im Bikini und am FKK-Strand nur in Schwarz-Weiß zu sehen sind. Die Sängerin und Schauspielerin war nie auf Hiddensee, das Lied hatte ihr Keyboarder Michael Heubach geschrieben. Durch die Ausstrahlungen im DDR-Rundfunk landete das Liedchen weit oben auf den dortigen Hitparaden. Vielleicht auch dadurch wurde Hiddensee zum Shangri-La so vieler Menschen in der DDR. Vermutlich ganz besonders bei jenen, die selbst niemals eine Chance bekamen, diese Insel zu besuchen. Zum Beispiel alle die, die keinen Berechtigungsschein des „Freien Deutschen Gewerkschaftsbundes" (FDGB) beim Bezug ihres Feriendomizils vorweisen konnten. Oder jene, die niemanden kannten, als dessen Familiengast sie sich den Sommer über hätten einquartieren können.

Niemals war Hiddensee ein Ziel für alle. Erst als die Dampfer Anfang des 20. Jahrhunderts in Vitte und Neuendorf anlegen konnten, entwickelte sich ein bescheidener Tourismus auf dieser erdgeschichtlich jungen Insel, diesem geologischen Geschenk der letzten Eiszeit. Hotels entstanden, vermögende Berliner ließen sich Häuser bauen, Künstler kamen auf die Insel, sie malten, fotografierten und dichteten. Und alle spazierten am Strand. Freuten sich an den legendären Sonnenuntergängen, an einem angeblich ganz besonderen Licht und an der Stille. Bereits 1927 war das Benutzen von Motorfahrzeugen untersagt, allein der Inselarzt und der Ortspolizist durften Motorräder fahren. Es muss idyllisch gewesen sein vor dem Zweiten Weltkrieg.

Die Namen Elfriede Reichelt, Max und Bruno Taut, Joachim Ringelnatz, Heinrich George, Asta Nielsen und Henni Lehmann werden auch heute noch wie magische Formeln rezitiert, um jene legendäre Zeit zu beschwören. Und allen voran der Name des Schriftstellers und deutschen Nobelpreisträgers Gerhart Hauptmann, der als regelmäßiger Gast nach Hiddensee kam und von 1930 bis 1943 mit seiner Frau alle Sommermonate in seinem „Haus Seedorn" verbrachte. Wenn er von Schaprode mit dem Schiff auf die Insel übersetzte, mussten die Hiddenseer auf das nächste Schiff warten: Der Dichterfürst, der noch 1942 Adolf Hitler öffentlich zum „Sternenschicksalsträger des Deutschtums" erhob, hatte es nicht so mit dem gemeinen Volk. Dann kam der Krieg, mit ihm die Flakstellungen und Bunker, dann kamen die Sowjets, dann kamen die deutschen Kommunisten.

Als Wessi bekommt man noch heute eine Gänsehaut, wenn man über die „Aktion Rose" nachliest. Jenes Maßnahmenbündel, mit dem die DDR-Regierung die Verstaatlichung von Hotels, Erholungsheimen, Taxi- und sonstigen Dienstleistungsunternehmen ab Februar 1953 durchsetzte. Das „Gesetz zum Schutz des Volkseigentums" war jenes Instrument, durch das flächendeckend beschleunigte Strafverfahren gegen Mittelständler an der Ostseeküste exekutiert wurden, durch die über 400 „Unternehmer" – die meisten Vermieter von Ferienwohnungen – zu teilweise drakonischen Gefängnisstrafen verurteilt wurden. Die ausgesandten Volkspolizisten suchten systematisch nach Belegen für Kontakte nach Westdeutschland, für eine DDR-kritische Gesinnung, für eine „faschistische Tätigkeit" vor 1945, für das Anlegen von Lebensmittelvorräten und das Hören des Westsenders RIAS. Die rechtzeitige Flucht aus der DDR führte zwar insgesamt 219 Personen in die Freiheit, aber zugleich zur automatischen Enteignung. Auch wenn viele ehemalige Hotelbesitzer nach dem 17. Juni 1953 aus den Zuchthäusern entlassen wurden und ihnen die „Teilnutzung" ihrer Hotels zugestanden wurde, verließen die meisten für immer die DDR. Nach 1990 wurden viele dieser enteigneten Immobilien an die früheren Besitzer rückübertragen, vorwiegend jedoch nur an jene, die aus dem Westen für immer auf die Insel zurückkamen. Manchen wurde der Rückkauf zum Verkehrswert angeboten, wenige konnten sich das leisten, die Grundstückspreise waren nach der Wende dramatisch gestiegen.

Es muss wohl in jener kurzen Übergangszeit zwischen 1960 und dem freiwilligen Anschluss der DDR an die BRD gewesen sein, in der Hiddensee zum Nischenort für Andersdenkende und Aussteiger geworden war. Sie kamen unter bei Freunden oder sie kampierten in den Dünen, sie wurden von den Soldaten der 5. Technischen Beobachtungskompanie Dornbusch und deren Schäferhunden im „Hundelauf" ignoriert und toleriert. In diese Zeit fallen jene Zusammenkünfte, die wiederum heute als Schibboleth für eine ganz besondere Kultur geraunt werden: Es fallen Namen wie Jo und Christine Harbort, Günter Kunert, Kurt Böwe, Harry Kupfer, Inge Keller, Günther Fischer, Armin Mueller-Stahl, Christoph Hein und viele andere. Sie tanzten, sangen, lachten und vögelten. Es muss eine gute Zeit gewesen sein, eine Art von Dauer-Woodstock in der Ostsee. „Hiddensee bot den größtmöglichen

Freiraum in der DDR", sagte der jetzige Insel-Pfarrer über diese Zeit.

Und heute? Als Tagestourist ist es ganz einfach. Man besteigt eine der Fähren, legt in Vitte oder Neuendorf an, geht am Strand entlang, mietet einen Strandkorb, die Kinder bekommen ein Eis, man sucht nach Bernstein, mietet sich ein Fahrrad, ein Fischgericht bei Sonnenuntergang geht noch, es wird allmählich dunkel, die letzte Fähre bringt einen wieder aufs Festland. Wer jedoch länger in diesem Ensemble von Seebad, Künstlerkolonie, Bauerndorf und Feriendomizil bleiben will, hat Probleme für den Fall, er hat nicht vorgebucht. Parkbank oder Campen sind nicht erlaubt im „Nationalpark Vorpommersche Boddenlandschaft". Im Zweifelfall müssen Sie das Wassertaxi nehmen, Nachttarif 195,00 EUR.

Für dieses Buch fuhren auch wir nach Hiddensee, mit der Fähre von Stralsund, zwei Stunden aufs Meer hinaus. Wir landeten im uns Unbekannten bei Dunkelheit und freuten uns über Backfisch vom Dorsch im hellen Restaurant im Hafen, bevor wir unsere Zimmer in einem Bungalow hinter dem Rathaus bezogen, in dem in den Sommermonaten die Rettungsschwimmer vom Festland übernachten. In den folgenden Tagen sprachen wir mit dem Bürgermeister, der Kurdirektorin, der Leiterin des Heimathauses, dem Pfarrer. Wir sahen Robert, der Kalender mit Fotos von sich in Latex verkauft. Nach schon einem Tag erkannten und grüßten wir Menschen, die auch mit unserer Fähre gekommen waren oder die genau da frühstückten und zu Abend aßen, wo auch wir hingingen. Wir verstanden den Reimspruch: „Die Inselmitte ist Vitte." Wir trafen den Inselpolizisten, den Inselarzt sahen wir beim Notfalleinsatz, die Rettungsschwimmer sahen wir nicht, sie waren schon abgezogen worden. Bald sollten die Rollläden runtergelassen werden, die Insel bereitete sich auf den Winterschlaf vor. In diesen Herbsttagen, in denen wir beim Rauschen des Meeres einschliefen, wurde uns klar: Wer den Menschen aufmerksam zuhört, Augen und Ohren auf den Straßen und Radwegen offenhält, erkennt eine

Archäologie des sozialen Aufbaus der Menschen, die auf dieser Insel zu sehen sind.

Die oberste soziale Erdkruste sind die Tagestouristen, sie sind wie die rollenden Steine am Strand, sie kommen am Vormittag und fahren wieder am Abend mit der letzten Fähre. Eine Inselbevölkerung, die zu 95 Prozent vom Tourismus lebt, braucht sie, aber liebt sie nicht. Die klarste Aussage lautete: „Das Schönste wäre, sie kämen erst gar nicht persönlich auf unsere Insel. Das Beste wäre, sie tätigten eine Pauschalüberweisung auf ein Kommunalkonto und blieben auf dem Festland oder auf Rügen.“ Wer das hört, denkt unwillkürlich an jene Venezianer, die auch darüber nachdenken, wie sie die Horden von den Kreuzfahrtmonstern mit Taubenkacke vertreiben können. Der Corona-Sommer 2020 vermittelte einen kleinen Geschmack, denn erstmals gehörten die kilometerlangen Strände den Hiddenseern ganz allein.

Unter dieser obersten Kruste erkennt man als Erdmantel jene Menschen, die Jahr für Jahr als Dauergäste in die immer gleichen Ferienquartiere einrücken. Es gibt sie hier noch, die gute, alte „Sommerfrische“. Diese Menschen nutzen dann immer die gleichen Fahrräder, jetzt vielleicht eher ein E-Bike. Sie wissen genau, wo das Pumpernickel bei Edeka in Vitte steht und welcher Strandabschnitt für ihren Strandkorb der beste ist. Sie kamen, als die Kinder klein waren und Kleckerburgen bauten. Und vor lauter Anhänglichkeit zu diesem norddeutschen Paradies heirateten sie dann vielleicht im Trauzimmer in der „Villa Karusel“ von Asta Nielsen. Heute kommen sie immer noch und stellen nun den Rollator vor die vertraute blaubemalte Tür. Sie schaffen den Berg zum Leuchtturm schon lange nicht mehr, von den 72 Stufen nach ganz oben ganz zu schweigen. Aber was sollen sie denn da, wenn sie den Tag über in ihrem vertrauten Strandkorb sitzen und den Wellen zuhören? Sie entrichten ihre Kurabgabe und am Abend essen sie ihre Käsebrote. Und dazu trinken sie ein Bier, das sich „Hiddensee

Bier" nennt, auch wenn es von einer kleinen Leipziger Privatbrauerei gemacht wird.

Der äußere Kern der Inselbevölkerung sind jene etwas mehr als 1000 Menschen, die dort leben und arbeiten, unabhängig davon, wie lange es her ist, dass sie anlandeten. Sie fühlen sich als Hiddenseer, auch wenn sie einräumen, dass sie nicht zum innersten Kern gehören, denn keiner ist hier geboren worden. Der Beruf oder die geglückte Partnersuche ließ sie vor Jahren die Fähre besteigen und eine der raren Mietwohnungen oder Häuser beziehen. Manchmal verspüren sie einen Inselkoller in diesem großen Dorf, dann fahren sie nach Stralsund oder Schaprode, und wenn's nur zum Friseur ist.

Den Berichten unserer Gesprächspartner ließ sich entnehmen, dass es Inselmenschen gibt, die seit Generationen hier leben, in deren Häusern drei Generationen der Familienmitglieder gleichzeitig leben oder lebten. Dieser innere Kern der ganz alten Familien der ehemaligen Fischer und Bauern ist geprägt von pommerscher Frömmigkeit, sie verstehen sich als „das wahre Hiddensee". Sie hatten und haben nichts zu tun mit den „Malweibern" oder den ostdeutschen Punks und Hippies der Vorwendezeit. Möglicherweise waren das jene Familien, deren Angehörige dem Pfarrer Arnold Gustavs in der schönen Inselkirche in Dorf lauschten, als er von der Kanzel verkündete: „Ehret den König. In unserer Zeit übersetzt sagen wir heute: Ehret den Führer. Wir können den heutigen Tag nicht begehen, ohne des Mannes zu gedenken, der uns dieses heilige Symbol des Hakenkreuzes gegeben hat und der unser Volk einer inneren und äußeren Gesundung entgegenführt. Der Gruß ‚Heil Hitler' ist in gewissem Sinne ein Gebet für den Führer." Pastor Gustavs wirkte als Pfarrer auf Hiddensee von 1903 bis 1948 und war gut befreundet mit Gerhart Hauptmann.

Aber dieser alte Erdkern ist in Gefahr. Wenn die Großeltern sterben und die Eltern schon lange auf dem Festland eine neue Bleibe und ein neues soziales Netzwerk gefunden haben, vielleicht sogar außerhalb des Territoriums der ehemaligen DDR, denken die Erben über den Verkauf des alten Familienhauses nach. Der jetzige Pfarrer berichtete von über 200 Beerdigungen in seiner Amtszeit, die Kinder und Enkel kommen fast alle vom Festland, wenn der Sarg in die Erde des Friedhofs der Inselkirche im Ort Kloster abgesenkt wird.

Die wenigen Tage auf Hiddensee beamten mich selbst in eine Art von Parallelfilm, denn ich war gleichzeitig immer wieder in Gedanken ein paar tausend Kilometer weiter weg an einem anderen Meer. Es war gewiss reiner Zufall, dass ich exakt ein Jahr vor unserer Hiddensee-Exkursion in Montauk auf Long Island gewesen war. Der Roman von Max Frisch, der missglückte Film „Rückkehr nach Montauk" von Volker Schlöndorff, aber vor allem sämtliche Folgen der Serie von „The Affair" hatten mich für zwei Oktober-Wochen dorthin gelockt. Und nun, genau ein Jahr später, erinnerte mich so vieles an die starken Eindrücke von jener Halbinsel vor New York City: Die beiden Leuchttürme könnte man leicht verwechseln, selbst die Malweiber auf Hiddensee hätten wenigstens eine amerikanische Schwester treffen können: Lee Krasner. So wie Henni Lehmann, Clara Arnheim, Elisabeth Büchsel und Käthe Löwenthal auf die Insel Hiddensee flohen, so zog diese Tochter einer jüdisch-orthodoxen Familie aus Brooklyn auf die Halbinsel Long Island, um dort mit ihrem Mann Jackson Pollock in einem Häuschen in Springs in der Stadt East Hampton zu malen. Lee Krasner musste Fahrstunden bei einer Schriftstellerin nehmen im Tausch gegen Malunterricht. Auf Hiddensee hätte sie das nicht gebraucht, dort bewegt man sich auf Fahrrädern und Pferdekutschen und zieht Handkarren hinter sich her. Dafür gibt's auf Long Island die schicken Städtchen der Hamptons und Sag Harbour, von denen Vitte nichts hat. *You can't have it all.* Sowohl in Montauk wie in Vitte gibt's Möwen, kaum Tauben.

Hiddensee ist sehr norddeutsch, in vielerlei Hinsicht. Es ist die Idee einer Insel, im Westen die offene See, im Osten der Bodden, man läuft kilometerlang am Strand entlang, wenn man die Dünen hochgeht, durchstreift man eine wilde Heide, in die ein nordischer Riese kleine, reetgedeckte Schlumpfhäuser verteilt hat. Im Norden blühen die Ginsterbüsche, der feine Sand lässt einen an die Karibik denken, in der Ferne sieht man Rügen. Sowohl die Bohème des frühen 20. Jahrhunderts als auch die jungen ostdeutschen Frauen der 1980er Jahre in wallenden Batikkleidern, über die Uwe Tellkamp schrieb, wussten, dass es gut ist auf dieser Insel der Lebenskünstler. Sie trugen viel Holzschmuck, Armreifen aus farbigen Lederriemchen, Sandalen mit Glasperlenschnüren und die Männer rauchten Pfeife und schüttelten Sand aus ihren Künstlermähnen im Jesus-Look. Und ignorierten die Patrouillenboote, es war ihnen egal, dass man Luftmatratzen nur am Strand benutzen durfte und nicht als Schwimmhilfe. Und dass man keine Paddel kaufen konnte, die dänische Insel Mön liegt nur 50 Kilometer weit weg.

Fand ich Hiddensee schön? Ich bin mir nicht sicher. „Für den, der's mog, is des des Höchste", würde der Bayer sagen. Für mich ist es nicht das Höchste, Naturschutzgebiet, Vogelkolonien und Leuchtturm hin oder her. Aber ich gebe zu: Ich habe zur deutschen Ost- und Nordsee, die oft so grau-in-grau wirkt, eh ein gespaltenes Verhältnis, denn ich kann das ganze Gewese um diese nördlichen Küsten nicht nachvollziehen. Ihnen fehlt die spektakuläre Szenerie Islands oder die Muschelfülle von Sanibal Island in Florida und das türkise Wasser dort. Selbst in das legendäre Montauk in den USA fuhr ich nicht seiner Schönheit wegen, sondern wegen der literarischen und filmischen Vorlagen. So wie nach Hiddensee wegen seiner kulturhistorisch-politischen Geschichte. Was sieht man denn wirklich Schönes, außer den Sonnenuntergang im Meer? Gehen wir mal diese Dorfstraßen entlang in Vitte, da kriegst du doch einen Vogel. Es ist weder aufregend noch elegant noch wirklich ursprünglich – das will hier auch niemand sein, na gut. Latent hübsche Häuser neben ehemaligen DDR-Datschen, im schlimmsten Fall mit einem Schrottplatz vor der Tür und unverputzten Fassaden aus Vorwendezeiten. Es geht doch vor allem darum, den Tagestouristen das Geld aus der Tasche zu locken. Brauchen sie ja auch. Fußgängerzone en miniature, ohne H&M und Konsorten. In Kloster geht's zur Tourisaison zu wie in Oberammergau, viel Souvenirschnickschnack. Außerdem ist es mir auf dieser nördlichen Insel zu verblasen, dauernd windet es. Wie in Hamburg, jedoch ohne Stadt. Gerhart Hauptmann und Henni Lehmann bedeuten mir nichts. Ost-Hippies schon gar nicht. Ich hab's nicht so mit dem Norden. Die Sommerferien im Haus meiner Patentante am Lago Maggiore haben mich wahrscheinlich für immer verdorben. Oder der Starnberger See, in dem die Roseninsel liegt. Vielleicht ist das typisch deutsch: die Sehnsucht nach der Schönheit des warmen Südens.

Danksagung

Wir danken zahlreichen Menschen, die uns während des Schreibens an diesem Buch Interviews gaben, mit wertvollen fachlichen Hinweisen versorgten und auf neue Fährten führten.
Unser Dank gilt Claudia v. Boch, Matthias Dotschko, Katharina Erich, Barbett Gau, Thomas Gens, Dr. Konrad Glöckner, Klaus v. Heimendahl, Petra Hüttermann, Peter Kempe, Alexandra Kolb, Dr. Michael Kröher, Dr. Christian Lechelt, Caroline Mäckel, Dr. Christian Marty, Vanessa Marx, Dr. Martin L. Müller, Dr. Christiane Munzel, Lola Paltinger, Uwe Preißler, Nikolaus Raben, Karl-Ernst Rothlaender, Dr. Yorck Schmidt, Dominique Villeroy de Galhau, Sven v. Wietersheim, Tobias Wollermann und Anja Würzberg.